# 中华人民共和国
# 新法规汇编

## 2021
## 第4辑

司 法 部 编

中国法制出版社

# 编辑说明

一、《中华人民共和国新法规汇编》是国家出版的法律、行政法规汇编正式版本，是刊登报国务院备案并予以登记的部门规章的指定出版物。

二、本汇编收集的内容包括：上一个月内由全国人民代表大会及其常务委员会通过的法律和有关法律问题的决定，国务院公布的行政法规和国务院文件，报国务院备案并予以登记的部门规章，最高人民法院和最高人民检察院公布的司法解释。另外，还收入了上一个月内报国务院备案并予以登记的地方性法规和地方政府规章目录。

三、本汇编所收的内容，按下列分类顺序编排：法律，行政法规，国务院文件，国务院部门规章，司法解释。每类中按公布的时间顺序排列。报国务院备案并予以登记的地方性法规和地方政府规章目录按 1987 年国务院批准的行政区划顺序排列；同一行政区域报备两件以上者，按公布时间顺序排列。

四、本汇编每年出版 12 辑，每月出版 1 辑。本辑为 2021 年度第 4 辑，收入 2021 年 3 月份内公布的法律 4 件、有关法律问题的决定 1 件、国务院文件 3 件、报国务院备案并经审查予以登记编号的部门规章 13 件、司法解释 8 件，补收 2021 年 2 月份内公布的行政法规 1 件、司法解释 1 件，共计 31 件。

五、本汇编在编辑出版过程中，得到了国务院有关部门和有关方面以及广大读者的大力支持和协助，在此谨致谢意。

司法部

2021 年 4 月

# 目　录



## 法　律



## 有关法律问题的决定



## 行政法规



## 国务院文件

## 国务院部门规章



## 司法解释

# 法　律

## 全国人民代表大会关于修改《中华人民共和国全国人民代表大会组织法》的决定

（2021年3月11日第十三届全国人民代表大会第四次会议通过　2021年3月11日中华人民共和国主席令第73号公布　自2021年3月12日起施行）

第十三届全国人民代表大会第四次会议决定对《中华人民共和国全国人民代表大会组织法》作如下修改：

一、增加一章，作为第一章“总则”，包括第一条至第七条。

二、增加一条，作为第一条：“为了健全全国人民代表大会及其常务委员会的组织和工作制度，保障和规范其行使职权，坚持和完善人民代表大会制度，保证人民当家作主，根据宪法，制定本法。”

三、增加一条，作为第二条：“全国人民代表大会是最高国家权力机关，其常设机关是全国人民代表大会常务委员会。”

四、增加一条，作为第三条：“全国人民代表大会及其常务委员会坚持中国共产党的领导，坚持以马克思列宁主义、毛泽东思想、邓小平理论、‘三个代表’重要思想、科学发展观、习近平新时代中国特色社会主义思想为指导，依照宪法和法律规定行使职权。”

五、增加一条，作为第四条：“全国人民代表大会由民主选举产生，对人民负责，受人民监督。

“全国人民代表大会及其常务委员会坚持全过程民主，始终同人民保持密切联系，倾听人民的意见和建议，体现人民意志，保障人民权益。”

六、增加一条，作为第五条：“全国人民代表大会及其常务委员会行使国家立法权，决定重大事项，监督宪法和法律的实施，维护社会主义法制的统一、尊严、权威，建设社会主义法治国家。”

七、增加一条，作为第六条：“全国人民代表大会及其常务委员会实行民主集中制原则，充分发扬民主，集体行使职权。”

八、增加一条，作为第七条："全国人民代表大会及其常务委员会积极开展对外交往，加强同各国议会、国际和地区议会组织的交流与合作。"

九、将第一条改为第八条，修改为："全国人民代表大会每届任期五年。

"全国人民代表大会会议每年举行一次，由全国人民代表大会常务委员会召集。全国人民代表大会常务委员会认为必要，或者有五分之一以上的全国人民代表大会代表提议，可以临时召集全国人民代表大会会议。"

十、将第五条改为第十一条，第二款修改为："主席团和秘书长的名单草案，由全国人民代表大会常务委员会委员长会议提出，经常务委员会会议审议通过后，提交预备会议。"

十一、将第六条改为第十二条，第二款改为第三款，修改为："主席团推选主席团成员若干人分别担任每次大会全体会议的执行主席，并指定其中一人担任全体会议主持人。"

十二、将第七条改为第十三条，修改为："全国人民代表大会会议设立秘书处。秘书处由秘书长和副秘书长若干人组成。副秘书长的人选由主席团决定。

"秘书处在秘书长领导下，办理主席团交付的事项，处理会议日常事务工作。副秘书长协助秘书长工作。"

十三、增加一条，作为第十四条："主席团处理下列事项：

"（一）根据会议议程决定会议日程；

"（二）决定会议期间代表提出议案的截止时间；

"（三）听取和审议关于议案处理意见的报告，决定会议期间提出的议案是否列入会议议程；

"（四）听取和审议秘书处和有关专门委员会关于各项议案和报告审议、审查情况的报告，决定是否将议案和决定草案、决议草案提请会议表决；

"（五）听取主席团常务主席关于国家机构组成人员人选名单的说明，提名由会议选举的国家机构组成人员的人选，依照法定程序确定正式候选人名单；

"（六）提出会议选举和决定任命的办法草案；

"（七）组织由会议选举或者决定任命的国家机构组成人员的宪法宣誓；

"（八）其他应当由主席团处理的事项。"

十四、增加一条，作为第十五条："主席团常务主席就拟提请主席团审议事项，听取秘书处和有关专门委员会的报告，向主席团提出建议。

"主席团常务主席可以对会议日程作必要的调整。"

十五、将第九条改为第十六条，修改为："全国人民代表大会主席团，全国人民代表大会常务委员会,全国人民代表大会各专门委员会,国务院,中央军事委员会,国家监察委员会,最高人民法院,最高人民检察院,可以向全国人民代表大会提出属于全国人民代表大会职权范围内的议案。”

十六、将第十条改为第十七条,修改为:“一个代表团或者三十名以上的代表联名,可以向全国人民代表大会提出属于全国人民代表大会职权范围内的议案。”

十七、将第十三条改为第十八条,修改为:“全国人民代表大会常务委员会委员长、副委员长、秘书长、委员的人选,中华人民共和国主席、副主席的人选,中央军事委员会主席的人选,国家监察委员会主任的人选,最高人民法院院长和最高人民检察院检察长的人选,由主席团提名,经各代表团酝酿协商后,再由主席团根据多数代表的意见确定正式候选人名单。”

十八、将第十五条改为第二十条,修改为:“全国人民代表大会主席团、三个以上的代表团或者十分之一以上的代表,可以提出对全国人民代表大会常务委员会的组成人员,中华人民共和国主席、副主席,国务院和中央军事委员会的组成人员,国家监察委员会主任,最高人民法院院长和最高人民检察院检察长的罢免案,由主席团提请大会审议。”

十九、将第十六条改为第二十一条,修改为:“全国人民代表大会会议期间,一个代表团或者三十名以上的代表联名,可以书面提出对国务院以及国务院各部门、国家监察委员会、最高人民法院、最高人民检察院的质询案。”

二十、增加一条,作为第二十二条:“全国人民代表大会常务委员会对全国人民代表大会负责并报告工作。

“全国人民代表大会常务委员会每届任期同全国人民代表大会每届任期相同,行使职权到下届全国人民代表大会选出新的常务委员会为止。”

二十一、将第二十三条第三款修改为:“常务委员会的组成人员不得担任国家行政机关、监察机关、审判机关和检察机关的职务;如果担任上述职务,应当向常务委员会辞去常务委员会的职务。”

二十二、将第二十五条第一项修改为:“(一)决定常务委员会每次会议的会期,拟订会议议程草案,必要时提出调整会议议程的建议”。

增加两项,作为第三项、第四项:“(三)决定是否将议案和决定草案、决议草案提请常务委员会全体会议表决,对暂不交付表决的,提出下一步处理意见;

“(四)通过常务委员会年度工作要点、立法工作计划、监督工作计划、代表工作计划、专项工作规划和工作规范性文件等”。

二十三、将第二十六条第二款修改为:“代表资格审查委员会的主任委员、副主任委员和委员的人选，由委员长会议在常务委员会组成人员中提名，常务委员会任免。”

二十四、将第二十八条第一款修改为：“常务委员会设立法制工作委员会、预算工作委员会和其他需要设立的工作委员会。”

增加一款，作为第三款：“香港特别行政区基本法委员会、澳门特别行政区基本法委员会的设立、职责和组成人员任免，依照有关法律和全国人民代表大会有关决定的规定。”

二十五、将第三十二条改为第二十九条，修改为：“委员长会议，全国人民代表大会各专门委员会，国务院，中央军事委员会，国家监察委员会，最高人民法院，最高人民检察院，常务委员会组成人员十人以上联名，可以向常务委员会提出属于常务委员会职权范围内的议案。”

二十六、将第三十三条改为第三十条，修改为：“常务委员会会议期间，常务委员会组成人员十人以上联名，可以向常务委员会书面提出对国务院以及国务院各部门、国家监察委员会、最高人民法院、最高人民检察院的质询案。”

二十七、增加一条，作为第三十一条：“常务委员会在全国人民代表大会闭会期间，根据国务院总理的提名，可以决定国务院其他组成人员的任免；根据中央军事委员会主席的提名，可以决定中央军事委员会其他组成人员的任免。”

二十八、增加一条，作为第三十二条：“常务委员会在全国人民代表大会闭会期间，根据委员长会议、国务院总理的提请，可以决定撤销国务院其他个别组成人员的职务；根据中央军事委员会主席的提请，可以决定撤销中央军事委员会其他个别组成人员的职务。”

二十九、将第三十五条改为第三十四条，第一款修改为：“全国人民代表大会设立民族委员会、宪法和法律委员会、监察和司法委员会、财政经济委员会、教育科学文化卫生委员会、外事委员会、华侨委员会、环境与资源保护委员会、农业与农村委员会、社会建设委员会和全国人民代表大会认为需要设立的其他专门委员会。各专门委员会受全国人民代表大会领导；在全国人民代表大会闭会期间，受全国人民代表大会常务委员会领导。”

第三款修改为：“各专门委员会的主任委员、副主任委员和委员的人选由主席团在代表中提名，全国人民代表大会会议表决通过。在大会闭会期间，全国人民代表大会常务委员会可以任免专门委员会的副主任委员和委员，由委员长会议提名，常务委员会会议表决通过。”

三十、增加一条，作为第三十五条：“各专门委员会每届任期同全国人民代表大会每届任期相同，履行职责到下届全国人民代表大会产生新的专门委员会为止。”

三十一、将第三十七条第一款第二项修改为：“（二）向全国人民代表大会主席团或者全国人民代表大会常务委员会提出属于全国人民代表大会或者全国人民代表大会常务委员会职权范围内同本委员会有关的议案，组织起草法律草案和其他议案草案”。

增加四项，作为第三项至第六项：“（三）承担全国人民代表大会常务委员会听取和审议专项工作报告有关具体工作；

“（四）承担全国人民代表大会常务委员会执法检查的具体组织实施工作；

“（五）承担全国人民代表大会常务委员会专题询问有关具体工作；

“（六）按照全国人民代表大会常务委员会工作安排，听取国务院有关部门和国家监察委员会、最高人民法院、最高人民检察院的专题汇报，提出建议”。

第三项改为第八项，修改为：“（八）审议全国人民代表大会常务委员会交付的被认为同宪法、法律相抵触的国务院的行政法规、决定和命令，国务院各部门的命令、指示和规章，国家监察委员会的监察法规，省、自治区、直辖市和设区的市、自治州的人民代表大会及其常务委员会的地方性法规和决定、决议，省、自治区、直辖市和设区的市、自治州的人民政府的决定、命令和规章，民族自治地方的自治条例和单行条例，经济特区法规，以及最高人民法院、最高人民检察院具体应用法律问题的解释，提出意见”。

第四项改为第九项，第五项改为第七项。

增加三项，作为第十项至第十二项：“（十）研究办理代表建议、批评和意见，负责有关建议、批评和意见的督促办理工作；

“（十一）按照全国人民代表大会常务委员会的安排开展对外交往；

“（十二）全国人民代表大会及其常务委员会交办的其他工作。”

三十二、将第三十七条第二款改为第三十八条，修改为：“民族委员会可以对加强民族团结问题进行调查研究，提出建议；审议自治区报请全国人民代表大会常务委员会批准的自治区的自治条例和单行条例，向全国人民代表大会常务委员会提出报告。”

三十三、将第三十七条第三款改为第三十九条，修改为：“宪法和法律委员会承担推动宪法实施、开展宪法解释、推进合宪性审查、加强宪法监督、配合宪法宣传等工作职责。

“宪法和法律委员会统一审议向全国人民代表大会或者全国人民代表大会常务委员会提出的法律草案和有关法律问题的决定草案；其他专门委员会

就有关草案向宪法和法律委员会提出意见。”

三十四、增加一条，作为第四十条：“财政经济委员会对国务院提出的国民经济和社会发展计划草案、规划纲要草案、中央和地方预算草案、中央决算草案以及相关报告和调整方案进行审查，提出初步审查意见、审查结果报告；其他专门委员会可以就有关草案和报告向财政经济委员会提出意见。”

三十五、将第四十一条改为第四十四条，修改为：“全国人民代表大会代表应当同原选举单位和人民保持密切联系，可以列席原选举单位的人民代表大会会议，通过多种方式听取和反映人民的意见和要求，努力为人民服务，充分发挥在全过程民主中的作用。”

三十六、增加一条，作为第四十五条：“全国人民代表大会常务委员会和各专门委员会、工作委员会应当同代表保持密切联系，听取代表的意见和建议，支持和保障代表依法履职，扩大代表对各项工作的参与，充分发挥代表作用。

“全国人民代表大会常务委员会建立健全常务委员会组成人员和各专门委员会、工作委员会联系代表的工作机制。

“全国人民代表大会常务委员会办事机构和工作机构为代表履行职责提供服务保障。”

三十七、将第二十一条改为第四十六条，修改为：“全国人民代表大会代表向全国人民代表大会或者全国人民代表大会常务委员会提出的对各方面工作的建议、批评和意见，由全国人民代表大会常务委员会办事机构交由有关机关、组织研究办理并负责答复。

“对全国人民代表大会代表提出的建议、批评和意见，有关机关、组织应当与代表联系沟通，充分听取意见，介绍有关情况，认真研究办理，及时予以答复。

“全国人民代表大会有关专门委员会和常务委员会办事机构应当加强对办理工作的督促检查。常务委员会办事机构每年向常务委员会报告代表建议、批评和意见的办理情况，并予以公开。”

三十八、删去第二条、第八条、第十一条、第十二条、第十七条、第十八条、第十九条、第二十条、第二十二条、第二十九条、第三十条、第三十一条、第四十五条、第四十六条。

本决定自2021年3月12日起施行。

《中华人民共和国全国人民代表大会组织法》根据本决定作相应修改，并对章、条、款、项序号和顺序作相应调整，重新公布。

# 中华人民共和国全国人民代表大会组织法

（1982年12月10日第五届全国人民代表大会第五次会议通过
根据2021年3月11日第十三届全国人民代表大会第四次会议
《关于修改〈中华人民共和国全国人民代表大会组织法〉的决定》修正）

目　录



## 第一章　总　则

**第一条**　为了健全全国人民代表大会及其常务委员会的组织和工作制度，保障和规范其行使职权，坚持和完善人民代表大会制度，保证人民当家作主，根据宪法，制定本法。

**第二条**　全国人民代表大会是最高国家权力机关，其常设机关是全国人民代表大会常务委员会。

**第三条**　全国人民代表大会及其常务委员会坚持中国共产党的领导，坚持以马克思列宁主义、毛泽东思想、邓小平理论、“三个代表”重要思想、科学发展观、习近平新时代中国特色社会主义思想为指导，依照宪法和法律规定行使职权。

**第四条**　全国人民代表大会由民主选举产生，对人民负责，受人民监督。

全国人民代表大会及其常务委员会坚持全过程民主，始终同人民保持密切联系，倾听人民的意见和建议，体现人民意志，保障人民权益。

**第五条**　全国人民代表大会及其常务委员会行使国家立法权，决定重大事项，监督宪法和法律的实施，维护社会主义法制的统一、尊严、权威，建设社会主义法治国家。

**第六条**　全国人民代表大会及其常务委员会实行民主集中制原则，充分发扬民主，集体行使职权。

**第七条** 全国人民代表大会及其常务委员会积极开展对外交往，加强同各国议会、国际和地区议会组织的交流与合作。

## 第二章 全国人民代表大会会议

**第八条** 全国人民代表大会每届任期五年。

全国人民代表大会会议每年举行一次，由全国人民代表大会常务委员会召集。全国人民代表大会常务委员会认为必要，或者有五分之一以上的全国人民代表大会代表提议，可以临时召集全国人民代表大会会议。

**第九条** 全国人民代表大会代表选出后，由全国人民代表大会常务委员会代表资格审查委员会进行审查。

全国人民代表大会常务委员会根据代表资格审查委员会提出的报告，确认代表的资格或者确定个别代表的当选无效，在每届全国人民代表大会第一次会议前公布代表名单。

对补选的全国人民代表大会代表，依照前款规定进行代表资格审查。

**第十条** 全国人民代表大会代表按照选举单位组成代表团。各代表团分别推选代表团团长、副团长。

代表团在每次全国人民代表大会会议举行前，讨论全国人民代表大会常务委员会提出的关于会议的准备事项；在会议期间，对全国人民代表大会的各项议案进行审议，并可以由代表团团长或者由代表团推派的代表，在主席团会议上或者大会全体会议上，代表代表团对审议的议案发表意见。

**第十一条** 全国人民代表大会每次会议举行预备会议，选举本次会议的主席团和秘书长，通过本次会议的议程和其他准备事项的决定。

主席团和秘书长的名单草案，由全国人民代表大会常务委员会委员长会议提出，经常务委员会会议审议通过后，提交预备会议。

**第十二条** 主席团主持全国人民代表大会会议。

主席团推选常务主席若干人，召集并主持主席团会议。

主席团推选主席团成员若干人分别担任每次大会全体会议的执行主席，并指定其中一人担任全体会议主持人。

**第十三条** 全国人民代表大会会议设立秘书处。秘书处由秘书长和副秘书长若干人组成。副秘书长的人选由主席团决定。

秘书处在秘书长领导下，办理主席团交付的事项，处理会议日常事务工作。副秘书长协助秘书长工作。

**第十四条** 主席团处理下列事项：

（一）根据会议议程决定会议日程；

（二）决定会议期间代表提出议案的截止时间；

（三）听取和审议关于议案处理意见的报告，决定会议期间提出的议案是否列入会议议程；

（四）听取和审议秘书处和有关专门委员会关于各项议案和报告审议、审查情况的报告，决定是否将议案和决定草案、决议草案提请会议表决；

（五）听取主席团常务主席关于国家机构组成人员人选名单的说明，提名由会议选举的国家机构组成人员的人选，依照法定程序确定正式候选人名单；

（六）提出会议选举和决定任命的办法草案；

（七）组织由会议选举或者决定任命的国家机构组成人员的宪法宣誓；

（八）其他应当由主席团处理的事项。

**第十五条** 主席团常务主席就拟提请主席团审议事项，听取秘书处和有关专门委员会的报告，向主席团提出建议。

主席团常务主席可以对会议日程作必要的调整。

**第十六条** 全国人民代表大会主席团，全国人民代表大会常务委员会，全国人民代表大会各专门委员会，国务院，中央军事委员会，国家监察委员会，最高人民法院，最高人民检察院，可以向全国人民代表大会提出属于全国人民代表大会职权范围内的议案。

**第十七条** 一个代表团或者三十名以上的代表联名，可以向全国人民代表大会提出属于全国人民代表大会职权范围内的议案。

**第十八条** 全国人民代表大会常务委员会委员长、副委员长、秘书长、委员的人选，中华人民共和国主席、副主席的人选，中央军事委员会主席的人选，国家监察委员会主任的人选，最高人民法院院长和最高人民检察院检察长的人选，由主席团提名，经各代表团酝酿协商后，再由主席团根据多数代表的意见确定正式候选人名单。

**第十九条** 国务院总理和国务院其他组成人员的人选、中央军事委员会除主席以外的其他组成人员的人选，依照宪法的有关规定提名。

**第二十条** 全国人民代表大会主席团、三个以上的代表团或者十分之一以上的代表，可以提出对全国人民代表大会常务委员会的组成人员，中华人民共和国主席、副主席，国务院和中央军事委员会的组成人员，国家监察委员会主任，最高人民法院院长和最高人民检察院检察长的罢免案，由主席团提请大会审议。

**第二十一条** 全国人民代表大会会议期间，一个代表团或者三十名以上的代表联名,可以书面提出对国务院以及国务院各部门、国家监察委员会、最高人民法院、最高人民检察院的质询案。

## 第三章　全国人民代表大会常务委员会

**第二十二条**　全国人民代表大会常务委员会对全国人民代表大会负责并报告工作。

全国人民代表大会常务委员会每届任期同全国人民代表大会每届任期相同,行使职权到下届全国人民代表大会选出新的常务委员会为止。

**第二十三条**　全国人民代表大会常务委员会由下列人员组成:

委员长,

副委员长若干人,

秘书长,

委员若干人。

常务委员会的组成人员由全国人民代表大会从代表中选出。

常务委员会的组成人员不得担任国家行政机关、监察机关、审判机关和检察机关的职务;如果担任上述职务,应当向常务委员会辞去常务委员会的职务。

**第二十四条**　常务委员会委员长主持常务委员会会议和常务委员会的工作。副委员长、秘书长协助委员长工作。副委员长受委员长的委托,可以代行委员长的部分职权。

委员长因为健康情况不能工作或者缺位的时候,由常务委员会在副委员长中推选一人代理委员长的职务,直到委员长恢复健康或者全国人民代表大会选出新的委员长为止。

**第二十五条**　常务委员会的委员长、副委员长、秘书长组成委员长会议,处理常务委员会的重要日常工作:

(一)决定常务委员会每次会议的会期,拟订会议议程草案,必要时提出调整会议议程的建议;

(二)对向常务委员会提出的议案和质询案,决定交由有关的专门委员会审议或者提请常务委员会全体会议审议;

(三)决定是否将议案和决定草案、决议草案提请常务委员会全体会议表决,对暂不交付表决的,提出下一步处理意见;

(四)通过常务委员会年度工作要点、立法工作计划、监督工作计划、代表工作计划、专项工作规划和工作规范性文件等;

（五）指导和协调各专门委员会的日常工作；

（六）处理常务委员会其他重要日常工作。

**第二十六条**　常务委员会设立代表资格审查委员会。

代表资格审查委员会的主任委员、副主任委员和委员的人选，由委员长会议在常务委员会组成人员中提名，常务委员会任免。

**第二十七条**　常务委员会设立办公厅，在秘书长领导下工作。

常务委员会设副秘书长若干人，由委员长提请常务委员会任免。

**第二十八条**　常务委员会设立法制工作委员会、预算工作委员会和其他需要设立的工作委员会。

工作委员会的主任、副主任和委员由委员长提请常务委员会任免。

香港特别行政区基本法委员会、澳门特别行政区基本法委员会的设立、职责和组成人员任免，依照有关法律和全国人民代表大会有关决定的规定。

**第二十九条**　委员长会议，全国人民代表大会各专门委员会，国务院，中央军事委员会，国家监察委员会，最高人民法院，最高人民检察院，常务委员会组成人员十人以上联名，可以向常务委员会提出属于常务委员会职权范围内的议案。

**第三十条**　常务委员会会议期间，常务委员会组成人员十人以上联名，可以向常务委员会书面提出对国务院以及国务院各部门、国家监察委员会、最高人民法院、最高人民检察院的质询案。

**第三十一条**　常务委员会在全国人民代表大会闭会期间，根据国务院总理的提名，可以决定国务院其他组成人员的任免；根据中央军事委员会主席的提名，可以决定中央军事委员会其他组成人员的任免。

**第三十二条**　常务委员会在全国人民代表大会闭会期间，根据委员长会议、国务院总理的提请，可以决定撤销国务院其他个别组成人员的职务；根据中央军事委员会主席的提请，可以决定撤销中央军事委员会其他个别组成人员的职务。

**第三十三条**　常务委员会在全国人民代表大会每次会议举行的时候，必须向全国人民代表大会提出工作报告。

## 第四章　全国人民代表大会各委员会

**第三十四条**　全国人民代表大会设立民族委员会、宪法和法律委员会、监察和司法委员会、财政经济委员会、教育科学文化卫生委员会、外事委员会、华侨委员会、环境与资源保护委员会、农业与农村委员会、社会建设委员会和全国人民代表大会认为需要设立的其他专门委员会。各专门委员会受全国人民代表大会领导；在全国人民代表大会闭会期间，受全国人民代表大会常务委员会领导。

各专门委员会由主任委员、副主任委员若干人和委员若干人组成。

各专门委员会的主任委员、副主任委员和委员的人选由主席团在代表中提名，全国人民代表大会会议表决通过。在大会闭会期间，全国人民代表大会常务委员会可以任免专门委员会的副主任委员和委员，由委员长会议提名，常务委员会会议表决通过。

**第三十五条** 各专门委员会每届任期同全国人民代表大会每届任期相同，履行职责到下届全国人民代表大会产生新的专门委员会为止。

**第三十六条** 各专门委员会主任委员主持委员会会议和委员会的工作。副主任委员协助主任委员工作。

各专门委员会可以根据工作需要，任命专家若干人为顾问；顾问可以列席专门委员会会议，发表意见。

顾问由全国人民代表大会常务委员会任免。

**第三十七条** 各专门委员会的工作如下：

（一）审议全国人民代表大会主席团或者全国人民代表大会常务委员会交付的议案；

（二）向全国人民代表大会主席团或者全国人民代表大会常务委员会提出属于全国人民代表大会或者全国人民代表大会常务委员会职权范围内同本委员会有关的议案，组织起草法律草案和其他议案草案；

（三）承担全国人民代表大会常务委员会听取和审议专项工作报告有关具体工作；

（四）承担全国人民代表大会常务委员会执法检查的具体组织实施工作；

（五）承担全国人民代表大会常务委员会专题询问有关具体工作；

（六）按照全国人民代表大会常务委员会工作安排，听取国务院有关部门和国家监察委员会、最高人民法院、最高人民检察院的专题汇报，提出建议；

（七）对属于全国人民代表大会或者全国人民代表大会常务委员会职权范围内同本委员会有关的问题，进行调查研究，提出建议；

（八）审议全国人民代表大会常务委员会交付的被认为同宪法、法律相抵触的国务院的行政法规、决定和命令，国务院各部门的命令、指示和规章，国家监察委员会的监察法规，省、自治区、直辖市和设区的市、自治州的人民代表大会及其常务委员会的地方性法规和决定、决议，省、自治区、直辖市和设区的市、自治州的人民政府的决定、命令和规章，民族自治地方的自治条例和单行条例，经济特区法规，以及最高人民法院、最高人民检察院具体应用法律问题的解释，提出意见；

（九）审议全国人民代表大会主席团或者全国人民代表大会常务委员会交付的质询案，听取受质询机关对质询案的答复，必要的时候向全国人民代表大会主席团或者全国人民代表大会常务委员会提出报告；

（十）研究办理代表建议、批评和意见，负责有关建议、批评和意见的督促办理工作；

（十一）按照全国人民代表大会常务委员会的安排开展对外交往；

（十二）全国人民代表大会及其常务委员会交办的其他工作。

**第三十八条** 民族委员会可以对加强民族团结问题进行调查研究，提出建议；审议自治区报请全国人民代表大会常务委员会批准的自治区的自治条例和单行条例，向全国人民代表大会常务委员会提出报告。

**第三十九条** 宪法和法律委员会承担推动宪法实施、开展宪法解释、推进合宪性审查、加强宪法监督、配合宪法宣传等工作职责。

宪法和法律委员会统一审议向全国人民代表大会或者全国人民代表大会常务委员会提出的法律草案和有关法律问题的决定草案；其他专门委员会就有关草案向宪法和法律委员会提出意见。

**第四十条** 财政经济委员会对国务院提出的国民经济和社会发展计划草案、规划纲要草案、中央和地方预算草案、中央决算草案以及相关报告和调整方案进行审查，提出初步审查意见、审查结果报告；其他专门委员会可以就有关草案和报告向财政经济委员会提出意见。

**第四十一条** 全国人民代表大会或者全国人民代表大会常务委员会可以组织对于特定问题的调查委员会。调查委员会的组织和工作，由全国人民代表大会或者全国人民代表大会常务委员会决定。

## 第五章　全国人民代表大会代表

**第四十二条** 全国人民代表大会代表每届任期五年，从每届全国人民代表大会举行第一次会议开始，到下届全国人民代表大会举行第一次会议为止。

**第四十三条** 全国人民代表大会代表必须模范地遵守宪法和法律，保守国家秘密，并且在自己参加的生产、工作和社会活动中，协助宪法和法律的实施。

**第四十四条** 全国人民代表大会代表应当同原选举单位和人民保持密切联系，可以列席原选举单位的人民代表大会会议，通过多种方式听取和反映人民的意见和要求，努力为人民服务，充分发挥在全过程民主中的作用。

**第四十五条** 全国人民代表大会常务委员会和各专门委员会、工作委员会应当同代表保持密切联系，听取代表的意见和建议，支持和保障代表依法履职，扩大代表对各项工作的参与，充分发挥代表作用。

全国人民代表大会常务委员会建立健全常务委员会组成人员和各专门委员会、工作委员会联系代表的工作机制。

全国人民代表大会常务委员会办事机构和工作机构为代表履行职责提供服务保障。

**第四十六条** 全国人民代表大会代表向全国人民代表大会或者全国人民代表大会常务委员会提出的对各方面工作的建议、批评和意见，由全国人民代表大会常务委员会办事机构交由有关机关、组织研究办理并负责答复。

对全国人民代表大会代表提出的建议、批评和意见，有关机关、组织应当与代表联系沟通，充分听取意见，介绍有关情况，认真研究办理，及时予以答复。

全国人民代表大会有关专门委员会和常务委员会办事机构应当加强对办理工作的督促检查。常务委员会办事机构每年向常务委员会报告代表建议、批评和意见的办理情况，并予以公开。

**第四十七条** 全国人民代表大会代表在出席全国人民代表大会会议和执行其他属于代表的职务的时候，国家根据实际需要给予适当的补贴和物质上的便利。

**第四十八条** 全国人民代表大会代表、全国人民代表大会常务委员会的组成人员，在全国人民代表大会和全国人民代表大会常务委员会各种会议上的发言和表决，不受法律追究。

**第四十九条** 全国人民代表大会代表非经全国人民代表大会主席团许可，在全国人民代表大会闭会期间非经全国人民代表大会常务委员会许可，不受逮捕或者刑事审判。

全国人民代表大会代表如果因为是现行犯被拘留，执行拘留的公安机关应当立即向全国人民代表大会主席团或者全国人民代表大会常务委员会报告。

# 全国人民代表大会关于修改《中华人民共和国全国人民代表大会议事规则》的决定

（2021 年 3 月 11 日第十三届全国人民代表大会第四次会议通过　2021 年 3 月 11 日中华人民共和国主席令第 74 号公布　自 2021 年 3 月 12 日起施行）

第十三届全国人民代表大会第四次会议决定对《中华人民共和国全国人民代表大会议事规则》作如下修改：

一、将第二条修改为："全国人民代表大会会议于每年第一季度举行，会议召开的日期由全国人民代表大会常务委员会决定并予以公布。

"遇有特殊情况，全国人民代表大会常务委员会可以决定适当提前或者推迟召开会议。提前或者推迟召开会议的日期未能在当次会议上决定的，全国人民代表大会常务委员会可以另行决定或者授权委员长会议决定，并予以公布。"

二、第六条增加一款，作为第二款："全国人民代表大会常务委员会在全国人民代表大会会议举行前，可以组织代表研读讨论有关法律草案，征求代表的意见，并通报会议拟讨论的主要事项的有关情况。"

第二款改为第三款，修改为："临时召集的全国人民代表大会会议不适用前两款规定。"

三、删去第十条第三项。

第四项改为第三项，修改为："（三）会议期间代表提出议案的截止时间"。

四、将第十一条修改为："主席团常务主席召集并主持主席团会议。主席团第一次会议由全国人民代表大会常务委员会委员长召集并主持，会议推选主席团常务主席后，由主席团常务主席主持。"

五、删去第十五条。

六、将第十六条改为第十五条，修改为："全国人民代表大会代表应当出席会议；因病或者其他特殊原因不能出席的，应当向会议秘书处书面请假。秘书处应当向主席团报告代表出席会议的情况和缺席的原因。

"代表应当勤勉尽责，认真审议各项议案和报告，严格遵守会议纪律。"

七、将第十七条改为第十六条，修改为："国务院的组成人员，中央军事委员会的组成人员，国家监察委员会主任，最高人民法院院长和最高人民检察院检察长，列席全国人民代表大会会议；其他有关机关、团体的负责人，经全国人民代表大会常务委员会决定，可以列席全国人民代表大会会议。”

八、将第十八条改为两条，作为第十七条、第十八条，修改为：

“第十七条　全国人民代表大会会议公开举行。

“全国人民代表大会会议议程、日程和会议情况予以公开。

“全国人民代表大会会议期间，代表在各种会议上的发言，整理简报印发会议，并可以根据本人要求，将发言记录或者摘要印发会议。会议简报、发言记录或者摘要可以为纸质版，也可以为电子版。

“大会全体会议设旁听席。旁听办法另行规定。

“第十八条　全国人民代表大会会议举行新闻发布会、记者会。

“全国人民代表大会会议设发言人，代表团可以根据需要设发言人。

“秘书处可以组织代表和有关部门、单位负责人接受新闻媒体采访。代表团可以组织本代表团代表接受新闻媒体采访。

“大会全体会议通过广播、电视、网络等媒体进行公开报道。”

九、增加一条，作为第二十一条：“全国人民代表大会举行会议，应当合理安排会议日程，提高议事质量和效率。

“各代表团应当按照会议日程进行审议。”

十、增加一条，作为第二十二条：“全国人民代表大会会议运用现代信息技术，推进会议文件资料电子化，采用网络视频等方式为代表履职提供便利和服务。”

十一、将第二十一条改为第二十三条，第一款修改为：“主席团，全国人民代表大会常务委员会，全国人民代表大会各专门委员会，国务院，中央军事委员会，国家监察委员会，最高人民法院，最高人民检察院，可以向全国人民代表大会提出属于全国人民代表大会职权范围内的议案，由主席团决定列入会议议程。”

十二、将第二十四条改为第二十六条，第一款修改为：“列入会议议程的法律案，大会全体会议听取关于该法律案的说明后，由各代表团审议，并由宪法和法律委员会、有关的专门委员会审议。”

第二款修改为：“宪法和法律委员会根据各代表团和有关的专门委员会的审议意见，对法律案进行统一审议，向主席团提出审议结果报告和法律草案、有关法律问题的决定草案修改稿，对重要的不同意见应当在审议结果报告中予以说明，经主席团审议通过后，印发会议。修改稿经各代表团审议，由宪法和法律委员会根据各代表团的审议意见进行修改，提出表决稿，由主席团提请大会全体会议表决。”

十三、将第二十五条改为第二十七条，修改为："向全国人民代表大会提出的法律案，在全国人民代表大会闭会期间，可以先向全国人民代表大会常务委员会提出，经全国人民代表大会常务委员会会议依照有关程序审议后，决定提请全国人民代表大会审议。

"全国人民代表大会常务委员会对准备提请全国人民代表大会审议的法律案，应当将法律草案向社会公布，广泛征求意见，但是经委员长会议决定不公布的除外。向社会公布征求意见的时间一般不少于三十日。"

十四、增加一条，作为第三十一条："一个代表团或者三十名以上的代表联名提出的议案，经主席团决定不列入本次会议议程的，交有关的专门委员会在全国人民代表大会闭会后审议。有关的专门委员会进行审议后，向全国人民代表大会常务委员会提出审议结果报告，经全国人民代表大会常务委员会审议通过后，印发全国人民代表大会下次会议。"

十五、将第二十九条改为第三十二条，修改为："全国人民代表大会代表向全国人民代表大会提出的对各方面工作的建议、批评和意见，由全国人民代表大会常务委员会办事机构交由有关机关、组织研究办理，并负责在交办之日起三个月内，至迟不超过六个月，予以答复。代表对答复不满意的，可以提出意见，由全国人民代表大会常务委员会办事机构交由有关机关、组织或者其上级机关、组织再作研究办理，并负责答复。"

十六、将第三十一条改为第三十四条，修改为："全国人民代表大会会议举行的四十五日前，国务院有关主管部门应当就上一年度国民经济和社会发展计划执行情况的主要内容与本年度国民经济和社会发展计划草案的初步方案，上一年度中央和地方预算执行情况的主要内容与本年度中央和地方预算草案的初步方案，向全国人民代表大会财政经济委员会和有关的专门委员会汇报，由财政经济委员会进行初步审查。财政经济委员会进行初步审查时，应当邀请全国人民代表大会代表参加。"

十七、将第三十二条改为第三十五条，第一款修改为："全国人民代表大会每年举行会议的时候，国务院应当向会议提出关于上一年度国民经济和社会发展计划执行情况与本年度国民经济和社会发展计划草案的报告、国民经济和社会发展计划草案，关于上一年度中央和地方预算执行情况与本年度中央和地方预算草案的报告、中央和地方预算草案，由各代表团进行审查，并由财政经济委员会和有关的专门委员会审查。"

第二款修改为："财政经济委员会根据各代表团和有关的专门委员会的审查意见，对前款规定的事项进行审查，向主席团提出审查结果报告，主席团审议通过后，印发会议，并将关于上一年度国民经济和社会发展计划执行情况与本年度国民经济和社会发展计划的决议草案、关于上一年度中央和地方预算执行情况与本年度中央和地方预算的决议草案提请大会全体会议表决。”

**十八**、将第三十三条改为第三十六条，修改为：“国民经济和社会发展计划、中央预算经全国人民代表大会批准后，在执行过程中必须作部分调整的，国务院应当将调整方案提请全国人民代表大会常务委员会审查和批准。”

**十九**、增加一条，作为第三十七条：“国民经济和社会发展五年规划纲要和中长期规划纲要的审查、批准和调整，参照本章有关规定执行。”

**二十**、将第三十四条改为第三十八条，第一款修改为：“全国人民代表大会常务委员会委员长、副委员长、秘书长、委员的人选，中华人民共和国主席、副主席的人选，中央军事委员会主席的人选，国家监察委员会主任的人选，最高人民法院院长和最高人民检察院检察长的人选，由主席团提名，经各代表团酝酿协商后，再由主席团根据多数代表的意见，确定正式候选人名单。”

**二十一**、增加一条，作为第四十二条：“全国人民代表大会选举或者决定任命的国家机构组成人员在依照法定程序产生后，公开进行宪法宣誓。宣誓仪式由主席团组织。”

**二十二**、将第三十八条改为第四十三条，第一款改为三款，作为第一款至第三款，修改为：“全国人民代表大会会议期间，全国人民代表大会常务委员会的组成人员，中华人民共和国主席、副主席，国务院的组成人员，中央军事委员会的组成人员，国家监察委员会主任，最高人民法院院长，最高人民检察院检察长，全国人民代表大会专门委员会成员提出辞职的，由主席团将其辞职请求交各代表团审议后，提请大会全体会议决定；大会闭会期间提出辞职的，由委员长会议将其辞职请求提请全国人民代表大会常务委员会审议决定。

“全国人民代表大会常务委员会接受全国人民代表大会常务委员会委员长、副委员长、秘书长，中华人民共和国主席、副主席，国务院总理、副总理、国务委员，中央军事委员会主席，国家监察委员会主任，最高人民法院院长，最高人民检察院检察长辞职的，应当报请全国人民代表大会下次会议确认。

“全国人民代表大会常务委员会接受全国人民代表大会常务委员会委员辞职的，应当向全国人民代表大会下次会议报告。”

第二款改为第四款，修改为：“全国人民代表大会闭会期间，国务院总理、中央军事委员会主席、国家监察委员会主任、最高人民法院院长、最高人民检察院检察长缺位的，全国人民代表大会常务委员会可以分别在国务院副总理、中央军事委员会副主席、国家监察委员会副主任、最高人民法院副院长、最高人民检察院副检察长中决定代理人选。”

**二十三**、将第三十九条改为第四十四条，第一款修改为：“主席团、三个以上的代表团或者十分之一以上的代表，可以提出对全国人民代表大会常务委员会的组成人员，中华人民共和国主席、副主席，国务院的组成人员，中央军事委员会的组成人员，国家监察委员会主任，最高人民法院院长和最高人民检察院检察长的罢免案，由主席团交各代表团审议后，提请大会全体会议表决；或者依照本规则第六章的规定，由主席团提议，经大会全体会议决定，组织调查委员会，由全国人民代表大会下次会议根据调查委员会的报告审议决定。”

**二十四**、增加一条，作为第四十六条：“全国人民代表大会常务委员会组成人员、专门委员会成员，辞去全国人民代表大会代表职务的请求被接受的，其全国人民代表大会常务委员会组成人员、专门委员会成员的职务相应终止，由全国人民代表大会常务委员会予以公告。”

**二十五**、将第四十一条改为第四十七条，第二款修改为：“各代表团全体会议审议政府工作报告，审查关于上一年度国民经济和社会发展计划执行情况与本年度国民经济和社会发展计划草案的报告、国民经济和社会发展计划草案，审查关于上一年度中央和地方预算执行情况与本年度中央和地方预算草案的报告、中央和地方预算草案，审议最高人民法院工作报告、最高人民检察院工作报告的时候，国务院以及国务院各部门负责人，最高人民法院、最高人民检察院负责人或者其委派的人员应当分别参加会议，听取意见，回答询问。”

**二十六**、将第四十二条改为第四十八条，修改为：“全国人民代表大会会议期间，一个代表团或者三十名以上的代表联名，可以书面提出对国务院以及国务院各部门、国家监察委员会、最高人民法院、最高人民检察院的质询案。”

**二十七**、增加一条，作为第五十六条：“代表在全国人民代表大会各种会议上发言，应当围绕会议确定的议题进行。”

**二十八**、将第五十二条改为第五十九条，增加一款，作为第四款：“会议表决时，代表可以表示赞成，可以表示反对，也可以表示弃权。”

**二十九**、将第五十三条改为第六十条，第一款修改为：“会议表决议案采用无记名按表决器方式。如表决器系统在使用中发生故障，采用举手方式。”

第二款修改为：“宪法的修改，采用无记名投票方式表决。”

增加一款，作为第三款：“预备会议、主席团会议表决的方式，适用本条第一款的规定。”

**三十**、增加一章，作为第八章“公布”，包括第六十一条至第六十五条。

**三十一**、增加一条，作为第六十一条：“全国人民代表大会选举产生的全国人民代表大会常务委员会委员长、副委员长、秘书长、委员，中华人民共和国主席、副主席，中央军事委员会主席，国家监察委员会主任，最高人民法院院长，最高人民检察院检察长，决定任命的中央军事委员会副主席、委员，通过的全国人民代表大会专门委员会成员，以全国人民代表大会公告予以公布。

“全国人民代表大会决定任命的国务院总理、副总理、国务委员、各部部长、各委员会主任、中国人民银行行长、审计长、秘书长，由中华人民共和国主席根据全国人民代表大会的决定，签署主席令任命并予以公布。”

三十二、增加一条，作为第六十二条：“国家机构组成人员在全国人民代表大会会议期间辞职或者被罢免的，适用本规则第六十一条规定的公布程序。”

三十三、增加一条，作为第六十三条：“全国人民代表大会通过的宪法修正案，以全国人民代表大会公告予以公布。”

三十四、增加一条，作为第六十四条：“全国人民代表大会通过的法律，由中华人民共和国主席签署主席令予以公布。”

三十五、增加一条，作为第六十五条：“全国人民代表大会通过的法律、决议、决定，发布的公告，以及法律草案的说明、审议结果报告等，应当及时在全国人民代表大会常务委员会公报和中国人大网上刊载。”

三十六、增加一章，作为第九章“附则”，将第五十四条改为第六十六条，列入本章。

本决定自2021年3月12日起施行。

《中华人民共和国全国人民代表大会议事规则》根据本决定作相应修改，并对章、条、款、项序号和顺序作相应调整，重新公布。

# 中华人民共和国全国人民代表大会议事规则

（1989年4月4日第七届全国人民代表大会第二次会议通过<br>根据2021年3月11日第十三届全国人民代表大会第四次会议《关于修改〈中华人民共和国全国人民代表大会议事规则〉的决定》修正）

## 目　录

**第一条**　根据宪法、全国人民代表大会组织法和全国人民代表大会的实践经验，制定本规则。

## 第一章　会议的举行

**第二条**　全国人民代表大会会议于每年第一季度举行，会议召开的日期由全国人民代表大会常务委员会决定并予以公布。

遇有特殊情况，全国人民代表大会常务委员会可以决定适当提前或者推迟召开会议。提前或者推迟召开会议的日期未能在当次会议上决定的，全国人民代表大会常务委员会可以另行决定或者授权委员长会议决定，并予以公布。

**第三条**　全国人民代表大会会议由全国人民代表大会常务委员会召集。每届全国人民代表大会第一次会议，在本届全国人民代表大会代表选举完成后的两个月内，由上届全国人民代表大会常务委员会召集。

**第四条**　全国人民代表大会会议有三分之二以上的代表出席，始得举行。

**第五条**　全国人民代表大会常务委员会在全国人民代表大会会议举行前，进行下列准备工作：

（一）提出会议议程草案；

（二）提出主席团和秘书长名单草案；

（三）决定列席会议人员名单；

（四）会议的其他准备事项。

**第六条**　全国人民代表大会常务委员会在全国人民代表大会会议举行的一个月前，将开会日期和建议会议讨论的主要事项通知代表，并将准备提请会议审议的法律草案发给代表。

全国人民代表大会常务委员会在全国人民代表大会会议举行前，可以组织代表研读讨论有关法律草案，征求代表的意见，并通报会议拟讨论的主要事项的有关情况。

临时召集的全国人民代表大会会议不适用前两款规定。

**第七条**　全国人民代表大会会议举行前，代表按照选举单位组成代表团。代表团全体会议推选代表团团长、副团长。团长召集并主持代表团全体会议。副团长协助团长工作。

代表团可以分设若干代表小组。代表小组会议推选小组召集人。

**第八条**　全国人民代表大会会议举行前，召开预备会议，选举主席团和秘书长，通过会议议程和关于会议其他准备事项的决定。

预备会议由全国人民代表大会常务委员会主持。每届全国人民代表大会第一次会议的预备会议，由上届全国人民代表大会常务委员会主持。

各代表团审议全国人民代表大会常务委员会提出的主席团和秘书长名单草案、会议议程草案以及关于会议的其他准备事项，提出意见。

全国人民代表大会常务委员会委员长会议根据各代表团提出的意见，可以对主席团和秘书长名单草案、会议议程草案以及关于会议的其他准备事项提出调整意见，提请预备会议审议。

**第九条**　主席团主持全国人民代表大会会议。

主席团的决定，由主席团全体成员的过半数通过。

**第十条**　主席团第一次会议推选主席团常务主席若干人，推选主席团成员若干人分别担任每次大会全体会议的执行主席，并决定下列事项：

（一）副秘书长的人选；

（二）会议日程；

（三）会议期间代表提出议案的截止时间；

（四）其他需要由主席团第一次会议决定的事项。

**第十一条**　主席团常务主席召集并主持主席团会议。主席团第一次会议由全国人民代表大会常务委员会委员长召集并主持，会议推选主席团常务主席后，由主席团常务主席主持。

**第十二条**　代表团审议议案和有关报告，由代表团全体会议、代表小组会议审议。

以代表团名义提出的议案、质询案、罢免案，由代表团全体代表的过半数通过。

**第十三条**　主席团常务主席可以召开代表团团长会议，就议案和有关报告的重大问题听取各代表团的审议意见，进行讨论，并将讨论的情况和意见向主席团报告。

主席团常务主席可以就重大的专门性问题，召集代表团推选的有关代表进行讨论；国务院有关部门负责人参加会议，汇报情况，回答问题。会议讨论的情况和意见应当向主席团报告。

**第十四条** 主席团可以召开大会全体会议进行大会发言，就议案和有关报告发表意见。

**第十五条** 全国人民代表大会代表应当出席会议；因病或者其他特殊原因不能出席的，应当向会议秘书处书面请假。秘书处应当向主席团报告代表出席会议的情况和缺席的原因。

代表应当勤勉尽责，认真审议各项议案和报告，严格遵守会议纪律。

**第十六条** 国务院的组成人员，中央军事委员会的组成人员，国家监察委员会主任，最高人民法院院长和最高人民检察院检察长，列席全国人民代表大会会议；其他有关机关、团体的负责人，经全国人民代表大会常务委员会决定，可以列席全国人民代表大会会议。

**第十七条** 全国人民代表大会会议公开举行。

全国人民代表大会会议议程、日程和会议情况予以公开。

全国人民代表大会会议期间，代表在各种会议上的发言，整理简报印发会议，并可以根据本人要求，将发言记录或者摘要印发会议。会议简报、发言记录或者摘要可以为纸质版，也可以为电子版。

大会全体会议设旁听席。旁听办法另行规定。

**第十八条** 全国人民代表大会会议举行新闻发布会、记者会。

全国人民代表大会会议设发言人，代表团可以根据需要设发言人。

秘书处可以组织代表和有关部门、单位负责人接受新闻媒体采访。代表团可以组织本代表团代表接受新闻媒体采访。

大会全体会议通过广播、电视、网络等媒体进行公开报道。

**第十九条** 全国人民代表大会在必要的时候，可以举行秘密会议。举行秘密会议，经主席团征求各代表团的意见后，由有各代表团团长参加的主席团会议决定。

**第二十条** 全国人民代表大会举行会议的时候，秘书处和有关的代表团应当为少数民族代表准备必要的翻译。

**第二十一条** 全国人民代表大会举行会议，应当合理安排会议日程，提高议事质量和效率。

各代表团应当按照会议日程进行审议。

**第二十二条** 全国人民代表大会会议运用现代信息技术，推进会议文件资料电子化，采用网络视频等方式为代表履职提供便利和服务。

## 第二章 议案的提出和审议

**第二十三条** 主席团，全国人民代表大会常务委员会，全国人民代表大会各专门委员会，国务院，中央军事委员会，国家监察委员会，最高人民法院，最高人民检察院，可以向全国人民代表大会提出属于全国人民代表大会职权范围内的议案，由主席团决定列入会议议程。

一个代表团或者三十名以上的代表联名，可以向全国人民代表大会提出属于全国人民代表大会职权范围内的议案，由主席团决定是否列入会议议程，或者先交有关的专门委员会审议、提出是否列入会议议程的意见，再决定是否列入会议议程，并将主席团通过的关于议案处理意见的报告印发会议。专门委员会审议的时候，可以邀请提案人列席会议、发表意见。

代表联名或者代表团提出的议案，可以在全国人民代表大会会议举行前提出。

**第二十四条** 列入会议议程的议案，提案人和有关的全国人民代表大会专门委员会、有关的全国人民代表大会常务委员会工作部门应当提供有关的资料。

**第二十五条** 列入会议议程的议案，提案人应当向会议提出关于议案的说明。议案由各代表团进行审议，主席团可以并交有关的专门委员会进行审议、提出报告，由主席团审议决定提请大会全体会议表决。

**第二十六条** 列入会议议程的法律案，大会全体会议听取关于该法律案的说明后，由各代表团审议，并由宪法和法律委员会、有关的专门委员会审议。

宪法和法律委员会根据各代表团和有关的专门委员会的审议意见，对法律案进行统一审议，向主席团提出审议结果报告和法律草案、有关法律问题的决定草案修改稿，对重要的不同意见应当在审议结果报告中予以说明，经主席团审议通过后，印发会议。修改稿经各代表团审议，由宪法和法律委员会根据各代表团的审议意见进行修改，提出表决稿，由主席团提请大会全体会议表决。

有关的专门委员会的审议意见应当及时印发会议。

全国人民代表大会决定成立的特定的法律起草委员会拟订并提出的法律案的审议程序和表决办法，另行规定。

**第二十七条** 向全国人民代表大会提出的法律案，在全国人民代表大会闭会期间，可以先向全国人民代表大会常务委员会提出，经全国人民代表大会常务委员会会议依照有关程序审议后，决定提请全国人民代表大会审议。

全国人民代表大会常务委员会对准备提请全国人民代表大会审议的法律案，应当将法律草案向社会公布，广泛征求意见，但是经委员长会议决定不公布的除外。向社会公布征求意见的时间一般不少于三十日。

**第二十八条** 专门委员会审议议案和有关报告，涉及专门性问题的时候，可以邀请有关方面的代表和专家列席会议，发表意见。

专门委员会可以决定举行秘密会议。

**第二十九条** 列入会议议程的议案，在交付表决前，提案人要求撤回的，经主席团同意，会议对该议案的审议即行终止。

**第三十条** 列入会议议程的议案，在审议中有重大问题需要进一步研究的，经主席团提出，由大会全体会议决定，可以授权全国人民代表大会常务委员会审议决定，并报全国人民代表大会下次会议备案或者提请全国人民代表大会下次会议审议。

**第三十一条** 一个代表团或者三十名以上的代表联名提出的议案，经主席团决定不列入本次会议议程的，交有关的专门委员会在全国人民代表大会闭会后审议。有关的专门委员会进行审议后，向全国人民代表大会常务委员会提出审议结果报告，经全国人民代表大会常务委员会审议通过后，印发全国人民代表大会下次会议。

**第三十二条** 全国人民代表大会代表向全国人民代表大会提出的对各方面工作的建议、批评和意见，由全国人民代表大会常务委员会办事机构交由有关机关、组织研究办理，并负责在交办之日起三个月内，至迟不超过六个月，予以答复。代表对答复不满意的，可以提出意见，由全国人民代表大会常务委员会办事机构交由有关机关、组织或者其上级机关、组织再作研究办理，并负责答复。

## 第三章 审议工作报告、审查国家计划和国家预算

**第三十三条** 全国人民代表大会每年举行会议的时候，全国人民代表大会常务委员会、国务院、最高人民法院、最高人民检察院向会议提出的工作报告，经各代表团审议后，会议可以作出相应的决议。

**第三十四条** 全国人民代表大会会议举行的四十五日前，国务院有关主管部门应当就上一年度国民经济和社会发展计划执行情况的主要内容与本年度国民经济和社会发展计划草案的初步方案，上一年度中央和地方预算执行情况的主要内容与本年度中央和地方预算草案的初步方案，向全国人民代表大会财政经济委员会和有关的专门委员会汇报，由财政经济委员会进行初步审查。财政经济委员会进行初步审查时，应当邀请全国人民代表大会代表参加。

**第三十五条** 全国人民代表大会每年举行会议的时候，国务院应当向会

议提出关于上一年度国民经济和社会发展计划执行情况与本年度国民经济和社会发展计划草案的报告、国民经济和社会发展计划草案，关于上一年度中央和地方预算执行情况与本年度中央和地方预算草案的报告、中央和地方预算草案，由各代表团进行审查，并由财政经济委员会和有关的专门委员会审查。

财政经济委员会根据各代表团和有关的专门委员会的审查意见，对前款规定的事项进行审查，向主席团提出审查结果报告，主席团审议通过后，印发会议，并将关于上一年度国民经济和社会发展计划执行情况与本年度国民经济和社会发展计划的决议草案、关于上一年度中央和地方预算执行情况与本年度中央和地方预算的决议草案提请大会全体会议表决。

有关的专门委员会的审查意见应当及时印发会议。

**第三十六条** 国民经济和社会发展计划、中央预算经全国人民代表大会批准后，在执行过程中必须作部分调整的，国务院应当将调整方案提请全国人民代表大会常务委员会审查和批准。

**第三十七条** 国民经济和社会发展五年规划纲要和中长期规划纲要的审查、批准和调整，参照本章有关规定执行。

## 第四章 国家机构组成人员的选举、罢免、任免和辞职

**第三十八条** 全国人民代表大会常务委员会委员长、副委员长、秘书长、委员的人选，中华人民共和国主席、副主席的人选，中央军事委员会主席的人选，国家监察委员会主任的人选，最高人民法院院长和最高人民检察院检察长的人选，由主席团提名，经各代表团酝酿协商后，再由主席团根据多数代表的意见，确定正式候选人名单。

国务院总理和国务院其他组成人员的人选，中央军事委员会除主席以外的其他组成人员的人选，依照宪法的有关规定提名。

各专门委员会主任委员、副主任委员和委员的人选，由主席团在代表中提名。

**第三十九条** 候选人的提名人应当向会议介绍候选人的基本情况，并对代表提出的问题作必要的说明。

**第四十条** 全国人民代表大会会议选举或者决定任命，采用无记名投票方式。得票数超过全体代表的半数的，始得当选或者通过。

大会全体会议选举或者表决任命案的时候，设秘密写票处。

选举或者表决结果，由会议主持人当场宣布。候选人的得票数，应当公

布。

**第四十一条** 全国人民代表大会会议选举和决定任命的具体办法,由大会全体会议通过。

**第四十二条** 全国人民代表大会选举或者决定任命的国家机构组成人员在依照法定程序产生后,公开进行宪法宣誓。宣誓仪式由主席团组织。

**第四十三条** 全国人民代表大会会议期间,全国人民代表大会常务委员会的组成人员,中华人民共和国主席、副主席,国务院的组成人员,中央军事委员会的组成人员,国家监察委员会主任,最高人民法院院长,最高人民检察院检察长,全国人民代表大会专门委员会成员提出辞职的,由主席团将其辞职请求交各代表团审议后,提请大会全体会议决定;大会闭会期间提出辞职的,由委员长会议将其辞职请求提请全国人民代表大会常务委员会审议决定。

全国人民代表大会常务委员会接受全国人民代表大会常务委员会委员长、副委员长、秘书长,中华人民共和国主席、副主席,国务院总理、副总理、国务委员,中央军事委员会主席,国家监察委员会主任,最高人民法院院长,最高人民检察院检察长辞职的,应当报请全国人民代表大会下次会议确认。

全国人民代表大会常务委员会接受全国人民代表大会常务委员会委员辞职的,应当向全国人民代表大会下次会议报告。

全国人民代表大会闭会期间,国务院总理、中央军事委员会主席、国家监察委员会主任、最高人民法院院长、最高人民检察院检察长缺位的,全国人民代表大会常务委员会可以分别在国务院副总理、中央军事委员会副主席、国家监察委员会副主任、最高人民法院副院长、最高人民检察院副检察长中决定代理人选。

**第四十四条** 主席团、三个以上的代表团或者十分之一以上的代表,可以提出对全国人民代表大会常务委员会的组成人员,中华人民共和国主席、副主席,国务院的组成人员,中央军事委员会的组成人员,国家监察委员会主任,最高人民法院院长和最高人民检察院检察长的罢免案,由主席团交各代表团审议后,提请大会全体会议表决;或者依照本规则第六章的规定,由主席团提议,经大会全体会议决定,组织调查委员会,由全国人民代表大会下次会议根据调查委员会的报告审议决定。

罢免案应当写明罢免理由,并提供有关的材料。

罢免案提请大会全体会议表决前,被提出罢免的人员有权在主席团会议和大会全体会议上提出申辩意见,或者书面提出申辩意见,由主席团印发会议。

**第四十五条** 全国人民代表大会常务委员会组成人员、专门委员会成员的全国人民代表大会代表职务被原选举单位罢免的,其全国人民代表大会常务委员会组成人员、专门委员会成员的职务相应撤销，由主席团或者全国人民代表大会常务委员会予以公告。

**第四十六条** 全国人民代表大会常务委员会组成人员、专门委员会成员，辞去全国人民代表大会代表职务的请求被接受的，其全国人民代表大会常务委员会组成人员、专门委员会成员的职务相应终止，由全国人民代表大会常务委员会予以公告。

## 第五章 询问和质询

**第四十七条** 各代表团审议议案和有关报告的时候，有关部门应当派负责人员到会，听取意见，回答代表提出的询问。

各代表团全体会议审议政府工作报告，审查关于上一年度国民经济和社会发展计划执行情况与本年度国民经济和社会发展计划草案的报告、国民经济和社会发展计划草案，审查关于上一年度中央和地方预算执行情况与本年度中央和地方预算草案的报告、中央和地方预算草案，审议最高人民法院工作报告、最高人民检察院工作报告的时候，国务院以及国务院各部门负责人，最高人民法院、最高人民检察院负责人或者其委派的人员应当分别参加会议，听取意见，回答询问。

主席团和专门委员会对议案和有关报告进行审议的时候，国务院或者有关机关负责人应当到会，听取意见，回答询问，并可以对议案或者有关报告作补充说明。

**第四十八条** 全国人民代表大会会议期间，一个代表团或者三十名以上的代表联名，可以书面提出对国务院以及国务院各部门、国家监察委员会、最高人民法院、最高人民检察院的质询案。

**第四十九条** 质询案必须写明质询对象、质询的问题和内容。

**第五十条** 质询案按照主席团的决定由受质询机关的负责人在主席团会议、有关的专门委员会会议或者有关的代表团会议上口头答复，或者由受质询机关书面答复。在主席团会议或者专门委员会会议上答复的，提质询案的代表团团长或者代表有权列席会议，发表意见。

提质询案的代表或者代表团对答复质询不满意的，可以提出要求，经主席团决定，由受质询机关再作答复。

在专门委员会会议或者代表团会议上答复的，有关的专门委员会或者代表团应当将答复质询案的情况向主席团报告。

主席团认为必要的时候，可以将答复质询案的情况报告印发会议。

质询案以书面答复的，受质询机关的负责人应当签署，由主席团决定印发会议。

## 第六章　调查委员会

**第五十一条**　全国人民代表大会认为必要的时候，可以组织关于特定问题的调查委员会。

**第五十二条**　主席团、三个以上的代表团或者十分之一以上的代表联名，可以提议组织关于特定问题的调查委员会，由主席团提请大会全体会议决定。

调查委员会由主任委员、副主任委员若干人和委员若干人组成，由主席团在代表中提名，提请大会全体会议通过。调查委员会可以聘请专家参加调查工作。

**第五十三条**　调查委员会进行调查的时候，一切有关的国家机关、社会团体和公民都有义务如实向它提供必要的材料。提供材料的公民要求调查委员会对材料来源保密的，调查委员会应当予以保密。

调查委员会在调查过程中，可以不公布调查的情况和材料。

**第五十四条**　调查委员会应当向全国人民代表大会提出调查报告。全国人民代表大会根据调查委员会的报告，可以作出相应的决议。

全国人民代表大会可以授权全国人民代表大会常务委员会在全国人民代表大会闭会期间，听取调查委员会的调查报告，并可以作出相应的决议，报全国人民代表大会下次会议备案。

## 第七章　发言和表决

**第五十五条**　全国人民代表大会代表在全国人民代表大会各种会议上的发言和表决，不受法律追究。

**第五十六条**　代表在全国人民代表大会各种会议上发言，应当围绕会议确定的议题进行。

**第五十七条**　代表在大会全体会议上发言的，每人可以发言两次，第一次不超过十分钟，第二次不超过五分钟。

要求在大会全体会议上发言的，应当在会前向秘书处报名，由大会执行主席安排发言顺序；在大会全体会议上临时要求发言的，经大会执行主席许可，始得发言。

**第五十八条**　主席团成员和代表团团长或者代表团推选的代表在主席团

每次会议上发言的，每人可以就同一议题发言两次，第一次不超过十五分钟，第二次不超过十分钟。经会议主持人许可，发言时间可以适当延长。

**第五十九条**　大会全体会议表决议案，由全体代表的过半数通过。

宪法的修改，由全体代表的三分之二以上的多数通过。

表决结果由会议主持人当场宣布。

会议表决时，代表可以表示赞成，可以表示反对，也可以表示弃权。

**第六十条**　会议表决议案采用无记名按表决器方式。如表决器系统在使用中发生故障，采用举手方式。

宪法的修改，采用无记名投票方式表决。

预备会议、主席团会议表决的方式，适用本条第一款的规定。

## 第八章　公　　布

**第六十一条**　全国人民代表大会选举产生的全国人民代表大会常务委员会委员长、副委员长、秘书长、委员，中华人民共和国主席、副主席，中央军事委员会主席，国家监察委员会主任，最高人民法院院长，最高人民检察院检察长，决定任命的中央军事委员会副主席、委员，通过的全国人民代表大会专门委员会成员，以全国人民代表大会公告予以公布。

全国人民代表大会决定任命的国务院总理、副总理、国务委员、各部部长、各委员会主任、中国人民银行行长、审计长、秘书长，由中华人民共和国主席根据全国人民代表大会的决定，签署主席令任命并予以公布。

**第六十二条**　国家机构组成人员在全国人民代表大会会议期间辞职或者被罢免的，适用本规则第六十一条规定的公布程序。

**第六十三条**　全国人民代表大会通过的宪法修正案，以全国人民代表大会公告予以公布。

**第六十四条**　全国人民代表大会通过的法律，由中华人民共和国主席签署主席令予以公布。

**第六十五条**　全国人民代表大会通过的法律、决议、决定，发布的公告，以及法律草案的说明、审议结果报告等，应当及时在全国人民代表大会常务委员会公报和中国人大网上刊载。

## 第九章　附　　则

**第六十六条**　本规则自公布之日起施行。

# 中华人民共和国香港特别行政区基本法附件一
# 香港特别行政区行政长官的产生办法

（1990年4月4日第七届全国人民代表大会第三次会议通过　2010年8月28日第十一届全国人民代表大会常务委员会第十六次会议批准修正　2021年3月30日第十三届全国人民代表大会常务委员会第二十七次会议修订　2021年3月30日中华人民共和国主席令第75号公布　自2021年3月31日起施行）

一、行政长官由一个具有广泛代表性、符合香港特别行政区实际情况、体现社会整体利益的选举委员会根据本法选出，由中央人民政府任命。

二、选举委员会委员共1500人，由下列各界人士组成：

第一界别：工商、金融界　300人

第二界别：专业界　300人

第三界别：基层、劳工和宗教等界　300人

第四界别：立法会议员、地区组织代表等界　300人

第五界别：香港特别行政区全国人大代表、香港特别行政区全国政协委员和有关全国性团体香港成员的代表界　300人

选举委员会委员必须由香港特别行政区永久性居民担任。

选举委员会每届任期五年。

三、选举委员会各个界别的划分及名额如下：

第一界别设十八个界别分组：工业界（第一）（17席）、工业界（第二）（17席）、纺织及制衣界（17席）、商界（第一）（17席）、商界（第二）（17席）、商界（第三）（17席）、金融界（17席）、金融服务界（17席）、保险界（17席）、地产及建造界（17席）、航运交通界（17席）、进出口界（17席）、旅游界（17席）、酒店界（16席）、饮食界（16席）、批发及零售界（17席）、香港雇主联合会（15席）、中小企业界（15席）。

第二界别设十个界别分组：科技创新界（30席）、工程界（30席）、建筑测量都市规划及园境界（30席）、会计界（30席）、法律界（30席）、教育界（30席）、体育演艺文化及出版界（30席）、医学及卫生服务界（30席）、中医界（30席）、社会福利界（30席）。

第三界别设五个界别分组：渔农界（60席）、劳工界（60席）、基层社团（60

席)、同乡社团(60 席)、宗教界(60 席)。

第四界别设五个界别分组:立法会议员(90 席)、乡议局(27 席)、港九分区委员会及地区扑灭罪行委员会、地区防火委员会委员的代表(76 席)、"新界"分区委员会及地区扑灭罪行委员会、地区防火委员会委员的代表(80 席)、内地港人团体的代表(27 席)。

第五界别设两个界别分组:香港特别行政区全国人大代表和香港特别行政区全国政协委员(190 席)、有关全国性团体香港成员的代表(110 席)。

**四、**选举委员会以下列方式产生:

(一)香港特别行政区全国人大代表、香港特别行政区全国政协委员、全国人民代表大会常务委员会香港特别行政区基本法委员会香港委员、立法会议员、大学校长或者学校董事会或者校务委员会主席,以及工程界(15 席)、建筑测量都市规划及园境界(15 席)、教育界(5 席)、医学及卫生服务界(15 席)、社会福利界(15 席)等界别分组的法定机构、咨询组织及相关团体负责人,是相应界别分组的选举委员会委员。

除第五界别外,香港特别行政区全国人大代表和香港特别行政区全国政协委员也可以在其有密切联系的选举委员会其他界别分组登记为委员。如果香港特别行政区全国人大代表或者香港特别行政区全国政协委员登记为选举委员会其他界别分组的委员,则其计入相应界别分组的名额,该界别分组按照本款第三项规定产生的选举委员会委员的名额相应减少。香港特别行政区全国人大代表和香港特别行政区全国政协委员登记为选举委员会有关界别分组的委员后,在该届选举委员会任期内,根据上述规定确定的选举委员会各界别分组按照本款第一、二、三项规定产生的委员的名额维持不变。

(二)宗教界界别分组的选举委员会委员由提名产生;科技创新界界别分组的部分委员(15 席)在中国科学院、中国工程院香港院士中提名产生;会计界界别分组的部分委员(15 席)在国家财政部聘任的香港会计咨询专家中提名产生;法律界界别分组的部分委员(9 席)在中国法学会香港理事中提名产生;体育演艺文化及出版界界别分组的部分委员(15 席)由中国香港体育协会暨奥林匹克委员会、中国文学艺术界联合会香港会员总会和香港出版总会分别提名产生;中医界界别分组的部分委员(15 席)在世界中医药学会联合会香港理事中提名产生;内地港人团体的代表界别分组的委员(27 席)由各内地港人团体提名产生。

(三)除本款第一、二项规定的选举委员会委员外,其他委员由相应界别分组的合资格团体选民选出。各界别分组的合资格团体选民由法律规定的具有代表性的机构、组织、团体或企业构成。除香港特别行政区选举法列明者外，有关团体和企业须获得其所在界别分组相应资格后持续运作三年以上方可成为该界别分组选民。第四界别的乡议局、港九分区委员会及地区扑灭罪行委员会、地区防火委员会委员的代表、“新界”分区委员会及地区扑灭罪行委员会、地区防火委员会委员的代表和第五界别的有关全国性团体香港成员的代表等界别分组的选举委员会委员，可由个人选民选出。选举委员会委员候选人须获得其所在界别分组5个选民的提名。每个选民可提名不超过其所在界别分组选举委员会委员名额的候选人。选举委员会各界别分组选民根据提名的名单，以无记名投票选举产生该界别分组的选举委员会委员。

上款规定涉及的选举委员会委员的具体产生办法，包括有关界别分组的法定机构、咨询组织、相关团体和合资格团体选民的界定、候选人提名办法、投票办法等，由香港特别行政区以选举法规定。

五、选举委员会设召集人制度，负责必要时召集选举委员会会议，办理有关事宜。总召集人由担任国家领导职务的选举委员会委员担任，总召集人在选举委员会每个界别各指定若干名召集人。

六、行政长官候选人须获得不少于188名选举委员会委员的提名，且上述五个界别中每个界别参与提名的委员须不少于15名。每名选举委员会委员只可提出一名候选人。

七、选举委员会根据提名的名单，经一人一票无记名投票选出行政长官候任人，行政长官候任人须获得超过750票。具体选举办法由香港特别行政区以选举法规定。

八、香港特别行政区候选人资格审查委员会负责审查并确认选举委员会委员候选人和行政长官候选人的资格。香港特别行政区维护国家安全委员会根据香港特别行政区政府警务处维护国家安全部门的审查情况，就选举委员会委员候选人和行政长官候选人是否符合拥护中华人民共和国香港特别行政区基本法、效忠中华人民共和国香港特别行政区的法定要求和条件作出判断，并就不符合上述法定要求和条件者向香港特别行政区候选人资格审查委员会出具审查意见书。

对香港特别行政区候选人资格审查委员会根据香港特别行政区维护国家安全委员会的审查意见书作出的选举委员会委员候选人和行政长官候选人资格确认的决定，不得提起诉讼。

九、香港特别行政区应当采取措施，依法规管操纵、破坏选举的行为。

十、全国人民代表大会常务委员会依法行使本办法的修改权。全国人民代表大会常务委员会作出修改前，以适当形式听取香港社会各界意见。

十一、依据本办法产生的选举委员会任期开始时，依据原办法产生的选举委员会任期即告终止。

十二、本办法自2021年3月31日起施行。原附件一及有关修正案不再施行。

# 中华人民共和国香港特别行政区基本法附件二 香港特别行政区立法会的产生办法和表决程序

（1990年4月4日第七届全国人民代表大会第三次会议通过 2010年8月28日第十一届全国人民代表大会常务委员会第十六次会议备案修正 2021年3月30日第十三届全国人民代表大会常务委员会第二十七次会议修订 2021年3月30日中华人民共和国主席令第76号公布 自2021年3月31日起施行）

一、香港特别行政区立法会议员每届90人，组成如下：

| | |
|---|---|
| 选举委员会选举的议员 | 40人 |
| 功能团体选举的议员 | 30人 |
| 分区直接选举的议员 | 20人 |

上述选举委员会即本法附件一规定的选举委员会。

二、选举委员会选举的议员候选人须获得不少于10名、不多于20名选举委员会委员的提名，且每个界别参与提名的委员不少于2名、不多于4名。任何合资格选民均可被提名为候选人。每名选举委员会委员只可提出一名候选人。

选举委员会根据提名的名单进行无记名投票，每一选票所选的人数等于应选议员名额的有效，得票多的40名候选人当选。

三、功能团体选举设以下二十八个界别：渔农界、乡议局、工业界（第一）、工业界（第二）、纺织及制衣界、商界（第一）、商界（第二）、商界（第三）、金融界、金融服务界、保险界、地产及建造界、航运交通界、进出口界、旅游界、饮食界、批发及零售界、科技创新界、工程界、建筑测量都市规划及园境界、会计界、法律界、教育界、体育演艺文化及出版界、医疗卫生界、社会福利界、劳工界、香港特别行政区全国人大代表香港特别行政区全国政协委员及有关全国性团体代表界。其中，劳工界选举产生三名议员，其他界别各选举产生一名议员。

乡议局、工程界、建筑测量都市规划及园境界、会计界、法律界、教育界、医疗卫生界、社会福利界、香港特别行政区全国人大代表香港特别行政区全国政协委员及有关全国性团体代表界等界别的议员，由个人选民选出。其他界别的议员由合资格团体选民选举产生，各界别的合资格团体选民由法律规定的具有代表性的机构、组织、团体或企业构成。除香港特别行政区选举法列明者外，有关团体和企业须获得其所在界别相应资格后持续运作三年以上方可成为该界别选民。

候选人须获得所在界别不少于10个、不多于20个选民和选举委员会每个界别不少于2名、不多于4名委员的提名。每名选举委员会委员在功能团体选举中只可提出一名候选人。

各界别选民根据提名的名单，以无记名投票选举产生该界别立法会议员。

各界别有关法定团体的划分、合资格团体选民的界定、选举办法由香港特别行政区以选举法规定。

**四、**分区直接选举设立十个选区，每个选区选举产生两名议员。

候选人须获得所在选区不少于100个、不多于200个选民和选举委员会每个界别不少于2名、不多于4名委员的提名。每名选举委员会委员在分区直接选举中只可提出一名候选人。

选民根据提名的名单以无记名投票选择一名候选人，得票多的两名候选人当选。

选区划分、投票办法由香港特别行政区以选举法规定。

**五、**香港特别行政区候选人资格审查委员会负责审查并确认立法会议员候选人的资格。香港特别行政区维护国家安全委员会根据香港特别行政区政府警务处维护国家安全部门的审查情况，就立法会议员候选人是否符合拥护中华人民共和国香港特别行政区基本法、效忠中华人民共和国香港特别行政区的法定要求和条件作出判断，并就不符合上述法定要求和条件者向香港特别行政区候选人资格审查委员会出具审查意见书。

对香港特别行政区候选人资格审查委员会根据香港特别行政区维护国家安全委员会的审查意见书作出的立法会议员候选人资格确认的决定，不得提起诉讼。

**六、**香港特别行政区应当采取措施，依法规管操纵、破坏选举的行为。

**七、**除本法另有规定外，香港特别行政区立法会对法案和议案的表决采取下列程序：

政府提出的法案，如获得出席会议的全体议员的过半数票，即为通过。

立法会议员个人提出的议案、法案和对政府法案的修正案均须分别经选举委员会选举产生的议员和功能团体选举、分区直接选举产生的议员两部分出席会议议员各过半数通过。

八、全国人民代表大会常务委员会依法行使本办法和法案、议案的表决程序的修改权。全国人民代表大会常务委员会作出修改前,以适当形式听取香港社会各界意见。

九、本办法和法案、议案的表决程序自 2021 年 3 月 31 日起施行。原附件二及有关修正案不再施行。

# 有关法律问题的决定

## 全国人民代表大会关于完善香港特别行政区选举制度的决定

（2021 年 3 月 11 日第十三届全国人民代表大会第四次会议通过）

第十三届全国人民代表大会第四次会议审议了全国人民代表大会常务委员会关于提请审议《全国人民代表大会关于完善香港特别行政区选举制度的决定（草案）》的议案。会议认为，香港回归祖国后，重新纳入国家治理体系，《中华人民共和国宪法》和《中华人民共和国香港特别行政区基本法》共同构成香港特别行政区的宪制基础。香港特别行政区实行的选举制度，包括行政长官和立法会的产生办法，是香港特别行政区政治体制的重要组成部分，应当符合"一国两制"方针，符合香港特别行政区实际情况，确保爱国爱港者治港，有利于维护国家主权、安全、发展利益，保持香港长期繁荣稳定。为完善香港特别行政区选举制度，发展适合香港特别行政区实际情况的民主制度，根据《中华人民共和国宪法》第三十一条和第六十二条第二项、第十四项、第十六项的规定，以及《中华人民共和国香港特别行政区基本法》、《中华人民共和国香港特别行政区维护国家安全法》的有关规定，全国人民代表大会作出如下决定：

一、完善香港特别行政区选举制度，必须全面准确贯彻落实"一国两制"、"港人治港"、高度自治的方针，维护《中华人民共和国宪法》和《中华人民共和国香港特别行政区基本法》确定的香港特别行政区宪制秩序，确保以爱国者为主体的"港人治港"，切实提高香港特别行政区治理效能，保障香港特别行政区永久性居民的选举权和被选举权。

二、香港特别行政区设立一个具有广泛代表性、符合香港特别行政区实际情况、体现社会整体利益的选举委员会。选举委员会负责选举行政长官候任人、立法会部分议员，以及提名行政长官候选人、立法会议员候选人等事宜。

选举委员会由工商、金融界，专业界，基层、劳工和宗教等界，立法会议员、地区组织代表等界，香港特别行政区全国人大代表、香港特别行政区全国政协委员和有关全国性团体香港成员的代表界等五个界别共1500名委员组成。

三、香港特别行政区行政长官由选举委员会选出，由中央人民政府任命。

行政长官候选人须获得选举委员会不少于188名委员联合提名，且上述五个界别中每个界别参与提名的委员不少于15名。选举委员会以一人一票无记名投票选出行政长官候任人，行政长官候任人须获得选举委员会全体委员过半数支持。

四、香港特别行政区立法会议员每届90人。通过选举委员会选举、功能团体选举、分区直接选举三种方式分别选举产生。

五、设立香港特别行政区候选人资格审查委员会，负责审查并确认选举委员会委员候选人、行政长官候选人和立法会议员候选人的资格。香港特别行政区应当健全和完善有关资格审查制度机制，确保候选人资格符合《中华人民共和国香港特别行政区基本法》、《中华人民共和国香港特别行政区维护国家安全法》、全国人民代表大会常务委员会关于《中华人民共和国香港特别行政区基本法》第一百零四条的解释和关于香港特别行政区立法会议员资格问题的决定以及香港特别行政区本地有关法律的规定。

六、授权全国人民代表大会常务委员会根据本决定修改《中华人民共和国香港特别行政区基本法》附件一《香港特别行政区行政长官的产生办法》和附件二《香港特别行政区立法会的产生办法和表决程序》。

七、香港特别行政区应当依照本决定和全国人民代表大会常务委员会修改后的《中华人民共和国香港特别行政区基本法》附件一《香港特别行政区行政长官的产生办法》和附件二《香港特别行政区立法会的产生办法和表决程序》，修改香港特别行政区本地有关法律，依法组织、规管相关选举活动。

八、香港特别行政区行政长官应当就香港特别行政区选举制度安排和选举组织等有关重要情况，及时向中央人民政府提交报告。

九、本决定自公布之日起施行。

# 行政法规

## 粮食流通管理条例

（2004 年 5 月 26 日中华人民共和国国务院令第 407 号公布　根据 2013 年 7 月 18 日《国务院关于废止和修改部分行政法规的决定》第一次修订　根据 2016 年 2 月 6 日《国务院关于修改部分行政法规的决定》第二次修订　2021 年 1 月 4 日国务院第 121 次常务会议修订通过　2021 年 2 月 15 日中华人民共和国国务院令第 740 号公布　自 2021 年 4 月 15 日起施行）

### 第一章　总　则

**第一条**　为了保护粮食生产者的积极性，促进粮食生产，维护经营者、消费者的合法权益，保障国家粮食安全，维护粮食流通秩序，根据有关法律，制定本条例。

**第二条**　在中华人民共和国境内从事粮食的收购、销售、储存、运输、加工、进出口等经营活动（以下统称粮食经营活动），应当遵守本条例。

前款所称粮食，是指小麦、稻谷、玉米、杂粮及其成品粮。

**第三条**　国家鼓励多种所有制市场主体从事粮食经营活动，促进公平竞争。依法从事的粮食经营活动受国家法律保护。严禁以非法手段阻碍粮食自由流通。

国有粮食企业应当转变经营机制，提高市场竞争能力，在粮食流通中发挥主渠道作用，带头执行国家粮食政策。

**第四条**　粮食价格主要由市场供求形成。

国家加强粮食流通管理，增强对粮食市场的调控能力。

**第五条**　粮食经营活动应当遵循自愿、公平、诚信的原则，不得损害粮食生产者、消费者的合法权益，不得损害国家利益和社会公共利益，并采取有效措施，防止和减少粮食损失浪费。

**第六条**　国务院发展改革部门及国家粮食和储备行政管理部门负责全国

粮食的总量平衡、宏观调控和重要粮食品种的结构调整以及粮食流通的中长期规划。国家粮食和储备行政管理部门负责粮食流通的行政管理、行业指导，监督有关粮食流通的法律、法规、政策及各项规章制度的执行。

国务院市场监督管理、卫生健康等部门在各自的职责范围内负责与粮食流通有关的工作。

**第七条** 省、自治区、直辖市应当落实粮食安全党政同责，完善粮食安全省长责任制，承担保障本行政区域粮食安全的主体责任，在国家宏观调控下，负责本行政区域粮食的总量平衡和地方储备粮等的管理。

县级以上地方人民政府粮食和储备行政管理部门负责本行政区域粮食流通的行政管理、行业指导；县级以上地方人民政府市场监督管理、卫生健康等部门在各自的职责范围内负责与粮食流通有关的工作。

## 第二章 粮食经营

**第八条** 粮食经营者，是指从事粮食收购、销售、储存、运输、加工、进出口等经营活动的自然人、法人和非法人组织。

**第九条** 从事粮食收购的经营者（以下简称粮食收购者），应当具备与其收购粮食品种、数量相适应的能力。

从事粮食收购的企业（以下简称粮食收购企业），应当向收购地的县级人民政府粮食和储备行政管理部门备案企业名称、地址、负责人以及仓储设施等信息，备案内容发生变化的，应当及时变更备案。

县级以上地方人民政府粮食和储备行政管理部门应当加强粮食收购管理和服务，规范粮食收购活动。具体管理办法由省、自治区、直辖市人民政府制定。

**第十条** 粮食收购者收购粮食，应当告知售粮者或者在收购场所公示粮食的品种、质量标准和收购价格。

**第十一条** 粮食收购者收购粮食，应当执行国家粮食质量标准，按质论价，不得损害农民和其他粮食生产者的利益；应当及时向售粮者支付售粮款，不得拖欠；不得接受任何组织或者个人的委托代扣、代缴任何税、费和其他款项。

粮食收购者收购粮食，应当按照国家有关规定进行质量安全检验，确保粮食质量安全。对不符合食品安全标准的粮食，应当作为非食用用途单独储存。

**第十二条** 粮食收购企业应当向收购地的县级人民政府粮食和储备行政管理部门定期报告粮食收购数量等有关情况。

跨省收购粮食，应当向收购地和粮食收购企业所在地的县级人民政府粮食和储备行政管理部门定期报告粮食收购数量等有关情况。

**第十三条** 粮食收购者、从事粮食储存的企业（以下简称粮食储存企业）使用的仓储设施，应当符合粮食储存有关标准和技术规范以及安全生产法律、法规的要求，具有与储存品种、规模、周期等相适应的仓储条件，减少粮食储存损耗。

粮食不得与可能对粮食产生污染的有毒有害物质混存，储存粮食不得使用国家禁止使用的化学药剂或者超量使用化学药剂。

**第十四条** 运输粮食应当严格执行国家粮食运输的技术规范，减少粮食运输损耗。不得使用被污染的运输工具或者包装材料运输粮食，不得与有毒有害物质混装运输。

**第十五条** 从事粮食的食品生产，应当符合食品安全法律、法规和标准规定的条件和要求，对其生产食品的安全负责。

国家鼓励粮食经营者提高成品粮出品率和副产物综合利用率。

**第十六条** 销售粮食应当严格执行国家粮食质量等有关标准，不得短斤少两、掺杂使假、以次充好，不得囤积居奇、垄断或者操纵粮食价格、欺行霸市。

**第十七条** 粮食储存期间，应当定期进行粮食品质检验，粮食品质达到轻度不宜存时应当及时出库。

建立粮食销售出库质量安全检验制度。正常储存年限内的粮食，在出库前应当由粮食储存企业自行或者委托粮食质量安全检验机构进行质量安全检验；超过正常储存年限的粮食，储存期间使用储粮药剂未满安全间隔期的粮食，以及色泽、气味异常的粮食，在出库前应当由粮食质量安全检验机构进行质量安全检验。未经质量安全检验的粮食不得销售出库。

**第十八条** 粮食收购者、粮食储存企业不得将下列粮食作为食用用途销售出库：

（一）真菌毒素、农药残留、重金属等污染物质以及其他危害人体健康的物质含量超过食品安全标准限量的；

（二）霉变或者色泽、气味异常的；

（三）储存期间使用储粮药剂未满安全间隔期的；

（四）被包装材料、容器、运输工具等污染的；

（五）其他法律、法规或者国家有关规定明确不得作为食用用途销售的。

**第十九条** 从事粮食收购、加工、销售的规模以上经营者，应当按照所在地省、自治区、直辖市人民政府的规定，执行特定情况下的粮食库存量。

**第二十条** 粮食经营者从事政策性粮食经营活动，应当严格遵守国家有

关规定,不得有下列行为:

(一)虚报粮食收储数量;

(二)通过以陈顶新、以次充好、低收高转、虚假购销、虚假轮换、违规倒卖等方式,套取粮食价差和财政补贴,骗取信贷资金;

(三)挤占、挪用、克扣财政补贴、信贷资金;

(四)以政策性粮食为债务作担保或者清偿债务;

(五)利用政策性粮食进行除政府委托的政策性任务以外的其他商业经营;

(六)在政策性粮食出库时掺杂使假、以次充好、调换标的物,拒不执行出库指令或者阻挠出库;

(七)购买国家限定用途的政策性粮食,违规倒卖或者不按照规定用途处置;

(八)擅自动用政策性粮食;

(九)其他违反国家政策性粮食经营管理规定的行为。

**第二十一条** 国有粮食企业应当积极收购粮食,并做好政策性粮食购销工作,服从和服务于国家宏观调控。

**第二十二条** 对符合贷款条件的粮食收购者,银行应当按照国家有关规定及时提供收购贷款。

中国农业发展银行应当保证中央和地方储备粮以及其他政策性粮食的信贷资金需要,对国有粮食企业、大型粮食产业化龙头企业和其他粮食企业,按企业的风险承受能力提供信贷资金支持。

政策性粮食收购资金应当专款专用,封闭运行。

**第二十三条** 所有从事粮食收购、销售、储存、加工的经营者以及饲料、工业用粮企业,应当建立粮食经营台账,并向所在地的县级人民政府粮食和储备行政管理部门报送粮食购进、销售、储存等基本数据和有关情况。粮食经营台账的保存期限不得少于3年。粮食经营者报送的基本数据和有关情况涉及商业秘密的,粮食和储备行政管理部门负有保密义务。

国家粮食流通统计依照《中华人民共和国统计法》的有关规定执行。

**第二十四条** 县级以上人民政府粮食和储备行政管理部门应当建立粮食经营者信用档案,记录日常监督检查结果、违法行为查处情况,并依法向社会公示。

粮食行业协会以及中介组织应当加强行业自律,在维护粮食市场秩序方面发挥监督和协调作用。

**第二十五条** 国家鼓励和支持开发、推广应用先进的粮食储存、运输、加工和信息化技术，开展珍惜和节约粮食宣传教育。

县级以上人民政府粮食和储备行政管理部门应当加强对粮食经营者的指导和服务，引导粮食经营者节约粮食、降低粮食损失损耗。

## 第三章　宏观调控

**第二十六条**　国家采取政策性粮食购销、粮食进出口等多种经济手段和必要的行政手段，加强对粮食市场的调控，保持全国粮食供求总量基本平衡和市场基本稳定。

**第二十七条**　国家实行中央和地方分级粮食储备制度。粮食储备用于调节粮食供求、稳定粮食市场，以及应对重大自然灾害或者其他突发事件等情况。

政策性粮食的采购和销售，原则上通过规范的粮食交易中心公开进行，也可以通过国家规定的其他方式进行。

**第二十八条**　国务院和地方人民政府建立健全粮食风险基金制度。粮食风险基金主要用于支持粮食储备、稳定粮食市场等。

国务院和地方人民政府财政部门负责粮食风险基金的监督管理，确保专款专用。

**第二十九条**　为保障市场供应、保护种粮农民利益，必要时可由国务院根据粮食安全形势，结合财政状况，决定对重点粮食品种在粮食主产区实行政策性收储。

当粮食价格显著上涨或者有可能显著上涨时，国务院和省、自治区、直辖市人民政府可以按照《中华人民共和国价格法》的规定，采取价格干预措施。

**第三十条**　国务院发展改革部门及国家粮食和储备行政管理部门会同国务院农业农村、统计、市场监督管理等部门负责粮食市场供求形势的监测和预警分析，健全监测和预警体系，完善粮食供需抽查制度，发布粮食生产、消费、价格、质量等信息。

**第三十一条**　国家鼓励粮食主产区和主销区以多种形式建立稳定的产销关系，鼓励培育生产、收购、储存、加工、销售一体化的粮食企业，支持建设粮食生产、加工、物流基地或者园区，加强对政府储备粮油仓储物流设施的保护，鼓励发展订单农业。在执行政策性收储时国家给予必要的经济优惠，并在粮食运输方面给予优先安排。

**第三十二条**　在重大自然灾害、重大疫情或者其他突发事件引起粮食市场供求异常波动时，国家实施粮食应急机制。

**第三十三条** 国家建立突发事件的粮食应急体系。国务院发展改革部门及国家粮食和储备行政管理部门会同国务院有关部门制定全国的粮食应急预案,报请国务院批准。省、自治区、直辖市人民政府根据本地区的实际情况,制定本行政区域的粮食应急预案。

**第三十四条** 启动全国的粮食应急预案,由国务院发展改革部门及国家粮食和储备行政管理部门提出建议,报国务院批准后实施。

启动省、自治区、直辖市的粮食应急预案,由省、自治区、直辖市发展改革部门及粮食和储备行政管理部门提出建议,报本级人民政府决定,并向国务院报告。

设区的市级、县级人民政府粮食应急预案的制定和启动,由省、自治区、直辖市人民政府决定。

**第三十五条** 粮食应急预案启动后,粮食经营者必须按照国家要求承担应急任务,服从国家的统一安排和调度,保证应急的需要。

**第三十六条** 国家鼓励发展粮食产业经济,提高优质粮食供给水平,鼓励粮食产业化龙头企业提供安全优质的粮食产品。

## 第四章 监督检查

**第三十七条** 国家建立健全粮食流通质量安全风险监测体系。国务院卫生健康、市场监督管理以及国家粮食和储备行政管理等部门,分别按照职责组织实施全国粮食流通质量安全风险监测;省、自治区、直辖市人民政府卫生健康、市场监督管理、粮食和储备行政管理等部门,分别按照职责组织实施本行政区域的粮食流通质量安全风险监测。

**第三十八条** 粮食和储备行政管理部门依照本条例对粮食经营者从事粮食收购、储存、运输活动和政策性粮食的购销活动,以及执行国家粮食流通统计制度的情况进行监督检查。

粮食和储备行政管理部门在监督检查过程中,可以进入粮食经营者经营场所,查阅有关资料、凭证;检查粮食数量、质量和储存安全情况;检查粮食仓储设施、设备是否符合有关标准和技术规范;向有关单位和人员调查了解相关情况;查封、扣押非法收购或者不符合国家粮食质量安全标准的粮食,用于违法经营或者被污染的工具、设备以及有关账簿资料;查封违法从事粮食经营活动的场所。

**第三十九条** 市场监督管理部门依照有关法律、法规的规定,对粮食经营活动中的扰乱市场秩序行为、违法交易行为以及价格违法行为进行监督检查。

**第四十条** 县级以上地方人民政府应当加强本行政区域粮食污染监控，建立健全被污染粮食收购处置长效机制，发现区域性粮食污染的，应当及时采取处置措施。

被污染粮食处置办法由国家粮食和储备行政管理部门会同国务院有关部门制定。

**第四十一条** 任何单位和个人有权对违反本条例规定的行为向有关部门检举。有关部门应当为检举人保密，并依法及时处理。

## 第五章 法律责任

**第四十二条** 违反本条例规定，粮食和储备行政管理部门和其他有关部门不依法履行粮食流通管理和监督职责的，对负有责任的领导人员和直接责任人员依法给予处分。

**第四十三条** 粮食收购企业未按照规定备案或者提供虚假备案信息的，由粮食和储备行政管理部门责令改正，给予警告；拒不改正的，处2万元以上5万元以下罚款。

**第四十四条** 粮食收购者有未按照规定告知、公示粮食收购价格或者收购粮食压级压价，垄断或者操纵价格等价格违法行为的，由市场监督管理部门依照《中华人民共和国价格法》、《中华人民共和国反垄断法》的有关规定予以处罚。

**第四十五条** 有下列情形之一的，由粮食和储备行政管理部门责令改正，给予警告，可以并处20万元以下罚款；情节严重的，并处20万元以上50万元以下罚款：

（一）粮食收购者未执行国家粮食质量标准；

（二）粮食收购者未及时向售粮者支付售粮款；

（三）粮食收购者违反本条例规定代扣、代缴税、费和其他款项；

（四）粮食收购者收购粮食，未按照国家有关规定进行质量安全检验，或者对不符合食品安全标准的粮食未作为非食用用途单独储存；

（五）从事粮食收购、销售、储存、加工的粮食经营者以及饲料、工业用粮企业未建立粮食经营台账，或者未按照规定报送粮食基本数据和有关情况；

（六）粮食储存企业未按照规定进行粮食销售出库质量安全检验。

**第四十六条** 粮食收购者、粮食储存企业未按照本条例规定使用仓储设施、运输工具的，由粮食和储备行政管理等部门按照职责责令改正，给予警告；被污染的粮食不得非法销售、加工。

**第四十七条** 粮食收购者、粮食储存企业将下列粮食作为食用用途销售出库的，由粮食和储备行政管理部门没收违法所得；违法销售出库的粮食货值金额不足1万元的，并处1万元以上5万元以下罚款，货值金额1万元以上的，并处货值金额1倍以上5倍以下罚款：

（一）真菌毒素、农药残留、重金属等污染物质以及其他危害人体健康的物质含量超过食品安全标准限量的；

（二）霉变或者色泽、气味异常的；

（三）储存期间使用储粮药剂未满安全间隔期的；

（四）被包装材料、容器、运输工具等污染的；

（五）其他法律、法规或者国家有关规定明确不得作为食用用途销售的。

**第四十八条** 从事粮食的食品生产，不符合食品安全法律、法规和标准规定的条件和要求的，由市场监督管理部门依照《中华人民共和国食品安全法》、《中华人民共和国食品安全法实施条例》等有关规定予以处罚。

**第四十九条** 从事政策性粮食经营活动，有下列情形之一的，由粮食和储备行政管理部门责令改正，给予警告，没收违法所得，并处50万元以上200万元以下罚款；情节严重的，并处200万元以上500万元以下罚款：

（一）虚报粮食收储数量；

（二）通过以陈顶新、以次充好、低收高转、虚假购销、虚假轮换、违规倒卖等方式，套取粮食价差和财政补贴，骗取信贷资金；

（三）挤占、挪用、克扣财政补贴、信贷资金；

（四）以政策性粮食为债务作担保或者清偿债务；

（五）利用政策性粮食进行除政府委托的政策性任务以外的其他商业经营；

（六）在政策性粮食出库时掺杂使假、以次充好、调换标的物，拒不执行出库指令或者阻挠出库；

（七）购买国家限定用途的政策性粮食，违规倒卖或者不按照规定用途处置；

（八）擅自动用政策性粮食；

（九）其他违反国家政策性粮食经营管理规定的行为。

粮食应急预案启动后，不按照国家要求承担应急任务，不服从国家的统一安排和调度的，依照前款规定予以处罚。

**第五十条** 对粮食经营活动中的扰乱市场秩序、违法交易等行为，由市场监督管理部门依照有关法律、法规的规定予以处罚。

**第五十一条** 从事粮食经营活动的企业有违反本条例规定的违法情形且

情节严重的，对其法定代表人、主要负责人、直接负责的主管人员和其他直接责任人员处以其上一年度从本企业取得收入的1倍以上10倍以下罚款。

**第五十二条** 违反本条例规定，阻碍粮食自由流通的，依照《国务院关于禁止在市场经济活动中实行地区封锁的规定》给予处罚。

**第五十三条** 违反本条例规定，构成违反治安管理行为的，由公安机关依法给予治安管理处罚；构成犯罪的，依法追究刑事责任。

## 第六章 附 则

**第五十四条** 本条例下列用语的含义是：

粮食收购，是指向种粮农民、其他粮食生产者或者粮食经纪人、农民专业合作社等批量购买粮食的活动。

粮食加工，是指通过处理将原粮转化成半成品粮、成品粮以及其他食用或者非食用产品的活动。

政策性粮食，是指政府指定或者委托粮食经营者购买、储存、加工、销售，并给予财政、金融等方面政策性支持的粮食，包括但不限于政府储备粮。

粮食经纪人，是指以个人或者家庭为经营主体，直接向种粮农民、其他粮食生产者、农民专业合作社批量购买粮食的经营者。

技术规范，是指尚未制定国家标准、行业标准，国家粮食和储备行政管理部门根据监督管理工作需要制定的补充技术要求。

**第五十五条** 大豆、油料和食用植物油的收购、销售、储存、运输、加工、进出口等经营活动，适用本条例除第九条第二款以外的规定。

粮食进出口的管理，依照有关法律、法规的规定执行。

**第五十六条** 本条例自2021年4月15日起施行。

# 国务院文件

## 国务院办公厅关于加强草原保护修复的若干意见

（2021 年 3 月 12 日　国办发〔2021〕7 号）

草原是我国重要的生态系统和自然资源，在维护国家生态安全、边疆稳定、民族团结和促进经济社会可持续发展、农牧民增收等方面具有基础性、战略性作用。党的十八大以来，草原保护修复工作取得显著成效，草原生态持续恶化的状况得到初步遏制，部分地区草原生态明显恢复。但当前我国草原生态系统整体仍较脆弱，保护修复力度不够、利用管理水平不高、科技支撑能力不足、草原资源底数不清等问题依然突出，草原生态形势依然严峻。为进一步加强草原保护修复，加快推进生态文明建设，经国务院同意，现提出以下意见。

**一、总体要求**

（一）指导思想。以习近平新时代中国特色社会主义思想为指导，全面贯彻党的十九大和十九届二中、三中、四中、五中全会精神，深入贯彻习近平生态文明思想，坚持绿水青山就是金山银山、山水林田湖草是一个生命共同体，按照节约优先、保护优先、自然恢复为主的方针，以完善草原保护修复制度、推进草原治理体系和治理能力现代化为主线，加强草原保护管理，推进草原生态修复，促进草原合理利用，改善草原生态状况，推动草原地区绿色发展，为建设生态文明和美丽中国奠定重要基础。

（二）工作原则。

坚持尊重自然，保护优先。遵循顺应生态系统演替规律和内在机理，促进草原休养生息，维护自然生态系统安全稳定。宜林则林、宜草则草，林草有机结合。把保护草原生态放在更加突出的位置，全面维护和提升草原生态功能。

坚持系统治理，分区施策。采取综合措施全面保护、系统修复草原生态系统，同时注重因地制宜、突出重点，增强草原保护修复的系统性、针对性、长效性。

坚持科学利用，绿色发展。正确处理保护与利用的关系，在保护好草原生态的基础上，科学利用草原资源，促进草原地区绿色发展和农牧民增收。

坚持政府主导，全民参与。明确地方各级人民政府保护修复草原的主导地位，落实林（草）长制，充分发挥农牧民的主体作用，积极引导全社会参与草原保护修复。

（三）主要目标。到2025年，草原保护修复制度体系基本建立，草畜矛盾明显缓解，草原退化趋势得到根本遏制，草原综合植被盖度稳定在57%左右，草原生态状况持续改善。到2035年，草原保护修复制度体系更加完善，基本实现草畜平衡，退化草原得到有效治理和修复，草原综合植被盖度稳定在60%左右，草原生态功能和生产功能显著提升，在美丽中国建设中的作用彰显。到本世纪中叶，退化草原得到全面治理和修复，草原生态系统实现良性循环，形成人与自然和谐共生的新格局。

二、工作措施

（四）建立草原调查体系。完善草原调查制度，整合优化草原调查队伍，健全草原调查技术标准体系。在第三次全国国土调查基础上，适时组织开展草原资源专项调查，全面查清草原类型、权属、面积、分布、质量以及利用状况等底数，建立草原管理基本档案。（自然资源部、国家林草局负责）

（五）健全草原监测评价体系。建立完善草原监测评价队伍、技术和标准体系。加强草原监测网络建设，充分利用遥感卫星等数据资源，构建空天地一体化草原监测网络，强化草原动态监测。健全草原监测评价数据汇交、定期发布和信息共享机制。加强草原统计，完善草原统计指标和方法。（国家林草局、自然资源部、生态环境部、国家统计局等按职责分工负责）

（六）编制草原保护修复利用规划。按照因地制宜、分区施策的原则，依据国土空间规划，编制全国草原保护修复利用规划，明确草原功能分区、保护目标和管理措施。合理规划牧民定居点，防止出现定居点周边草原退化问题。地方各级人民政府要依据上一级规划，编制本行政区域草原保护修复利用规划并组织实施。（国家林草局、自然资源部、生态环境部等按职责分工负责）

（七）加大草原保护力度。落实基本草原保护制度，把维护国家生态安全、保障草原畜牧业健康发展所需最基本、最重要的草原划定为基本草原，实施更加严格的保护和管理，确保基本草原面积不减少、质量不下降、用途不改变。严格落实生态保护红线制度和国土空间用途管制制度。加大执法监督力度，建立健全草原联合执法机制，严厉打击、坚决遏制各类非法挤占草原生态空间、乱开滥垦草原等行为。建立健全草原执法责任追究制度，严格落实草原生态环境损害赔偿制度。加强矿藏开采、工程建设等征占用草原审核审批管理，强化源头管控和事中事后监管。依法规范规模化养殖场等设施建设占用草原行为。完善落实禁牧休牧和草畜平衡制度，依法查处超载过牧和禁牧休牧期违规放牧行为。组织开展草畜平衡示范县建设，总结推广实现草畜平衡的经验和模式。（国家林草局、自然资源部、生态环境部、农业农村部等按职责分工负责）

（八）完善草原自然保护地体系。整合优化建立草原类型自然保护地，实行整体保护、差别化管理。开展自然保护地自然资源确权登记，在自然保护地核心保护区，原则上禁止人为活动；在自然保护地一般控制区和草原自然公园，实行负面清单管理，规范生产生活和旅游等活动，增强草原生态系统的完整性和连通性，为野生动植物生存繁衍留下空间，有效保护生物多样性。（国家林草局、自然资源部、生态环境部等按职责分工负责）

（九）加快推进草原生态修复。实施草原生态修复治理，加快退化草原植被和土壤恢复，提升草原生态功能和生产功能。在严重超载过牧地区，采取禁牧封育、免耕补播、松土施肥、鼠虫害防治等措施，促进草原植被恢复。对已垦草原，按照国务院批准的范围和规模，有计划地退耕还草。在水土条件适宜地区，实施退化草原生态修复，鼓励和支持人工草地建设，恢复提升草原生产能力，支持优质储备饲草基地建设，促进草原生态修复与草原畜牧业高质量发展有机融合。强化草原生物灾害监测预警，加强草原有害生物及外来入侵物种防治，不断提高绿色防治水平。完善草原火灾突发事件应急预案，加强草原火情监测预警和火灾防控。健全草原生态保护修复监管制度。（国家林草局、自然资源部、应急部、生态环境部、农业农村部等按职责分工负责）

（十）统筹推进林草生态治理。按照山水林田湖草整体保护、系统修复、综合治理的要求和宜林则林、宜草则草、宜荒则荒的原则，统筹推进森林、草原保护修复和荒漠化治理。在干旱半干旱地区，坚持以水定绿，采取以草灌为主、林草结合方式恢复植被，增强生态系统稳定性。在林草交错地带，营造林草复合植被，避免过分强调集中连片和高密度造林。在森林区，适当保留林间和林缘草地，形成林地、草地镶嵌分布的复合生态系统。在草原区，对生态系统脆弱、生态区位重要的退化草原，加强生态修复和保护管理，巩固生态治理成果。研究设置林草覆盖率指标，用于考核评价各地生态建设成效。（国家林草局负责）

（十一）大力发展草种业。建立健全国家草种质资源保护利用体系，鼓励地方开展草种质资源普查，建立草种质资源库、资源圃及原生境保护为一体的保存体系，完善草种质资源收集保存、评价鉴定、创新利用和信息共享的技术体系。加强优良草种特别是优质乡土草种选育、扩繁、储备和推广利用，不断提高草种自给率，满足草原生态修复用种需要。完善草品种审定制度，加强草种质量监管。（国家林草局负责）

（十二）合理利用草原资源。牧区要以实现草畜平衡为目标，优化畜群结构，控制放牧牲畜数量，提高科学饲养和放牧管理水平，减轻天然草原放牧压力。半农半牧区要因地制宜建设多年生人工草地，发展适度规模经营。农区要结合退耕还草、草田轮作等工作，大力发展人工草地，提高饲草供给能力，发展规模化、标准化养殖。加快转变传统草原畜牧业生产方式，优化牧区、半农半牧区和农区资源配置，推行"牧区繁育、农区育肥"等生产模式，提高资源利用效率。发展现代草业，支持草产品加工业发展，建立完善草产品质量标准体系。强化农牧民培训，提升科学保护、合理利用草原的能力水平。（农业农村部、国家林草局等按职责分工负责）

（十三）完善草原承包经营制度。加快推进草原确权登记颁证。牧区半牧区要着重解决草原承包地块四至不清、证地不符、交叉重叠等问题。草原面积较小、零星分布地区，要因地制宜采取灵活多样方式落实完善草原承包经营制度，明确责任主体。加强草原承包经营管理，明确所有权、使用权，稳定承包权，放活经营权。规范草原经营权流转，引导鼓励按照放牧系统单元实行合作经营，提高草原合理经营利用水平。在落实草原承包经营制度和规范经营权流转时，要充分考虑草原生态系统的完整性，防止草原碎片化。（国家林草局、自然资源部等按职责分工负责）

（十四）稳妥推进国有草原资源有偿使用制度改革。合理确定国有草原有偿使用范围。由农村集体经济组织成员实行家庭或者联户承包经营使用的国有草原，不纳入有偿使用范围，但需要明确使用者保护草原的义务。应签订协议明确国有草原所有权代理行使主体和使用权人并落实双方权利义务。探索创新国有草原所有者权益的有效实现形式，国有草原所有权代理行使主体以租金、特许经营费、经营收益分红等方式收取有偿使用费，并建立收益分配机制。将有偿使用情况纳入年度国有资产报告。（国家林草局、自然资源部、国家发展改革委、财政部等按职责分工负责）

（十五）推动草原地区绿色发展。科学推进草原资源多功能利用，加快发展绿色低碳产业，努力拓宽农牧民增收渠道。充分发挥草原生态和文化功能，打造一批草原旅游景区、度假地和精品旅游线路，推动草原旅游和生态康养产业发展。引导支持草原地区低收入人口通过参与草原保护修复增加收入。（国家林草局、文化和旅游部、国家乡村振兴局等按职责分工负责）

三、保障措施

（十六）提升科技支撑能力。通过国家科技计划，支持草原科技创新，开展草原保护修复重大问题研究，尽快在退化草原修复治理、生态系统重建、生态服务价值评估、智慧草原建设等方面取得突破，着力解决草原保护修复科技支撑能力不足问题。加强草品种选育、草种生产、退化草原植被恢复、人工草地建设、草原有害生物防治等关键技术和装备研发推广。建立健全草原保护修复技术标准体系。加强草原学科建设和高素质专业人才培养。加强草原重点实验室、长期科研基地、定位观测站、创新联盟等平台建设,构建产学研推用协调机制,提高草原科技成果转化效率。加强草原保护修复国际合作与交流,积极参与全球生态治理。(科技部、教育部、国家林草局等按职责分工负责)

(十七)完善法律法规体系。加快推动草原法修改,研究制定基本草原保护相关规定,推动地方性法规制修订,健全草原保护修复制度体系。加大草原法律法规贯彻实施力度,建立健全违法举报、案件督办等机制,依法打击各类破坏草原的违法行为。完善草原行政执法与刑事司法衔接机制,依法惩治破坏草原的犯罪行为。(国家林草局、自然资源部、生态环境部、司法部、公安部等按职责分工负责)

(十八)加大政策支持力度。建立健全草原保护修复财政投入保障机制,加大中央财政对重点生态功能区转移支付力度。健全草原生态保护补偿机制。地方各级人民政府要把草原保护修复及相关基础设施建设纳入基本建设规划,加大投入力度,完善补助政策。探索开展草原生态价值评估和资产核算。鼓励金融机构创设适合草原特点的金融产品,强化金融支持。鼓励地方探索开展草原政策性保险试点。鼓励社会资本设立草原保护基金,参与草原保护修复。(国家林草局、国家发展改革委、财政部、自然资源部、生态环境部、农业农村部、水利部、人民银行、银保监会等按职责分工负责)

(十九)加强管理队伍建设。进一步整合加强、稳定壮大基层草原管理和技术推广队伍,提升监督管理和公共服务能力。重点草原地区要强化草原监管执法,加强执法人员培训,提升执法监督能力。加强草原管护员队伍建设管理,充分发挥作用。支持社会化服务组织发展,充分发挥草原专业学会、协会等社会组织在政策咨询、信息服务、科技推广、行业自律等方面作用。(国家林草局、自然资源部、人力资源社会保障部、民政部等按职责分工负责)

## 四、组织领导

(二十)加强对草原保护修复工作的领导。地方各级人民政府要进一步提高认识,切实把草原保护修复工作摆在重要位置,加强组织领导,周密安排部署,确保取得实效。省级人民政府对本行政区域草原保护修复工作负总责,实行市(地、州、盟)、县(市、区、旗)人民政府目标责任制。要把草原承包经营、基本草原保护、草畜平衡、禁牧休牧等制度落实情况纳入地方各级人民政府年度目标考核,细化考核指标,压实地方责任。

(二十一)落实部门责任。各有关部门要根据职责分工,认真做好草原保护修复相关工作。各级林业和草原主管部门要适应生态文明体制改革新形势，进一步转变职能，切实加强对草原保护修复工作的管理、服务和监督，及时研究解决重大问题。

（二十二）引导全社会关心支持草原事业发展。深入开展草原普法宣传和科普活动，广泛宣传草原的重要生态、经济、社会和文化功能，不断增强全社会关心关爱草原和依法保护草原的意识，夯实加强草原保护修复的群众基础。充分发挥种草护草在国土绿化中的重要作用，积极动员社会组织和群众参与草原保护修复。

# 国务院关于落实《政府工作报告》重点工作分工的意见

（2021 年 3 月 19 日　国发〔2021〕6 号）

为全面贯彻党的十九大和十九届二中、三中、四中、五中全会精神，深入落实中央经济工作会议精神和十三届全国人大四次会议通过的《政府工作报告》部署，做好今年政府工作，实现经济社会发展目标任务，现就《政府工作报告》确定的重点工作，提出分工意见如下：

**一、落实 2021 年经济社会发展总体要求和主要预期目标**

（一）总体要求。

1. 在以习近平同志为核心的党中央坚强领导下，以习近平新时代中国特色社会主义思想为指导，全面贯彻党的十九大和十九届二中、三中、四中、五中全会精神，坚持稳中求进工作总基调，立足新发展阶段，贯彻新发展理念，构建新发展格局，以推动高质量发展为主题，以深化供给侧结构性改革为主线，以改革创新为根本动力，以满足人民日益增长的美好生活需要为根本目的，坚持系统观念，巩固拓展疫情防控和经济社会发展成果，更好统筹发展和安全，扎实做好"六稳"工作、全面落实"六保"任务，科学精准实施宏观政策，努力保持经济运行在合理区间，坚持扩大内需战略，强化科技战略支撑，扩大高水平对外开放，保持社会和谐稳定，确保"十四五"开好局起好步，以优异成绩庆祝中国共产党成立 100 周年。（国务院各部门分别负责，年内持续推进）

（二）今年发展主要预期目标。

2. 坚定信心，攻坚克难，巩固恢复性增长基础，努力保持经济社会持续健康发展。国内生产总值增长 6% 以上；城镇新增就业 1100 万人以上，城镇调查失业率5.5%左右；居民消费价格涨幅3%左右；进出口量稳质升，国际收支基本平衡；居民收入稳步增长；生态环境质量进一步改善，单位国内生产总值能耗降低3%左右，主要污染物排放量继续下降；粮食产量保持在1.3万亿斤以上。（国家发展改革委、财政部、人力资源社会保障部、生态环境部、农业农村部、商务部、人民银行、海关总署、国家外汇局等按职责分工负责，12月底前完成）

（三）更好统筹疫情防控和经济社会发展。

3. 坚持常态化防控和局部应急处置有机结合，继续毫不放松做好外防输入、内防反弹工作，抓好重点区域和关键环节防控，补上短板漏洞，严防出现聚集性疫情和散发病例传播扩散，有序推进疫苗研制和加快免费接种，提高科学精准防控能力和水平。（国务院各部门分别负责，年内持续推进）

## 二、保持宏观政策连续性稳定性可持续性，促进经济运行在合理区间

（四）在区间调控基础上加强定向调控、相机调控、精准调控。

4. 宏观政策要继续为市场主体纾困，保持必要支持力度，不急转弯，根据形势变化适时调整完善，进一步巩固经济基本盘。科学把握国内经济运行态势，深入分析新情况新问题，及时实施政策预调微调，稳定市场预期。（国家发展改革委、财政部、人力资源社会保障部、人民银行等按职责分工负责，年内持续推进）

（五）积极的财政政策要提质增效、更可持续。

5. 今年赤字率拟按3.2%左右安排、比去年有所下调，不再发行抗疫特别国债。财政支出总规模比去年增加，重点仍是加大对保就业保民生保市场主体的支持力度。中央本级支出继续安排负增长，进一步大幅压减非急需非刚性支出，对地方一般性转移支付增长7.8%、增幅明显高于去年，其中均衡性转移支付、县级基本财力保障机制奖补资金等增幅均超过10%。建立常态化财政资金直达机制并扩大范围，将2.8万亿元中央财政资金纳入直达机制、规模明显大于去年，为市县基层惠企利民提供更加及时有力的财力支持。各级政府都要节用为民、坚持过紧日子，确保基本民生支出只增不减，助力市场主体青山常在、生机盎然。（财政部牵头，国家发展改革委、人力资源社会保障部、人民银行等按职责分工负责，12月底前完成）

（六）优化和落实减税政策。

6. 市场主体恢复元气、增强活力，需要再帮一把。继续执行制度性减税政策，延长小规模纳税人增值税优惠等部分阶段性政策执行期限，实施新的结构性减税举措，对冲部分政策调整带来的影响。将小规模纳税人增值税起征点从月销售额10万元提高到15万元。对小微企业和个体工商户年应纳税所得

额不到100万元的部分,在现行优惠政策基础上,再减半征收所得税。各地要把减税政策及时落实到位,确保市场主体应享尽享。(财政部、税务总局牵头,4月底前出台相关政策,年内持续推进)

(七)稳健的货币政策要灵活精准、合理适度。

7.把服务实体经济放到更加突出的位置,处理好恢复经济与防范风险的关系。(人民银行、银保监会、证监会、国家发展改革委、财政部、国家外汇局等按职责分工负责,年内持续推进)货币供应量和社会融资规模增速与名义经济增速基本匹配,保持流动性合理充裕,保持宏观杠杆率基本稳定。(人民银行牵头,年内持续推进)保持人民币汇率在合理均衡水平上的基本稳定。(人民银行、国家外汇局牵头,年内持续推进)

8.进一步解决中小微企业融资难题。延续普惠小微企业贷款延期还本付息政策,加大再贷款再贴现支持普惠金融力度。(人民银行、银保监会、财政部、国家发展改革委、工业和信息化部等按职责分工负责,3月底前出台相关政策,年内持续推进)延长小微企业融资担保降费奖补政策,完善贷款风险分担补偿机制。(财政部牵头,银保监会等按职责分工负责,6月底前出台相关政策,年内持续推进)加快信用信息共享步伐。(国家发展改革委、人民银行牵头,年内持续推进)完善金融机构考核、评价和尽职免责制度。引导银行扩大信用贷款、持续增加首贷户,推广随借随还贷款,使资金更多流向科技创新、绿色发展,更多流向小微企业、个体工商户、新型农业经营主体,对受疫情持续影响行业企业给予定向支持。(人民银行、银保监会、财政部等按职责分工负责,6月底前出台相关政策,年内持续推进)大型商业银行普惠小微企业贷款增长30%以上。(银保监会、人民银行牵头,12月底前完成)创新供应链金融服务模式。(人民银行牵头,工业和信息化部、商务部、国务院国资委、市场监管总局、银保监会、国家外汇局等按职责分工负责,年内持续推进)适当降低小微企业支付手续费。(人民银行牵头,9月底前出台相关政策,年内持续推进)优化存款利率监管,推动实际贷款利率进一步降低,继续引导金融系统向实体经济让利。今年务必做到小微企业融资更便利、综合融资成本稳中有降。(人民银行、银保监会牵头,年内持续推进)

(八)就业优先政策要继续强化、聚力增效。

9.着力稳定现有岗位,对不裁员少裁员的企业,继续给予必要的财税、金融等政策支持。(人力资源社会保障部、财政部、税务总局、人民银行等按职责分工负责,年内持续推进)延续降低失业和工伤保险费率,扩大失业保险返还等阶段性稳岗政策惠及范围,延长以工代训政策实施期限。(人力资源社会保障部、财政部、税务总局牵头,4月底前出台相关政策,年内持续推进)拓宽市场化就业渠道，促进创业带动就业。（国家发展改革委、人力资源社会保障部牵头，年内持续推进）推动降低就业门槛，动态优化国家职业资格目录，降低或取消部分准入类职业资格考试工作年限要求。（人力资源社会保障部牵头，有关部门按职责分工负责，12 月底前完成）支持和规范发展新就业形态，加快推进职业伤害保障试点。（人力资源社会保障部牵头，6 月底前出台相关政策，年内持续推进）继续对灵活就业人员给予社保补贴。（人力资源社会保障部、财政部牵头，年内持续推进）推动放开在就业地参加社会保险的户籍限制。（人力资源社会保障部、国家医保局、财政部牵头，9 月底前出台相关政策，年内持续推进）做好高校毕业生、退役军人、农民工等重点群体就业工作，完善残疾人、零就业家庭成员等困难人员就业帮扶政策，促进失业人员再就业。（人力资源社会保障部、国家发展改革委、教育部、财政部、农业农村部、退役军人部、中国残联等按职责分工负责，年内持续推进）

10. 拓宽职业技能培训资金使用范围，开展大规模、多层次职业技能培训，完成职业技能提升和高职扩招三年行动目标，建设一批高技能人才培训基地。（人力资源社会保障部、国家发展改革委、教育部、财政部等按职责分工负责，年内持续推进）健全就业公共服务体系，实施提升就业服务质量工程。运用就业专项补助等资金，支持各类劳动力市场、人才市场、零工市场建设，广开就业门路，为有意愿有能力的人创造更多公平就业机会。（人力资源社会保障部牵头，6 月底前出台相关政策，年内持续推进）

**三、深入推进重点领域改革，更大激发市场主体活力**

（九）进一步转变政府职能。

11. 充分发挥市场在资源配置中的决定性作用，更好发挥政府作用，推动有效市场和有为政府更好结合。继续放宽市场准入，开展要素市场化配置综合改革试点，依法平等保护各类市场主体产权。（国家发展改革委牵头，年内持续推进）纵深推进“放管服”改革，加快营造市场化、法治化、国际化营商环境。将行政许可事项全部纳入清单管理。（国务院办公厅牵头，有关部门按职责分工负责，12 月底前完成）深化“证照分离”改革，大力推进涉企审批减环节、减材料、减时限、减费用。（国务院办公厅、市场监管总局、司法部牵头，有关部门按职责分工负责，12 月底前完成）完善市场主体退出机制，实行中小微企业简易注销制度。（市场监管总局牵头，税务总局等按职责分工负责，7 月底前出台相关政策，年内持续推进）实施工业产品准入制度改革。（国务院办公厅、市场监管总局、司法部牵头，有关部门按职责分工负责，年内持续推进）推进汽车、电子电器等行业生产准入和流通管理全流程改革。（工业和信息化部、商务部、市场监管总局等按职责分工负责，12 月底前完成）

12. 把有效监管作为简政放权的必要保障，全面落实监管责任，加强对取消或下放审批事项的事中事后监管，完善分级分类监管政策，健全跨部门综合监管制度，提升监管能力，加大失信惩处力度，以公正监管促进优胜劣汰。（国务院办公厅、国家发展改革委、司法部、人民银行、市场监管总局牵头，有关部门按职责分工负责，适时出台相关政策，年内持续推进）大力推行“互联网+监管”。建立健全政务数据共享协调机制，实现更多政务服务事项网上办、掌上办、一次办。（国务院办公厅牵头，有关部门按职责分工负责，年内持续推进）加强数字政府建设。（国务院办公厅牵头，国家发展改革委、财政部、科技部等按职责分工负责，10月底前出台相关政策，年内持续推进）推动电子证照扩大应用领域和全国互通互认。（国务院办公厅牵头，有关部门按职责分工负责，11月底前出台相关政策，年内持续推进）企业和群众经常办理的事项，今年要基本实现“跨省通办”。（国务院办公厅牵头，公安部、民政部、司法部、人力资源社会保障部、自然资源部、住房城乡建设部、交通运输部、国家卫生健康委、市场监管总局、国家医保局、国家林草局、国家邮政局、中国残联等按职责分工负责，12月底前完成当年任务）

（十）用改革办法推动降低企业生产经营成本。

13. 推进能源、交通、电信等基础性行业改革，提高服务效率，降低收费水平。（国家发展改革委、工业和信息化部、交通运输部、国家能源局、国家铁路局、中国民航局、国家邮政局、中国国家铁路集团有限公司等按职责分工负责，年内持续推进）允许所有制造业企业参与电力市场化交易，进一步清理用电不合理加价，继续推动降低一般工商业电价。（国家发展改革委、国家能源局、财政部、市场监管总局等按职责分工负责，12月底前完成）中小企业宽带和专线平均资费再降10%。（工业和信息化部牵头，12月底前完成）全面推广高速公路差异化收费，坚决整治违规设置妨碍货车通行的道路限高限宽设施和检查卡点。（交通运输部、国家发展改革委、财政部、公安部、生态环境部、住房城乡建设部等按职责分工负责，12月底前完成）取消港口建设费，将民航发展基金航空公司征收标准降低20%。（财政部、交通运输部、中国民航局等按职责分工负责，6月底前出台相关政策，年内持续推进）鼓励受疫情影响较大的地方对承租国有房屋的服务业小微企业和个体工商户减免租金。（住房城乡建设部、国家发展改革委、财政部、国务院国资委、市场监管总局等按职责分工负责，年内持续推进）

14. 推动各类中介机构公开服务条件、流程、时限和收费标准。（国家发展改革委、市场监管总局等按职责分工负责，年内持续推进）要严控非税收入不合理增长，严厉整治乱收费、乱罚款、乱摊派，不得扰民渔利，让市场主体安心经营、轻装前行。(财政部、市场监管总局、国家发展改革委、税务总局、民政部、工业和信息化部、公安部、应急部等按职责分工负责,年内持续推进)

(十一)促进多种所有制经济共同发展。

15. 坚持和完善社会主义基本经济制度。毫不动摇巩固和发展公有制经济,毫不动摇鼓励、支持、引导非公有制经济发展。各类市场主体都是国家现代化的建设者,要一视同仁、平等对待。(国家发展改革委、工业和信息化部、全国工商联等按职责分工负责,年内持续推进)深入实施国企改革三年行动,做强做优做大国有资本和国有企业。(国务院国资委牵头,年内持续推进)深化国有企业混合所有制改革。(国家发展改革委、国务院国资委牵头,年内持续推进)构建亲清政商关系,破除制约民营企业发展的各种壁垒。弘扬企业家精神。(国家发展改革委、工业和信息化部、国务院国资委、全国工商联等按职责分工负责,年内持续推进)健全防范和化解拖欠中小企业账款长效机制。(工业和信息化部、财政部、国务院国资委牵头,年内持续推进)国家支持平台企业创新发展、增强国际竞争力,同时要依法规范发展,健全数字规则。强化反垄断和防止资本无序扩张,坚决维护公平竞争市场环境。(国家发展改革委、科技部、工业和信息化部、财政部、商务部、人民银行、市场监管总局、全国工商联等按职责分工负责,9 月底前出台相关政策,年内持续推进)

(十二)深化财税金融体制改革。

16. 强化预算约束和绩效管理,加大预算公开力度,精简享受税费优惠政策的办理流程和手续。落实中央与地方财政事权和支出责任划分改革方案。(财政部牵头,税务总局等按职责分工负责,年内持续推进)健全地方税体系。(财政部、税务总局牵头,年内持续推进)继续多渠道补充中小银行资本、强化公司治理。(银保监会、财政部、人民银行等按职责分工负责,6 月底前出台相关政策,年内持续推进)深化农村信用社改革。(银保监会牵头,人民银行、财政部、农业农村部等按职责分工负责,年内持续推进)推进政策性银行分类分账改革。(财政部、人民银行、银保监会等按职责分工负责,12 月底前出台相关政策)提升保险保障和服务功能。(银保监会牵头,年内持续推进)稳步推进注册制改革,完善常态化退市机制,加强债券市场建设,更好发挥多层次资本市场作用,拓展市场主体融资渠道。(证监会、人民银行、国家发展改革委等按职责分工负责,年内持续推进)强化金融控股公司和金融科技监管,确保金融创新在审慎监管的前提下进行。完善金融风险处置工作机制,压实各方责任,坚决守住不发生系统性风险的底线。(人民银行、银保监会、证监会、国家外汇局、国家发展改革委、财政部、国务院国资委等按职责分工负责,年内持续推进)

**四、依靠创新推动实体经济高质量发展，培育壮大新动能**

（十三）提升科技创新能力。

17.强化国家战略科技力量，推进国家实验室建设，完善科技项目和创新基地布局。实施好关键核心技术攻关工程，深入谋划推进“科技创新2030—重大项目”，改革科技重大专项实施方式，推广“揭榜挂帅”等机制。（科技部、国家发展改革委牵头，财政部、工业和信息化部、教育部、人力资源社会保障部、国务院国资委、中科院、工程院、国家国防科工局、国家自然科学基金委等按职责分工负责，年内持续推进）支持有条件的地方建设国际和区域科技创新中心，增强国家自主创新示范区等带动作用。（国家发展改革委、科技部牵头，年内持续推进）发展疾病防治攻关等民生科技。（科技部、国家发展改革委、国家卫生健康委牵头，有关部门按职责分工负责，年内持续推进）促进科技开放合作。（科技部、外交部、国家发展改革委、中科院、工程院、国家自然科学基金委等按职责分工负责，年内持续推进）加强知识产权保护。（国家知识产权局牵头，年内持续推进）加强科研诚信建设，弘扬科学精神，营造良好创新生态。（科技部牵头，教育部、人力资源社会保障部、中科院、工程院、中国科协、国家自然科学基金委等按职责分工负责，年内持续推进）基础研究是科技创新的源头，要健全稳定支持机制，大幅增加投入，中央本级基础研究支出增长10.6%，落实扩大经费使用自主权政策，优化项目申报、评审、经费管理、人才评价和激励机制，努力消除科研人员不合理负担，使他们能够沉下心来致力科学探索，以“十年磨一剑”精神在关键核心领域实现重大突破。（财政部、科技部、教育部、人力资源社会保障部、国家国防科工局、中科院、工程院、国家自然科学基金委等按职责分工负责，年内持续推进）

（十四）运用市场化机制激励企业创新。

18.促进科技创新与实体经济深度融合，更好发挥创新驱动发展作用。强化企业创新主体地位，鼓励领军企业组建创新联合体，拓展产学研用融合通道，健全科技成果产权激励机制，完善创业投资监管体制和发展政策。（国家发展改革委、科技部、财政部、工业和信息化部、国务院国资委、人民银行、证监会、银保监会、全国工商联等按职责分工负责，年内持续推进）纵深推进大众创业万众创新。（国家发展改革委牵头，9月底前出台相关政策，年内持续推进）延续执行企业研发费用加计扣除75%政策，将制造业企业加计扣除比例提高到100%，用税收优惠机制激励企业加大研发投入，着力推动企业以创新引领发展。（财政部、税务总局、科技部牵头，4月底前出台相关政策，年内持续推进）

（十五）优化和稳定产业链供应链。

19. 继续完成“三去一降一补”重要任务。（国家发展改革委、工业和信息化部、财政部、住房城乡建设部、人民银行、国务院国资委等按职责分工负责，年内持续推进）对先进制造业企业按月全额退还增值税增量留抵税额。（财政部、税务总局牵头，6 月底前出台相关政策，年内持续推进）提高制造业贷款比重，扩大制造业设备更新和技术改造投资。（国家发展改革委、工业和信息化部、财政部、人民银行、银保监会等按职责分工负责，年内持续推进）增强产业链供应链自主可控能力。（国家发展改革委、工业和信息化部、科技部、国务院国资委、国家国防科工局等按职责分工负责，年内持续推进）实施好产业基础再造工程，发挥大企业引领支撑和中小微企业协作配套作用。（工业和信息化部牵头，国家发展改革委、科技部、财政部、国务院国资委等按职责分工负责，9 月底前出台相关政策，年内持续推进）发展工业互联网，促进产业链和创新链融合，搭建更多共性技术研发平台，提升中小微企业创新能力和专业化水平。（工业和信息化部牵头，科技部等按职责分工负责，7 月底前出台相关政策，年内持续推进）加大 5G 网络和千兆光网建设力度，丰富应用场景。（工业和信息化部、国家发展改革委牵头，9 月底前出台相关政策，年内持续推进）加强网络安全、数据安全和个人信息保护。（国家发展改革委、科技部、工业和信息化部、公安部、安全部、司法部、市场监管总局等按职责分工负责，年内持续推进）统筹新兴产业布局。（国家发展改革委牵头，年内持续推进）加强质量基础设施建设，深入实施质量提升行动，完善标准体系，促进产业链上下游标准有效衔接，弘扬工匠精神，以精工细作提升中国制造品质。（市场监管总局牵头，国家发展改革委、农业农村部、科技部、教育部、工业和信息化部、财政部、人力资源社会保障部、交通运输部、商务部、国务院国资委、国家国防科工局、国家知识产权局、全国总工会等按职责分工负责，年内持续推进）

**五、坚持扩大内需这个战略基点，充分挖掘国内市场潜力**

（十六）稳定和扩大消费。

20. 紧紧围绕改善民生拓展需求，促进消费与投资有效结合，实现供需更高水平动态平衡。（国家发展改革委牵头，年内持续推进）多渠道增加居民收入。（国家发展改革委、财政部、人力资源社会保障部等按职责分工负责，年内持续推进）健全城乡流通体系，加快电商、快递进农村，扩大县乡消费。（商务部、国家发展改革委、财政部、农业农村部、交通运输部、国家邮政局、供销合作总社等按职责分工负责，年内持续推进）稳定增加汽车、家电等大宗消费，取消对二手车交易不合理限制，增加停车场、充电桩、换电站等设施，加快建设动力电池回收利用体系。（国家发展改革委、工业和信息化部、财政部、生态环境部、住房城乡建设部、交通运输部、商务部、国家能源局等按职责分工负责，年内持续推进）发展健康、文化、旅游、体育等服务消费。鼓励企业创新产品和服务，便利新产品市场准入，推进内外贸产品同线同标同质。保障小店商铺等便民服务业有序运营。运用好“互联网＋”，推进线上线下更广更深融合，发展新业态新模式，为消费者提供更多便捷舒心的服务和产品。引导平台企业合理降低商户服务费。（国家发展改革委、教育部、科技部、工业和信息化部、民政部、财政部、住房城乡建设部、农业农村部、商务部、文化和旅游部、市场监管总局、体育总局、国家医保局、国家邮政局、国家中医药局、国家药监局等按职责分工负责，年内持续推进）稳步提高消费能力，改善消费环境，让居民能消费、愿消费，以促进民生改善和经济发展。（国家发展改革委、民政部、人力资源社会保障部、农业农村部、商务部、市场监管总局、国家医保局等按职责分工负责，年内持续推进）

（十七）扩大有效投资。

21. 今年拟安排地方政府专项债券 3.65 万亿元，优化债券资金使用，优先支持在建工程，合理扩大使用范围。中央预算内投资安排 6100 亿元。（国家发展改革委、财政部等按职责分工负责，年内持续推进）继续支持促进区域协调发展的重大工程，推进“两新一重”建设，实施一批交通、能源、水利等重大工程项目，建设信息网络等新型基础设施，发展现代物流体系。政府投资更多向惠及面广的民生项目倾斜，新开工改造城镇老旧小区 5.3 万个，提升县城公共服务水平。（国家发展改革委、财政部、工业和信息化部、生态环境部、住房城乡建设部、交通运输部、水利部、农业农村部、民政部、商务部、国家卫生健康委、国家能源局、中国民航局、国家铁路局、国家邮政局、国家乡村振兴局、中国国家铁路集团有限公司等按职责分工负责，年内持续推进）简化投资审批程序，推进实施企业投资项目承诺制。深化工程建设项目审批制度改革。完善支持社会资本参与政策，进一步拆除妨碍民间投资的各种藩篱，在更多领域让社会资本进得来、能发展、有作为。（国家发展改革委、财政部、自然资源部、生态环境部、住房城乡建设部、水利部、人民银行、银保监会等按职责分工负责，年内持续推进）

**六、全面实施乡村振兴战略，促进农业稳定发展和农民增收**

（十八）做好巩固拓展脱贫攻坚成果同乡村振兴有效衔接。

22. 接续推进脱贫地区发展，对脱贫县从脱贫之日起设立 5 年过渡期，保持主要帮扶政策总体稳定。（国家乡村振兴局牵头，年内持续推进）健全防止返贫动态监测和帮扶机制，促进脱贫人口稳定就业，加大技能培训力度，发展壮大脱贫地区产业，做好易地搬迁后续扶持，分层分类加强对农村低收入人口常态化帮扶,确保不发生规模性返贫。(国家乡村振兴局、国家发展改革委、民政部、住房城乡建设部、人力资源社会保障部、农业农村部、商务部、文化和旅游部、供销合作总社、人民银行、银保监会等按职责分工负责,年内持续推进)在西部地区脱贫县中集中支持一批乡村振兴重点帮扶县。(国家乡村振兴局牵头,年内持续推进)坚持和完善东西部协作和对口支援机制,发挥中央单位和社会力量帮扶作用,继续支持脱贫地区增强内生发展能力。(国家乡村振兴局、国家发展改革委等按职责分工负责,5月底前出台相关政策,年内持续推进)

(十九)提高粮食和重要农产品供给保障能力。

23. 加强种质资源保护利用和优良品种选育推广,开展农业关键核心技术攻关。(农业农村部、科技部牵头,国家林草局等按职责分工负责,9月底前出台相关政策,年内持续推进)提高高标准农田建设标准和质量,完善灌溉设施,强化耕地保护,坚决遏制耕地"非农化"、防止"非粮化"。推进农业机械化、智能化。(农业农村部、自然资源部等按职责分工负责,年内持续推进)建设国家粮食安全产业带。(国家发展改革委、农业农村部牵头,年内持续推进)建设农业现代化示范区。(农业农村部牵头,国家发展改革委、财政部、市场监管总局、国家乡村振兴局等按职责分工负责,年内持续推进)稳定种粮农民补贴,适度提高稻谷、小麦最低收购价,扩大完全成本和收入保险试点范围。(国家发展改革委、财政部、农业农村部、银保监会等按职责分工负责,12月底前完成)抓好农业生产。稳定粮食播种面积,提高单产和品质。多措并举扩大油料生产。发展畜禽水产养殖,稳定和发展生猪生产。加强动植物疫病防控。(农业农村部牵头,海关总署、国家林草局等按职责分工负责,年内持续推进)保障农产品市场供应和价格基本稳定。(国家发展改革委、农业农村部、财政部、商务部、国家粮食和储备局等按职责分工负责,年内持续推进)开展粮食节约行动。保障好14亿人的粮食安全。(国家发展改革委、农业农村部、财政部、国家粮食和储备局、商务部等按职责分工负责,年内持续推进)

(二十)扎实推进农村改革和乡村建设。

24. 改善农村生产生活条件。巩固和完善农村基本经营制度,保持土地承包关系稳定并长久不变,稳步推进多种形式适度规模经营,加快发展专业化社会化服务。稳慎推进农村宅基地制度改革试点。发展新型农村集体经济。(农业农村部、国家乡村振兴局牵头,年内持续推进)深化供销社、集体林权、国有林区林场、农垦等改革。(国家发展改革委、自然资源部、农业农村部、国家林草局、供销合作总社等按职责分工负责,年内持续推进)提高土地出让收入用于农业农村比例。(农业农村部、国家发展改革委、财政部、自然资源部、住房城乡建设部等按职责分工负责,年内持续推进)强化农村基本公共服务和公共基础设施建设,促进县域内城乡融合发展。(国家发展改革委、农业农村部、国家乡村振兴局、财政部、住房城乡建设部、交通运输部、水利部、国家卫生健康委等按职责分工负责,年内持续推进)启动农村人居环境整治提升五年行动。(农业农村部、国家发展改革委、国家乡村振兴局、财政部、生态环境部、住房城乡建设部、文化和旅游部、国家卫生健康委等按职责分工负责,9月底前出台相关政策,年内持续推进)加强农村精神文明建设。(农业农村部、国家乡村振兴局、民政部、住房城乡建设部、文化和旅游部、广电总局等按职责分工负责,年内持续推进)保障农民工工资及时足额支付。(人力资源社会保障部牵头,年内持续推进)加快发展乡村产业,壮大县域经济,加强对返乡创业的支持,拓宽农民就业渠道。千方百计使亿万农民多增收、有奔头。(农业农村部、国家发展改革委、人力资源社会保障部、供销合作总社、共青团中央等按职责分工负责,年内持续推进)

**七、实行高水平对外开放,促进外贸外资稳中提质**

(二十一)推动进出口稳定发展。

25. 加强对中小外贸企业信贷支持,扩大出口信用保险覆盖面、优化承保和理赔条件,深化贸易外汇收支便利化试点。(商务部、财政部、人民银行、银保监会、国家外汇局、进出口银行、中国出口信用保险公司等按职责分工负责,8月底前出台相关政策,年内持续推进)稳定加工贸易,发展跨境电商等新业态新模式,支持企业开拓多元化市场。发展边境贸易。创新发展服务贸易。(商务部牵头,6月底前出台相关政策,年内持续推进)优化调整进口税收政策,增加优质产品和服务进口。(财政部、国家发展改革委、商务部、海关总署、税务总局等按职责分工负责,4月底前出台相关政策,年内持续推进)加强贸易促进服务,办好进博会、广交会、服贸会及首届中国国际消费品博览会等重大展会。(商务部牵头,上海市、广东省、北京市、海南省人民政府等按职责分工负责,11月底前完成)推动国际物流畅通,清理规范口岸收费,不断提升通关便利化水平。(国家发展改革委、财政部、交通运输部、商务部、海关总署、国家邮政局、中国国家铁路集团有限公司等按职责分工负责,年内持续推进)

(二十二)积极有效利用外资。

26. 进一步缩减外资准入负面清单。(国家发展改革委、商务部等按职责分工负责,10月底前完成)推动服务业有序开放,增设服务业扩大开放综合试点,制定跨境服务贸易负面清单。(商务部牵头,10月底前完成)推进海南自由贸易港建设,加强自贸试验区改革开放创新,推动海关特殊监管区域与自贸试验区统筹发展,发挥好各类开发区开放平台作用。(国家发展改革委、商务部、科技部、海关总署与海南省人民政府等按职责分工负责,8月底前出台相关政策,年内持续推进)促进内外资企业公平竞争,依法保护外资企业合法权益。欢迎外商扩大在华投资,分享中国开放的大市场和发展机遇。(国家发展改革委、商务部等按职责分工负责,年内持续推进)

(二十三)高质量共建"一带一路"。

27. 坚持共商共建共享,坚持以企业为主体、遵循市场化原则,健全多元化投融资体系,强化法律服务保障,有序推动重大项目合作,推进基础设施互联互通。提升对外投资合作质量效益。(国家发展改革委、商务部、外交部牵头,有关部门按职责分工负责,年内持续推进)

(二十四)深化多双边和区域经济合作。

28. 实施更大范围、更宽领域、更深层次对外开放,更好参与国际经济合作。(国家发展改革委、商务部牵头,年内持续推进)坚定维护多边贸易体制。推动区域全面经济伙伴关系协定尽早生效实施、中欧投资协定签署,加快中日韩自贸协定谈判进程,积极考虑加入全面与进步跨太平洋伙伴关系协定。(商务部牵头,年内持续推进)在相互尊重基础上,推动中美平等互利经贸关系向前发展。(国家发展改革委、财政部、农业农村部、商务部、人民银行、海关总署等按职责分工负责,年内持续推进)与世界各国扩大相互开放,实现互利共赢。(商务部牵头,年内持续推进)

**八、加强污染防治和生态建设,持续改善环境质量**

(二十五)继续加大生态环境治理力度。

29. 深入实施可持续发展战略,巩固蓝天、碧水、净土保卫战成果,促进生产生活方式绿色转型。(国家发展改革委、生态环境部、住房城乡建设部等按职责分工负责,年内持续推进)强化大气污染综合治理和联防联控,加强细颗粒物和臭氧协同控制,北方地区清洁取暖率达到70%。(生态环境部、国家发展改革委、科技部、公安部、工业和信息化部、财政部、自然资源部、住房城乡建设部、交通运输部、农业农村部、市场监管总局、国家能源局、中国气象局等按职责分工负责,12月底前完成)整治入河入海排污口和城市黑臭水体,提高城镇生活污水收集和园区工业废水处置能力,严格土壤污染源头防控,加强农业面源污染治理。(生态环境部、国家发展改革委、财政部、住房城乡建设部、水利部、农业农村部等按职责分工负责,年内持续推进)继续严禁洋垃圾入境。有序推进城镇生活垃圾分类处置。推动快递包装绿色转型。加强危险废物医疗废物收集处理。(国家发展改革委、工业和信息化部、公安部、生态环境部、住房城乡建设部、商务部、国家卫生健康委、海关总署、市场监管总局、国家邮政局等按职责分工负责,年内持续推进)研究制定生态保护补偿条例。落实长江十年禁渔,实施生物多样性保护重大工程,科学推进荒漠化、石漠化、水土流失综合治理,持续开展大规模国土绿化行动,保护海洋生态环境,推进生态系统保护和修复,让我们生活的家园拥有更多碧水蓝天。(国家发展改革委、科技部、司法部、财政部、自然资源部、生态环境部、住房城乡建设部、交通运输部、农业农村部、水利部、国家林草局等按职责分工负责,年内持续推进)

(二十六)扎实做好碳达峰、碳中和各项工作。

30. 制定2030年前碳排放达峰行动方案。优化产业结构和能源结构。推动煤炭清洁高效利用,大力发展新能源,在确保安全的前提下积极有序发展核电。扩大环境保护、节能节水等企业所得税优惠目录范围,促进新型节能环保技术、装备和产品研发应用,培育壮大节能环保产业,推动资源节约高效利用。加快建设全国用能权、碳排放权交易市场,完善能源消费双控制度。提升生态系统碳汇能力。以实际行动为全球应对气候变化作出应有贡献。(国家发展改革委、生态环境部、外交部、科技部、工业和信息化部、财政部、自然资源部、交通运输部、住房城乡建设部、人民银行、税务总局、市场监管总局、银保监会、国家能源局、国家国防科工局、国家林草局等按职责分工负责,年内持续推进)实施金融支持绿色低碳发展专项政策,设立碳减排支持工具。(人民银行牵头,生态环境部等按职责分工负责,6月底前出台相关政策,年内持续推进)

**九、切实增进民生福祉,不断提高社会建设水平**

(二十七)发展更加公平更高质量的教育。

31. 构建德智体美劳全面培养的教育体系。推动义务教育优质均衡发展和城乡一体化,加快补齐农村办学条件短板。进一步提高学前教育入园率,完善普惠性学前教育保障机制,支持社会力量办园。鼓励高中阶段学校多样化发展,加强县域高中建设。增强职业教育适应性,深化产教融合、校企合作,深入实施职业技能等级证书制度。办好特殊教育、继续教育,支持和规范民办教育发展。分类建设一流大学和一流学科,加快优化学科专业结构,加强基础学科和前沿学科建设,促进新兴交叉学科发展。支持中西部高等教育发展。加大国家通用语言文字推广力度。发挥在线教育优势,完善终身学习体系。倡导全社会尊师重教。深化教育评价改革,健全学校家庭社会协同育人机制,规范校外培训。加强师德师风建设。在教育公平上迈出更大步伐,更好解决进城务工人员子女就学问题,高校招生继续加大对中西部和农村地区倾斜力度,努力让广大学生健康快乐成长,让每个孩子都有人生出彩的机会。(教育部牵头,国家发展改革委、科技部、工业和信息化部、民政部、财政部、人力资源社会保障部、市场监管总局、银保监会、国家卫生健康委、体育总局、国家民委、全国妇联、国务院妇儿工委办公室、农业农村部、中国残联等按职责分工负责,年内持续推进）健全教师工资保障长效机制，加大对乡村教师培训、在职提升学历、职称评定的政策倾斜，改善乡村教师待遇。（人力资源社会保障部、教育部牵头，财政部等按职责分工负责，年内持续推进）今年财政支出要更多向量大面广的民生领域倾斜，特别是义务教育和基本医疗。（财政部牵头，有关部门按职责分工负责，12月底前完成）

（二十八）推进卫生健康体系建设。

32. 坚持预防为主，持续推进健康中国行动，深入开展爱国卫生运动。（国家卫生健康委牵头，国家发展改革委、教育部、生态环境部、住房城乡建设部、农业农村部、体育总局、国家中医药局等按职责分工负责，年内持续推进）深化疾病预防控制体系改革，强化基层公共卫生体系，创新医防协同机制，健全公共卫生应急处置和物资保障体系，建立稳定的公共卫生事业投入机制。加强精神卫生和心理健康服务。深化公立医院综合改革，扩大国家医学中心和区域医疗中心建设试点，加强全科医生和乡村医生队伍建设，提升县级医疗服务能力，加快建设分级诊疗体系。（国家卫生健康委、国家发展改革委、财政部、教育部、工业和信息化部、人力资源社会保障部、商务部、交通运输部、国务院国资委、国家粮食和储备局、国家中医药局、国家医保局、国家药监局等按职责分工负责，年内持续推进）坚持中西医并重，实施中医药振兴发展重大工程。（国家中医药局、国家卫生健康委、国家发展改革委牵头，教育部、科技部、财政部、农业农村部、国家医保局、国家药监局等按职责分工负责，年内持续推进）支持社会办医，促进"互联网＋医疗健康"规范发展。（国家卫生健康委、国家发展改革委、工业和信息化部、国家医保局、国家中医药局等按职责分工负责，年内持续推进）强化食品药品疫苗监管。（市场监管总局、国家药监局、海关总署、农业农村部、国家卫生健康委、工业和信息化部等按职责分工负责，年内持续推进）优化预约诊疗等便民措施，努力让大病、急难病患者尽早得到治疗。（国家卫生健康委、国家中医药局牵头，年内持续推进）要多措并举加大对县乡医院、卫生院的投入。（财政部、国家卫生健康委等按职责分工负责，年内持续推进）要采取一些让群众切实感受得到的措施，扩大基本医保门诊报销、常见病药品报销范围等。（国家医保局牵头，年内持续推进）

33. 居民医保和基本公共卫生服务经费人均财政补助标准分别再增加30元和5元。（财政部、国家卫生健康委、国家医保局牵头，5月底前出台相关政策，年内持续推进）推动基本医保省级统筹。（国家医保局牵头，财政部、税务总局等按职责分工负责，年内持续推进）推动门诊费用跨省直接结算。（国家医保局牵头，年内持续推进）建立健全门诊共济保障机制，逐步将门诊费用纳入统筹基金报销。（国家医保局牵头，财政部等按职责分工负责，5月底前出台相关政策,年内持续推进)完善短缺药品保供稳价机制。(工业和信息化部、国家卫生健康委、国家医保局、市场监管总局等按职责分工负责,年内持续推进)采取把更多慢性病、常见病药品和高值医用耗材纳入集中带量采购等办法,进一步明显降低患者医药负担。(国家医保局牵头,年内持续推进)到明年年底前每个县至少要确定1家定点医疗机构,提供包括门诊费用在内的医疗费用跨省直接结算。(国家医保局牵头,2022年12月底前完成)

(二十九)保障好群众住房需求。

34. 坚持房子是用来住的、不是用来炒的定位,稳地价、稳房价、稳预期。解决好大城市住房突出问题,通过增加土地供应、安排专项资金、集中建设等办法,切实增加保障性租赁住房和共有产权住房供给,规范发展长租房市场,降低租赁住房税费负担,尽最大努力帮助新市民、青年人等缓解住房困难。(住房城乡建设部牵头,国家发展改革委、财政部、自然资源部、人民银行、税务总局、银保监会等按职责分工负责,年内持续推进)

(三十)加强基本民生保障。

35. 提高退休人员基本养老金。(人力资源社会保障部、财政部牵头,4月底前出台相关政策,年内持续推进)提高优抚对象抚恤和生活补助标准。(财政部、退役军人部等按职责分工负责,年内持续推进)推进基本养老保险全国统筹。(人力资源社会保障部、财政部牵头,税务总局等按职责分工负责,年内持续推进)规范发展第三支柱养老保险。(人力资源社会保障部、财政部、银保监会牵头,9月底前出台相关政策,年内持续推进)完善全国统一的社会保险公共服务平台。(人力资源社会保障部牵头,年内持续推进)加强军人军属、退役军人和其他优抚对象优待工作,健全退役军人工作体系和保障制度。(退役军人部牵头,有关部门按职责分工负责,年内持续推进)继续实施失业保险保障扩围政策。(人力资源社会保障部、财政部牵头,4月底前出台相关政策,年内持续推进)

36. 促进医养康养相结合,稳步推进长期护理保险制度试点。(国家医保局、财政部、国家卫生健康委等按职责分工负责,年内持续推进)发展普惠型养老服务和互助性养老。发展婴幼儿照护服务。发展社区养老、托幼、用餐、保洁等多样化服务,加强配套设施和无障碍设施建设,实施更优惠政策,让社区生活更加便利。(民政部、国家发展改革委、财政部、人力资源社会保障部、自然资源部、住房城乡建设部、商务部、国家卫生健康委、市场监管总局、国家中医药局、全国老龄办、全国妇联、国务院妇儿工委办公室、中国残联等按职责分工负责,年内持续推进)完善传统服务保障措施,为老年人等群体提供更周全更贴心的服务。推进智能化服务要适应老年人、残疾人需求,并做到不让智能工具给他们日常生活造成障碍。（国家发展改革委、国家卫生健康委牵头，有关部门按职责分工负责，年内持续推进）健全帮扶残疾人、孤儿等社会福利制度，加强残疾预防，提升残疾康复服务质量。（民政部、中国残联牵头，国家发展改革委、财政部、教育部、公安部、人力资源社会保障部、住房城乡建设部、国家卫生健康委、国家医保局、共青团中央、全国妇联等按职责分工负责，年内持续推进）分层分类做好社会救助，及时帮扶受疫情灾情影响的困难群众，坚决兜住民生底线。（民政部牵头，有关部门按职责分工负责，年内持续推进）对兴办社区服务业要在税收等方面给予优惠支持，为家庭养老托幼减轻负担、送去温暖。（财政部、税务总局等按职责分工负责，年内持续推进）

（三十一）更好满足人民群众精神文化需求。

37. 培育和践行社会主义核心价值观，弘扬伟大抗疫精神和脱贫攻坚精神，推进公民道德建设。繁荣新闻出版、广播影视、文学艺术、哲学社会科学和档案等事业。加强互联网内容建设和管理，发展积极健康的网络文化。传承弘扬中华优秀传统文化，加强文物保护利用和非物质文化遗产传承，建设国家文化公园。推进城乡公共文化服务体系一体建设，创新实施文化惠民工程，倡导全民阅读。（文化和旅游部、国家发展改革委、广电总局、教育部、国家文物局等按职责分工负责，年内持续推进）深化中外人文交流。（教育部等按职责分工负责，年内持续推进）完善全民健身公共服务体系。（体育总局、国家发展改革委、住房城乡建设部等按职责分工负责，年内持续推进）精心筹办北京冬奥会、冬残奥会等综合性体育赛事。（有关部门与北京市、河北省人民政府按职责分工负责，年内持续推进）

（三十二）加强和创新社会治理。

38. 夯实基层社会治理基础，健全城乡社区治理和服务体系，推进市域社会治理现代化试点。（民政部、工业和信息化部、公安部、司法部、住房城乡建设部、农业农村部、国家卫生健康委、国家乡村振兴局等按职责分工负责，年内持续推进）加强社会信用体系建设。（国家发展改革委、人民银行牵头，有关部门按职责分工负责，年内持续推进）大力发展社会工作，支持社会组织、人道救助、志愿服务、公益慈善发展。保障妇女、儿童、老年人、残疾人合法权益。（民政部、国家发展改革委、财政部、教育部、公安部、人力资源社会保障部、住房城乡建设部、国家卫生健康委、国家医保局、国家乡村振兴局、国务院妇儿工委办公室、全国老龄办、全国妇联、中国残联、中国红十字会总会、共青团中央等按职责分工负责，年内持续推进）继续完善信访制度，推进矛盾纠纷多元化解。（国家信访局牵头，有关部门按职责分工负责，年内持续推进）加强法律援助工作，启动实施“八五”普法规划。（司法部、全国普法办牵头，年内持续推进）加强应急救援力量建设，提高防灾减灾抗灾救灾能力，切实做好洪涝干旱、森林草原火灾、地质灾害、地震等防御和气象服务。完善和落实安全生产责任制，深入开展安全生产专项整治三年行动，坚决遏制重特大事故发生。（应急部、工业和信息化部、公安部、自然资源部、生态环境部、住房城乡建设部、交通运输部、水利部、中国地震局、中国气象局、国家粮食和储备局、国家林草局、国家国防科工局等按职责分工负责，年内持续推进）完善社会治安防控体系，常态化开展扫黑除恶斗争，防范打击各类犯罪，维护社会稳定和安全。（公安部牵头，年内持续推进）

**十、全面加强政府自身建设**

（三十三）落实全面从严治党要求，加强法治政府、廉洁政府建设。

39. 各级政府要增强"四个意识"、坚定"四个自信"、做到"两个维护"，自觉在思想上政治上行动上同以习近平同志为核心的党中央保持高度一致，践行以人民为中心的发展思想，不断提高政治判断力、政治领悟力、政治执行力，落实全面从严治党要求。扎实开展党史学习教育。加强法治政府建设，切实依法行政。坚持政务公开。严格规范公正文明执法。依法接受同级人大及其常委会的监督，自觉接受人民政协的民主监督，主动接受社会和舆论监督。强化审计监督。支持工会、共青团、妇联等群团组织更好发挥作用。深入推进党风廉政建设和反腐败斗争，锲而不舍落实中央八项规定精神。政府工作人员要自觉接受法律监督、监察监督和人民监督。加强廉洁政府建设，持续整治不正之风和腐败问题。必须立足社会主义初级阶段基本国情，着力办好自己的事。要始终把人民放在心中最高位置，坚持实事求是，求真务实谋发展、惠民生。要注重解民忧、纾民困，及时回应群众关切，持续改善人民生活。要力戒形式主义、官僚主义，切忌在工作中搞"一刀切"，切实为基层松绑减负。要居安思危，增强忧患意识，事不畏难、责不避险，有效防范化解各种风险隐患。要调动一切可以调动的积极因素，推进改革开放，更大激发市场主体活力和社会创造力，用发展的办法解决发展不平衡不充分问题。要担当作为，实干苦干，不断创造人民期待的发展业绩。（国务院各部门分别负责，年内持续推进）

**十一、做好民族、宗教、侨务、国防工作**

（三十四）全面贯彻党的民族政策、宗教政策和侨务政策。

40. 坚持和完善民族区域自治制度，全面贯彻党的民族政策，铸牢中华民族共同体意识，促进各民族共同团结奋斗、共同繁荣发展。（国家民委牵头，有关部门按职责分工负责，年内持续推进）全面贯彻党的宗教工作基本方针，坚持我国宗教的中国化方向，积极引导宗教与社会主义社会相适应。全面贯彻党的侨务政策，维护海外侨胞和归侨侨眷合法权益，更大凝聚中华儿女共创辉煌的磅礴力量。（有关部门按职责分工负责，年内持续推进）

（三十五）大力支持国防和军队建设。

41. 深入贯彻习近平强军思想，贯彻新时代军事战略方针，坚持党对人民军队的绝对领导，严格落实军委主席负责制，聚焦建军一百年奋斗目标，推进政治建军、改革强军、科技强军、人才强军、依法治军，加快机械化信息化智能化融合发展。全面加强练兵备战，统筹应对各方向各领域安全风险，提高捍卫国家主权、安全、发展利益的战略能力。完善国防动员体系，强化全民国防教育。（有关部门按职责分工负责，年内持续推进）优化国防科技工业布局。（国家国防科工局牵头，年内持续推进）各级政府要大力支持国防和军队建设，深入开展"双拥"活动，谱写鱼水情深的时代华章。（退役军人部牵头，年内持续推进）

十二、做好港澳台、外交工作

（三十六）全面准确贯彻"一国两制"、"港人治港"、"澳人治澳"、高度自治的方针。

42. 完善特别行政区同宪法和基本法实施相关的制度和机制，落实特别行政区维护国家安全的法律制度和执行机制。坚决防范和遏制外部势力干预港澳事务，支持港澳发展经济、改善民生，保持香港、澳门长期繁荣稳定。（国务院港澳办牵头，年内持续推进）

（三十七）坚持对台工作大政方针。

43. 坚持一个中国原则和"九二共识"，推进两岸关系和平发展和祖国统一。高度警惕和坚决遏制"台独"分裂活动。完善保障台湾同胞福祉和在大陆享受同等待遇的制度和政策，促进海峡两岸交流合作、融合发展，同心共创民族复兴美好未来。（有关部门按职责分工负责，年内持续推进）

（三十八）坚持独立自主的和平外交政策。

44. 积极发展全球伙伴关系，推动构建新型国际关系和人类命运共同体。坚持开放合作，推动全球治理体系朝着更加公正合理的方向发展。持续深化国际和地区合作，积极参与重大传染病防控国际合作。同所有国家在相互尊重、平等互利基础上和平共处、共同发展，携手应对全球性挑战，为促进世界和平与繁荣不懈努力。（外交部、科技部、商务部、文化和旅游部、国家卫生健康委、海关总署、国际发展合作署、国家中医药局、国家药监局、中国红十字会总会等按职责分工负责，年内持续推进）

今年是我国现代化建设进程中具有特殊重要性的一年。我们要更加紧密地团结在以习近平同志为核心的党中央周围，高举中国特色社会主义伟大旗帜，以习近平新时代中国特色社会主义思想为指导，按照党中央、国务院决策部署，增强政治意识，提高政治站位，切实增强大局意识和系统观念，齐心协力，开拓进取，努力完成全年目标任务，确保兑现对人民的承诺。一是强化组织领导。各地区、各部门要精心组织，落实工作责任制，明确时间表、责任人和成果形式，把各项工作往前赶，全力以赴抓落实，把政府对人民的承诺变成促发展、惠民生的新成效。要锚定2035年远景目标，进一步细化实化“十四五”时期经济社会发展目标任务，统筹安排做好年度工作和“十四五”工作，确保取得实实在在的成效。有关地区和部门要对照分工意见抓紧制定重点工作分工实施方案，于4月6日前报国务院。二是密切协调联动。各地区、各部门要加强沟通协商，形成工作合力，对跨领域跨部门跨地区事项，要加强协同配合。各部门要加强对地方的指导服务，深入调研了解政策落实的进展情况、困难问题和成效经验，及时完善政策。各地区要加强与有关部门对接，结合当地实际情况，以钉钉子精神抓好政策措施落地落实落细。三是规范督查督办。各地区、各部门要加强督促检查和跟踪督办，有力有序推动主要目标任务如期完成。督查、督导等工作要规范进行，讲求实效，力戒形式主义、官僚主义，切实减轻基层负担。对作风漂浮、执行不力、效果不好的要加大督查和暗访力度，对有令不行、有禁不止、不作为、乱作为的要坚决追责问责。国务院办公厅要建立《政府工作报告》督查总台账，定期对账督办，重大情况及时报告。

# 国务院办公厅关于切实加强水库除险加固和运行管护工作的通知

（2021年3月23日　国办发〔2021〕8号）

水库安全事关人民群众生命财产安全。近年来，各地区各有关部门按照党中央、国务院决策部署，集中开展了几轮大规模的病险水库除险加固，取得明显成效，水库安全状况不断改善，但部分水库由于运行时间长、管理不到位等原因，安全隐患依然严重。为切实加强水库除险加固和运行管护工作，经国务院同意，现就有关事项通知如下：

**一、总体要求**

（一）指导思想。以习近平新时代中国特色社会主义思想为指导，深入贯彻党的十九大和十九届二中、三中、四中、五中全会精神，认真落实党中央、国务院决策部署,坚持以人民为中心的发展思想,立足新发展阶段、贯彻新发展理念、构建新发展格局,坚持建管并重,严格落实各方责任,加快推进水库除险加固,及时消除安全隐患,加强监测预警设施建设,健全常态化管护机制,确保水库安全长效运行,充分发挥其在防汛减灾、供水保障和农业灌溉等方面的重要作用。

(二)目标任务。2022 年年底前,有序完成 2020 年已到安全鉴定期限水库的安全鉴定任务;对病险程度较高的水库,抓紧实施除险加固;探索实行小型水库专业化管护模式。2025 年年底前,全部完成 2020 年前已鉴定病险水库和 2020 年已到安全鉴定期限、经鉴定后新增病险水库的除险加固任务;对"十四五"期间每年按期开展安全鉴定后新增的病险水库,及时实施除险加固;健全水库运行管护长效机制。

二、强化工作措施

(三)分类完善支持政策。按照相关实施方案做好病险水库除险加固,处理好存量项目与增量项目的关系,切实把隐患和问题消除在萌芽状态。在大中型水库方面,对已完成安全鉴定的 256 座病险水库除险加固,中央预算内投资给予积极支持,其中 2000 年以后建成的要进一步查清病险原因,督促落实相关责任,如有违规问题要严肃问责;以后经安全鉴定新增的病险水库除险加固所需资金,原则上由地方承担,中央预算内投资对遭遇高烈度地震、超标准洪水等原因发生病险的水库除险加固予以支持。在小型水库方面,对已完成安全鉴定的病险水库除险加固,中央财政予以补助支持;以后经安全鉴定新增的病险水库除险加固所需资金,原则上由地方承担,中央财政对小型水库维修养护给予适当补助,支持地方统筹财政预算资金和地方政府一般债券资金保障小型水库除险加固、维修养护及雨水情测报和安全监测设施建设。(水利部、国家发展改革委、财政部等部门和地方人民政府按职责分工负责)

(四)加快实施水库除险加固。做好水库安全鉴定,优化安全鉴定程序,提高鉴定成果质量。严格落实项目法人责任制、招标投标制、工程监理制和合同管理制,严格执行基本建设程序,加快前期工作,加强勘察设计、施工进度、质量安全、资金使用、竣工验收等各环节监管,确保按期完成水库除险加固建设任务,确保工程和资金安全。对已实施除险加固的水库,要加快竣工验收,确保尽快投入正常运行。合理妥善实施水库降等报废,建立退出机制,对功能萎缩、规模减少、除险加固技术不可行或经济不合理的,经过充分论证后进行降等或报废,并同步解决好生态保护和修复等相关问题。(水利部等部门和地方人民政府按职责分工负责)

(五)加强水库运行管护。全面落实水库安全管理责任制,按照相关法律和规定落实责任人。在做好病险水库控制运用的基础上，进一步落实水库管护主体、人员和经费，做好日常巡查、维修养护、安全监测、调度运用、防汛抢险等工作，逐库修订完善防汛抢险应急预案，配备必要的管理设施和抢险物料，推进管理规范化标准化。积极创新管护机制，对分散管理的小型水库，切实明确管护责任，实行区域集中管护、政府购买服务、“以大带小”等管护模式。切实管好用好中央财政小型水库维修养护补助资金，发挥其撬动作用。积极培育管护市场，鼓励发展专业化管护企业，不断提高小型水库管护能力和水平。（水利部等部门和地方人民政府按职责分工负责）

（六）提升信息化管理能力。加快建设水库雨水情测报、大坝安全监测等设施，健全水库安全运行监测系统，加强分析研判，及时发布预警信息。建立完善全国统一的水库管理信息填报、审核、更新机制，实现水库除险加固和运行管护等信息动态管理。积极推广应用第五代移动通信（5G）、大数据、人工智能等信息技术，促进系统融合、信息共享，为水库安全运行提供技术支撑。（水利部等部门和地方人民政府按职责分工负责）

**三、严格落实责任**

（七）落实属地管理责任。省级人民政府对本辖区所属水库除险加固和运行管护负总责，要将水库除险加固和运行管护工作纳入“十四五”规划和相关计划以及河湖长制管理体系。认真组织开展隐患排查，做到问题早发现、早处理，避免水库“久病成险”。落实地方资金投入责任，制定水库运行管护定额标准，对财力较弱的市县，省级财政要适当加大补助支持力度。健全市场化机制，带动地方投资和民间投资，扩大有效投资。在确保工程安全、生态环境安全的前提下，探索引入社会资本参与小型水库经营，用经营收益承担部分管护费用。（地方人民政府负责）

（八）强化部门监督指导责任。水利部要健全规章制度和技术标准，加强对水库除险加固、运行管护和资金使用管理等工作的指导、监督和考核；能源、交通运输等有关部门要结合各自职能，切实加强对所管辖水库的监督管理。国家发展改革委负责安排大中型水库除险加固中央预算内投资。财政部负责安排小型水库除险加固和维修养护中央补助资金。（各有关部门按职责分工负责）

（九）健全责任追究机制。制定水库除险加固和运行管护工作问责办法，明确责任追究主体、内容、程序等，完善监督保障措施。坚持“花钱必问效、无效必问责”，充分发挥纪检监察、审计和稽察等部门作用，加强资金监管，确保资金安全。持续开展水库专项检查、暗访督查、稽察督导和质量巡检，督促有关地方依法依规对发现的问题及时进行整改，对落实不力的责任单位和相关

人员实施责任追究。（水利部牵头负责）

各有关方面要根据本通知要求，结合职责分工和工作实际，认真抓好贯彻落实。地方各级人民政府要加强统筹协调，细化实化各项政策措施，确保落地见效。各有关部门要密切配合，齐抓共管，形成合力。水利部要加强对本通知落实工作的跟踪督促，重大情况及时向国务院报告。

# 国务院部门规章

## 重大活动和突发事件档案管理办法

（2020年12月12日国家档案局令第16号公布　自2021年6月1日起施行　国司备字[2021004033]）

### 目　录



### 第一章　总　　则

**第一条**　为了加强重大活动和突发事件档案科学管理，确保档案完整、安全与有效利用，更好地服务和推进国家治理体系和治理能力现代化，根据《中华人民共和国档案法》、《中华人民共和国突发事件应对法》等相关法律、法规，制定本办法。

**第二条**　本办法所称重大活动是指在中华人民共和国境内外组织举办的，对党和国家、行业、地方具有重大意义或者重要国际影响的会议、会展、赛事、纪念、庆典等大型活动；突发事件是指突然发生，造成或可能造成严重社会危害，需要采取应急处置措施予以应对的自然灾害、事故灾难、公共卫生事件和社会安全事件。

**第三条**　本办法所称重大活动和突发事件档案，是指在举办重大活动和应对突发事件过程中直接形成的对国家和社会具有保存价值的各种文字、图表、声像等不同形式的历史记录。

**第四条**　重大活动和突发事件档案工作应当遵循统一领导、分级管理、分类实施、统筹协作的工作原则,维护档案完整与安全,推动档案利用与开发,为经济社会发展和突发事件应对活动提供文献参考和决策支持。

**第五条** 各地区各部门应当加强对重大活动和突发事件档案工作组织领导,建立健全工作制度,保证档案管理做到收集齐全完整,整理规范有序,保管安全可靠,鉴定准确及时,利用简捷方便,开发实用有效。

**第六条** 重大活动和突发事件档案的收集、整理、数字化和移交等工作所需经费应当纳入活动经费预算或保障措施。档案主管部门、档案馆开展重大活动和突发事件档案工作所需经费列入本级预算。

**第七条** 重大活动和突发事件档案工作应当积极运用新技术、新手段,不断提升信息化管理水平。

涉及国家秘密的档案管理应当同时符合保密管理相关规定。

## 第二章 工 作 职 责

**第八条** 档案主管部门负责本行政区域内重大活动和突发事件档案工作统筹协调、制度建设,负责建立本行政区域内重大活动和突发事件档案工作清单,对档案工作进行监督和指导。

中央国家机关根据档案管理需要,在职责范围内指导本系统的重大活动和突发事件档案业务工作。

**第九条** 重大活动和突发事件的办理或应对部门,或者专门设立的临时机构(以下统称责任部门)负责相应档案的收集、整理和保管,并按规定向档案馆移交。

县级以上党委、政府作为主办单位的,执行单位作为责任部门履行前款规定的职责。

**第十条** 档案馆负责分管范围内重大活动和突发事件档案接收征集、集中保管、编研开发并提供利用。

档案馆可以根据需要,提前介入重大活动和突发事件档案工作,并采取拍照、录音、录像等方式直接形成重大活动和突发事件档案。

**第十一条** 档案主管部门、责任部门和档案馆应当建立档案主管部门统筹协调、各部门分工负责的工作机制,完善工作情况通报制度,协同推进重大活动和突发事件档案工作。

**第十二条** 档案主管部门按照法定职权和程序对重大活动和突发事件档案管理工作进行监督检查,责任部门和档案馆应当配合。

**第十三条** 对在重大活动和突发事件档案工作中做出突出贡献的单位或

者个人，按照国家有关规定给予表彰、奖励。单位或个人存在违法违纪行为的，应当由档案主管部门、有关单位依法依规予以处理。

## 第三章　管理要求

**第十四条**　重大活动和突发事件档案工作实行清单管理制度。档案主管部门应当及时发布本行政区域重大活动和突发事件档案工作清单，明确年度工作任务（或事项）、责任部门、档案处置要求等。工作任务（或事项）应当包括但不限于以下内容：

（一）党的代表大会、人民代表大会、政治协商会议，国际、国家或区域级论坛峰会、合作交流会、博览会、招商引资会、推介洽谈会等会议、会展活动；

（二）国际、全国或地区性综合性运动会及其他重大杯赛、联赛、锦标赛、冠军赛等赛事活动；

（三）以重大事件、重大纪念日、重要人物为主题的纪念、庆典活动；

（四）自然灾害、事故灾难、公共卫生事件、社会安全事件应对活动。

**第十五条**　责任部门应当制定重大活动和突发事件档案工作方案，明确档案工作负责部门和人员，按照工作程序和要求形成归档文件材料。采用业务系统办理业务的，业务系统应当支持形成符合要求的归档文件材料。

**第十六条**　责任部门应当将重大活动和突发事件中形成的下列文件材料纳入收集范围，做到应收尽收、应归尽归：

（一）领导指示、批示，机构成立及分工文件材料，工作制度、预案、方案、报告、报表、简报、总结，会议材料，奖惩材料，大事记、宣传报道，各单位按照分工或职责形成的其他文件材料；

（二）照片、录音、录像；

（三）业务数据、公务电子邮件、网页信息、社交媒体信息；

（四）印章、题词、活动标志、证件、证书、纪念册、纪念章、奖杯、奖牌、奖章、奖状、牌匾、锦旗等实物档案；

（五）其他具有保存利用价值的文件材料。

**第十七条**　责任部门应当将重大活动和突发事件文件材料纳入本单位文件材料归档范围和档案保管期限表统一管理。责任部门为临时机构的，应当制定文件材料归档范围和档案保管期限表，经同级档案主管部门审查同意后施行。

中央国家机关、中央企业可以针对本系统重大活动和突发事件，制定本系统文件材料归档范围和档案保管期限表，经国家档案主管部门审查同意后施行。

**第十八条** 重大活动和突发事件档案按照下列要求确定全宗设置:

(一)责任部门为一个单位的,形成的档案纳入本单位档案全宗进行管理;

(二)责任部门分为主办单位、协办单位的,形成的档案纳入主办单位档案全宗进行管理。存在多个主办单位或者分主办、承办单位的,形成的档案纳入承担活动主要工作的单位全宗进行管理或者协商确定;

(三)责任部门为多个单位不分主次、联合开展工作的,形成的档案分别纳入各单位全宗进行管理;

(四)责任部门为临时机构的,形成的档案纳入新设全宗或临时机构的主管单位全宗进行管理。

档案全宗设置产生争议的,由相关单位提交档案主管部门予以处理。

**第十九条** 重大活动和突发事件档案一般与责任部门履行其他职能形成的档案进行统一管理,档案门类划分、分类方法与全宗内档案保持一致。确有必要的,可以设立专题进行管理。

**第二十条** 责任部门应当按照相应门类档案整理规则对重大活动和突发事件文件材料进行组件(卷)、分类、排列、编号和编目等整理工作,并按要求及时归档。

重大活动和突发事件档案不论是否设立专题进行管理,都应当建立专题目录。

**第二十一条** 责任部门应当在重大活动和突发事件应对工作结束6个月内,向同级档案主管部门报告档案工作方案落实情况。

例行性、周期性会议通过年度报告说明有关情况的,可以不再专门做出书面说明。

**第二十二条** 责任部门应当按照国家有关规定向档案馆移交重大活动和突发事件档案,经档案馆同意,可以提前将档案交档案馆保管。责任部门为临时机构的,应当在临时机构停止工作前向有关主管单位或档案馆移交档案。

责任部门应当对移交进馆档案进行开放审核,并在移交时附具意见。

**第二十三条** 档案馆应当按照国家有关规定接收重大活动和突发事件档案,并建立征集制度,通过接受捐献、购买、代存等方式收集档案,充实重大活动和突发事件档案资源。

**第二十四条** 责任部门和档案馆应当按照国家有关规定配置适宜档案保存的库房和必要的设施、设备,确保档案的安全;采用先进技术,实现档案管理的现代化。

## 第四章　档案利用与开发

**第二十五条**　档案馆和责任部门应当通过编制检索工具、建立检索系统、建设信息共享平台等方式，为重大活动和突发事件档案利用创造条件。

档案馆应当通过其网站或者其他方式定期公布开放档案的目录，为档案利用提供便利。

**第二十六条**　档案馆应当积极推进利用工作，按照国家规定向单位或个人提供档案利用。责任部门利用已移交档案的，档案馆应当予以优先保证。

责任部门保管的档案对外提供利用的，需经本单位负责人批准。

**第二十七条**　档案馆开展分管范围内重大活动和突发事件档案专题数据库建设，责任部门应当配合。责任部门档案以专题方式进行管理且具备建设条件的，应当开展本系统或本单位档案专题数据库建设。

档案主管部门应当科学规划专题数据库建设工作，推动档案馆和责任部门档案专题数据库共建共享共用。

**第二十八条**　档案馆和责任部门应当加大对重大活动和突发事件档案资源开发力度，通过档案编研、陈列展览等形式，充分发挥档案价值，并为重大活动和突发事件应对提供决策参考。

## 第五章　附　　则

**第二十九条**　本办法由国家档案局负责解释。

**第三十条**　本办法自2021年6月1日起施行。

# 海关总署关于废止部分规章的决定

（2020年12月21日海关总署令第244号公布　自公布之日起施行　国司备字〔2021004051〕）

根据工作实际，现决定废止1987年6月30日以〔1987〕署货字第667号公布的《中华人民共和国海关关于进出口货物申请担保的管理办法》、2004年2月6日以海关总署令第112号公布的《中华人民共和国海关关于来往香港、澳门小型船舶及所载货物、物品管理办法》和2014年2月26日以海关总署令第215号公布的《中华人民共和国海关政府信息公开办法》。

本决定自公布之日起生效。

# 海关总署关于修改部分规章的决定

（2020年12月23日海关总署令第247号公布　自2021年2月1日起施行　国司备字[2021004050]）

为落实国务院关于民法典所涉相关法律规范的清理要求，海关总署决定对《中华人民共和国海关加工贸易货物监管办法》等3部规章进行修改，具体内容如下：

**一、对《中华人民共和国海关加工贸易货物监管办法》（海关总署令第219号公布，根据海关总署令第235号、第240号、第243号修改）作如下修改：**

将第六条第二款修改为："经海关批准并办理有关手续，加工贸易货物可以抵押。"

**二、对《中华人民共和国海关统计工作管理规定》（海关总署令第242号公布）作如下修改：**

将第十二条修改为："海关统计监督结果可以作为评估海关业务运行绩效、实施风险管理的依据。"

**三、对《口岸艾滋病预防控制管理办法》（原国家质量监督检验检疫总局令第96号公布，根据原国家质量监督检验检疫总局令第139号、海关总署令第238号修改）作如下修改：**

（一）将第四条、第十一条中的"主管海关"修改为"直属海关"。

（二）将第五条中的"边防检查机关"修改为"移民管理部门"，将"共同做好口岸艾滋病预防控制及病毒感染者和艾滋病病人的监控工作"修改为"共同做好口岸艾滋病预防控制及病毒感染者和艾滋病病人的管理工作"。

（三）增加一条，作为第七条："任何单位和个人不得歧视艾滋病病毒感染者、艾滋病病人及其家属。艾滋病病毒感染者、艾滋病病人及其家属合法权益受法律保护。"

（四）删除第八条。

（五）增加一条，作为第八条："海关对已发现的艾滋病病毒感染者、艾滋病病人应当进行流行病学调查，提供艾滋病防治咨询服务。"

（六）增加一条，作为第九条："患有艾滋病或者感染艾滋病病毒的入境人员，在入境时应当配合接受海关的流行病学调查和相应的医学指导。”

（七）将第九条、第十条中的“含艾滋病检测结果的”删除。

（八）将第十一条第二款中的“主管海关按照监测工作规范开展艾滋病的监测工作”修改为“直属海关按照监测工作规范组织开展艾滋病的监测工作”。

（九）删除第十七条。

（十）对条文顺序作相应调整。

本决定自2021年2月1日起施行。

附件：1. 中华人民共和国海关加工贸易货物监管办法

2. 中华人民共和国海关统计工作管理规定

3. 口岸艾滋病预防控制管理办法

# 中华人民共和国海关加工贸易货物监管办法

（2014年3月12日海关总署令第219号公布　根据2017年12月20日《海关总署关于修改部分规章的决定》第一次修订　根据2018年5月29日《海关总署关于修改部分规章的决定》第二次修订　根据2018年11月23日《海关总署关于修改部分规章的决定》第三次修订　根据2020年12月23日《海关总署关于修改部分规章的决定》第四次修订）

## 第一章　总　则

**第一条**　为了促进加工贸易健康发展，规范海关对加工贸易货物管理，根据《中华人民共和国海关法》（以下简称《海关法》）以及其他有关法律、行政法规，制定本办法。

**第二条**　本办法适用于办理加工贸易货物手册设立、进出口报关、加工、监管、核销手续。

加工贸易经营企业、加工企业、承揽者应当按照本办法规定接受海关监管。

**第三条**　本办法所称“加工贸易”是指经营企业进口全部或者部分原辅材料、零部件、元器件、包装物料（以下统称料件），经过加工或者装配后，将制成品复出口的经营活动，包括来料加工和进料加工。

**第四条** 除国家另有规定外，加工贸易进口料件属于国家对进口有限制性规定的，经营企业免于向海关提交进口许可证件。

加工贸易出口制成品属于国家对出口有限制性规定的，经营企业应当取得出口许可证件。海关对有关出口许可证件电子数据进行系统自动比对验核。

**第五条** 加工贸易项下进口料件实行保税监管的，加工成品出口后，海关根据核定的实际加工复出口的数量予以核销。

加工贸易项下进口料件按照规定在进口时先行征收税款的，加工成品出口后，海关根据核定的实际加工复出口的数量退还已征收的税款。

加工贸易项下的出口产品属于应当征收出口关税的，海关按照有关规定征收出口关税。

**第六条** 海关按照国家规定对加工贸易货物实行担保制度。

经海关批准并办理有关手续，加工贸易货物可以抵押。

**第七条** 海关对加工贸易实行分类监管，具体管理办法由海关总署另行制定。

**第八条** 海关可以对加工贸易企业进行核查，企业应当予以配合。

海关核查不得影响企业的正常经营活动。

**第九条** 加工贸易企业应当根据《中华人民共和国会计法》以及海关有关规定，设置符合海关监管要求的账簿、报表以及其他有关单证，记录与本企业加工贸易货物有关的进口、存储、转让、转移、销售、加工、使用、损耗和出口等情况，凭合法、有效凭证记账并且进行核算。

加工贸易企业应当将加工贸易货物与非加工贸易货物分开管理。加工贸易货物应当存放在经海关备案的场所，实行专料专放。企业变更加工贸易货物存放场所的，应当事先通知海关，并办理备案变更手续。

## 第二章　加工贸易货物手册设立

**第十条** 经营企业应当向加工企业所在地主管海关办理加工贸易货物的手册设立手续。

**第十一条** 除另有规定外，经营企业办理加工贸易货物的手册设立，应当向海关如实申报贸易方式、单耗、进出口口岸，以及进口料件和出口成品的商品名称、商品编号、规格型号、价格和原产地等情况，并且提交经营企业对外签订的合同。经营企业委托加工的，还应当提交与加工企业签订的委托加工合同。

经营企业自身有加工能力的，应当取得主管部门签发的《加工贸易加工企业生产能力证明》；经营企业委托加工的，应当取得主管部门签发的加工企业《加工贸易加工企业生产能力证明》。

**第十二条** 经营企业按照本办法第十一条、第十二条规定，提交齐全、有效的单证材料，申报设立手册的，海关应当自接受企业手册设立申报之日起5个工作日内完成加工贸易手册设立手续。

需要办理担保手续的，经营企业按照规定提供担保后，海关办理手册设立手续。

**第十三条** 有下列情形之一的，海关应当在经营企业提供相当于应缴税款金额的保证金或者银行、非银行金融机构保函后办理手册设立手续：

（一）涉嫌走私，已经被海关立案侦查，案件尚未审结的；

（二）由于管理混乱被海关要求整改，在整改期内的。

**第十四条** 有下列情形之一的，海关可以要求经营企业在办理手册设立手续时提供相当于应缴税款金额的保证金或者银行、非银行金融机构保函：

（一）租赁厂房或者设备的；

（二）首次开展加工贸易业务的；

（三）加工贸易手册延期两次（含两次）以上的；

（四）办理异地加工贸易手续的；

（五）涉嫌违规，已经被海关立案调查，案件尚未审结的。

**第十五条** 加工贸易企业有下列情形之一的，不得办理手册设立手续：

（一）进口料件或者出口成品属于国家禁止进出口的；

（二）加工产品属于国家禁止在我国境内加工生产的；

（三）进口料件不宜实行保税监管的；

（四）经营企业或者加工企业属于国家规定不允许开展加工贸易的；

（五）经营企业未在规定期限内向海关报核已到期的加工贸易手册，又重新申报设立手册的。

**第十六条** 经营企业办理加工贸易货物的手册设立，申报内容、提交单证与事实不符的，海关应当按照下列规定处理：

（一）货物尚未进口的，海关注销其手册；

（二）货物已进口的，责令企业将货物退运出境。

本条第一款第（二）项规定情形下，经营企业可以向海关申请提供相当于应缴税款金额的保证金或者银行、非银行金融机构保函，并且继续履行合同。

**第十七条** 已经办理加工贸易货物的手册设立手续的经营企业可以向海关领取加工贸易手册分册、续册。

**第十八条**　加工贸易货物手册设立内容发生变更的，经营企业应当在加工贸易手册有效期内办理变更手续。

## 第三章　加工贸易货物进出口、加工

**第十九条**　经营企业进口加工贸易货物，可以从境外或者海关特殊监管区域、保税监管场所进口，也可以通过深加工结转方式转入。

经营企业出口加工贸易货物，可以向境外或者海关特殊监管区域、保税监管场所出口，也可以通过深加工结转方式转出。

**第二十条**　经营企业以加工贸易方式进出口的货物，列入海关统计。

**第二十一条**　加工贸易企业开展深加工结转的，转入企业、转出企业应当向各自的主管海关申报，办理实际收发货以及报关手续。具体管理规定由海关总署另行制定并公布。

有下列情形之一的，加工贸易企业不得办理深加工结转手续：

（一）不符合海关监管要求，被海关责令限期整改，在整改期内的；

（二）有逾期未报核手册的；

（三）由于涉嫌走私已经被海关立案调查，尚未结案的。

加工贸易企业未按照海关规定进行收发货的，不得再次办理深加工结转手续。

**第二十二条**　经营企业开展外发加工业务，应当按照外发加工的相关管理规定自外发之日起3个工作日内向海关办理备案手续。

经营企业开展外发加工业务，不得将加工贸易货物转卖给承揽者；承揽者不得将加工贸易货物再次外发。

经营企业将全部工序外发加工的，应当在办理备案手续的同时向海关提供相当于外发加工货物应缴税款金额的保证金或者银行、非银行金融机构保函。

**第二十三条**　外发加工的成品、剩余料件以及生产过程中产生的边角料、残次品、副产品等加工贸易货物，经营企业向所在地主管海关办理相关手续后，可以不运回本企业。

**第二十四条**　海关对加工贸易货物实施监管的，经营企业和承揽者应当予以配合。

**第二十五条**　加工贸易货物应当专料专用。

经海关核准，经营企业可以在保税料件之间、保税料件与非保税料件之间进行串换，但是被串换的料件应当属于同一企业，并且应当遵循同品种、同规格、同数量、不牟利的原则。

来料加工保税进口料件不得串换。

**第二十六条** 由于加工工艺需要使用非保税料件的，经营企业应当事先向海关如实申报使用非保税料件的比例、品种、规格、型号、数量。

经营企业按照本条第一款规定向海关申报的，海关核销时应当在出口成品总耗用量中予以核扣。

**第二十七条** 经营企业进口料件由于质量存在瑕疵、规格型号与合同不符等原因，需要返还原供货商进行退换，以及由于加工贸易出口产品售后服务需要而出口未加工保税料件的，可以直接向口岸海关办理报关手续。

已经加工的保税进口料件不得进行退换。

## 第四章 加工贸易货物核销

**第二十八条** 经营企业应当在规定的期限内将进口料件加工复出口，并且自加工贸易手册项下最后一批成品出口或者加工贸易手册到期之日起30日内向海关报核。

经营企业对外签订的合同提前终止的，应当自合同终止之日起30日内向海关报核。

**第二十九条** 经营企业报核时应当向海关如实申报进口料件、出口成品、边角料、剩余料件、残次品、副产品以及单耗等情况，并且按照规定提交相关单证。

经营企业按照本条第一款规定向海关报核，单证齐全、有效的，海关应当受理报核。

**第三十条** 海关核销可以采取纸质单证核销、电子数据核销的方式，必要时可以下厂核查，企业应当予以配合。

海关应当自受理报核之日起30日内予以核销。特殊情况需要延长的，经直属海关关长或者其授权的隶属海关关长批准可以延长30日。

**第三十一条** 加工贸易保税进口料件或者成品内销的，海关对保税进口料件依法征收税款并且加征缓税利息，另有规定的除外。

进口料件属于国家对进口有限制性规定的，经营企业还应当向海关提交进口许可证件。

**第三十二条** 经营企业因故将加工贸易进口料件退运出境的，海关凭有关退运单证核销。

**第三十三条** 经营企业在生产过程中产生的边角料、剩余料件、残次品、副产品和受灾保税货物,按照海关对加工贸易边角料、剩余料件、残次品、副产品和受灾保税货物的管理规定办理,海关凭有关单证核销。

**第三十四条** 经营企业遗失加工贸易手册的,应当及时向海关报告。

海关按照有关规定处理后对遗失的加工贸易手册予以核销。

**第三十五条** 对经核销结案的加工贸易手册,海关向经营企业签发《核销结案通知书》。

**第三十六条** 经营企业已经办理担保的,海关在核销结案后按照规定解除担保。

**第三十七条** 加工贸易货物的手册设立和核销单证自加工贸易手册核销结案之日起留存3年。

**第三十八条** 加工贸易企业出现分立、合并、破产、解散或者其他停止正常生产经营活动情形的,应当及时向海关报告,并且办结海关手续。

加工贸易货物被人民法院或者有关行政执法部门封存的,加工贸易企业应当自加工贸易货物被封存之日起5个工作日内向海关报告。

## 第五章 附 则

**第三十九条** 违反本办法,构成走私行为、违反海关监管规定行为或者其他违反《中华人民共和国海关法》行为的,由海关依照《中华人民共和国海关法》和《中华人民共和国海关行政处罚实施条例》的有关规定予以处理;构成犯罪的,依法追究刑事责任。

**第四十条** 本办法中下列用语的含义:

来料加工,是指进口料件由境外企业提供,经营企业不需要付汇进口,按照境外企业的要求进行加工或者装配,只收取加工费,制成品由境外企业销售的经营活动。

进料加工,是指进口料件由经营企业付汇进口,制成品由经营企业外销出口的经营活动。

加工贸易货物,是指加工贸易项下的进口料件、加工成品以及加工过程中产生的边角料、残次品、副产品等。

加工贸易企业,包括经海关注册登记的经营企业和加工企业。

经营企业,是指负责对外签订加工贸易进出口合同的各类进出口企业和外商投资企业,以及经批准获得来料加工经营许可的对外加工装配服务公司。

加工企业,是指接受经营企业委托,负责对进口料件进行加工或者装配,并且具有法人资格的生产企业,以及由经营企业设立的虽不具有法人资格,但是实行相对独立核算并已经办理工商营业证(执照)的工厂。

单位耗料量,是指加工贸易企业在正常生产条件下加工生产单位出口成品所耗用的进口料件的数量,简称单耗。

深加工结转,是指加工贸易企业将保税进口料件加工的产品转至另一加工贸易企业进一步加工后复出口的经营活动。

承揽者,是指与经营企业签订加工合同,承接经营企业委托的外发加工业务的企业或者个人。

外发加工,是指经营企业委托承揽者对加工贸易货物进行加工,在规定期限内将加工后的产品最终复出口的行为。

核销,是指加工贸易经营企业加工复出口或者办理内销等海关手续后,凭规定单证向海关报核,海关按照规定进行核查以后办理解除监管手续的行为。

**第四十一条** 实施联网监管的加工贸易企业开展加工贸易业务,按照海关对加工贸易企业实施计算机联网监管的管理规定办理。

**第四十二条** 加工贸易企业在海关特殊监管区域内开展加工贸易业务,按照海关对海关特殊监管区域的相关管理规定办理。

**第四十三条** 单耗的申报与核定,按照海关对加工贸易单耗的管理规定办理。

**第四十四条** 海关对加工贸易货物进口时先征收税款出口后予以退税的管理规定另行制定。

**第四十五条** 本办法由海关总署负责解释。

**第四十六条** 本办法自公布之日起施行。2004 年 2 月 26 日以海关总署令第 113 号发布,并经海关总署令第 168 号、195 号修正的《中华人民共和国海关对加工贸易货物监管办法》同时废止。

# 中华人民共和国海关统计工作管理规定

(2018 年 8 月 17 日海关总署令第 242 号公布 根据 2020 年 12 月 23 日《海关总署关于修改部分规章的决定》修订)

## 第一章 总 则

**第一条** 为了科学、有效地开展海关统计工作,保障海关统计的真实性、准确性、完整性和及时性,发挥海关统计服务宏观决策、对外贸易和经济社会发展的作用，根据《中华人民共和国海关法》《中华人民共和国统计法》《中华人民共和国海关统计条例》《中华人民共和国统计法实施条例》以及有关法律、行政法规，制定本规定。

**第二条** 海关对进出口货物、进出境物品以及有关海关业务的统计工作，适用本规定。

**第三条** 海关统计工作坚持准确及时、科学完整、国际可比的原则。

**第四条** 海关对实际进出境并引起境内物质存量增加或者减少的货物实施进出口货物贸易统计；根据管理需要，对其他海关监管货物实施单项统计；对海关进出境监督管理活动和内部管理事务实施海关业务统计。

**第五条** 海关工作人员对在统计过程中知悉的国家秘密、商业秘密、海关工作秘密负有保密义务。

## 第二章 统计调查与统计监督

**第六条** 海关根据统计工作需要，可以向进出口货物的收发货人或者其代理人以及有关政府部门、行业协会和相关企业等统计调查对象开展统计调查。

统计调查对象应当配合海关统计调查，提供真实、准确、完整的有关资料和信息。

**第七条** 海关利用行政记录全面采集统计原始资料。行政记录不能满足统计调查需要的，海关通过抽样调查、重点调查和补充调查等方法采集统计原始资料。

**第八条** 对统计调查中获得的统计原始资料，海关可以进行整理、筛选和审核。

**第九条** 海关对统计原始资料有疑问的，可以直接向统计调查对象提出查询，收集相关资料，必要时可以实地检查、核对。

海关可以委托社会中介机构收集有关资料或者出具专业意见。

**第十条** 海关运用统计数据，对业务运行情况和海关执法活动进行监测、评估，为海关管理提供决策依据。

**第十一条** 海关可以运用统计数据开展以下工作：

（一）对进出口商品等情况进行监测；

（二）对进出口企业贸易活动进行监督，依法处置弄虚作假行为。

**第十二条** 海关统计监督结果可以作为评估海关业务运行绩效、实施风险管理的依据。

## 第三章　统计分析与统计服务

**第十三条**　海关应当对统计数据进行分析,研究对外贸易和海关业务运行特点、趋势和规律,开展动态预警工作。

**第十四条**　海关应当综合运用定量与定性等统计分析方法,对统计数据进行加工整理,形成分析报告。

海关可以联合其他政府部门、科研机构、行业协会等共同开展统计分析。

**第十五条**　海关总署向党中央、国务院报送海关统计快报、月报、分析报告等统计信息。

**第十六条**　海关总署与国务院其他部门共享全国海关统计信息。经海关总署批准,各直属海关统计信息根据地方政府实际需要予以共享。

**第十七条**　海关统计快报、月报、年报等统计信息通过海关门户网站、新闻发布会等便于公众知晓的方式向社会公布。

海关总署每年12月对外公告下一年度向社会公布海关统计信息的时间。

**第十八条**　除依法主动公开的海关统计信息外,海关可以根据社会公众的需要,提供统计服务。

**第十九条**　海关应当建立统计信息发布前的审查机制,涉及国家秘密、商业秘密、海关工作秘密的统计信息不得对外公布或者提供。

## 第四章　统计资料编制与管理

**第二十条**　海关总署负责管理全国海关统计资料。直属海关负责管理本关区统计资料。

**第二十一条**　根据国民经济发展和海关监管需要,海关可以对统计项目进行调整。

**第二十二条**　海关统计快报、月报和年报等统计资料分别按照公历月和公历年汇总编制。

**第二十三条**　海关统计电子数据以及海关统计月报、年报等海关统计信息永久保存。

## 第五章　附　　则

**第二十四条**　海关工作人员不得自行、参与或者授意篡改海关统计资料、编造虚假数据。

海关工作人员在统计工作中玩忽职守、滥用职权、徇私舞弊的，依法给予处分；构成犯罪的，依法追究刑事责任。

**第二十五条** 依法应当申报的项目未申报或者申报不实影响海关单项统计准确性的，由海关予以警告或者处1000元以上1万元以下罚款。

**第二十六条** 统计调查对象拒绝、阻碍统计调查，或者提供不真实、不准确、不完整的统计原始资料，或者转移、藏匿、篡改、毁弃统计原始资料的，依照《中华人民共和国统计法》的有关规定处理。

**第二十七条** 本规定下列用语的含义：

海关统计资料，是指海关统计原始资料以及以海关统计原始资料为基础采集、整理的海关统计信息。

海关统计原始资料，是指经海关确认的《中华人民共和国进出口货物报关单》等报关单证及其随附单证和其他相关资料，以及海关实施抽样调查、重点调查和补充调查采集的原始资料。

海关统计信息，是指海关统计电子数据、海关统计快报、月报、年报以及海关统计分析报告等信息。

**第二十八条** 本规定由海关总署负责解释。

**第二十九条** 本规定自2018年10月1日起施行。2006年9月12日以海关总署令第153号公布的《中华人民共和国海关统计工作管理规定》同时废止。

# 口岸艾滋病预防控制管理办法

（2007年6月28日国家质量监督检验检疫总局令第96号公布　根据2011年4月8日《国家质量监督检验检疫总局关于修改〈口岸艾滋病防治管理办法〉的决定》第一次修订　根据2018年4月28日《海关总署关于修改部分规章的决定》第二次修订　根据2020年12月23日《海关总署关于修改部分规章的决定》第三次修订）

## 第一章　总　　则

**第一条** 为了做好国境口岸艾滋病的预防、控制工作，保障人体健康和口岸公共卫生，依据《中华人民共和国国境卫生检疫法》及其实施细则和《艾滋病防治条例》等法律法规的规定，制定本办法。

**第二条** 本办法适用于口岸艾滋病的检疫、监测、疫情报告及控制、宣传教育等工作。

**第三条** 海关总署主管全国口岸艾滋病预防控制工作，负责制定口岸艾滋病预防控制总体规划，对全国口岸艾滋病预防控制工作进行组织、协调和管理。

**第四条** 直属海关负责制定所辖口岸区域艾滋病预防控制的工作计划，对口岸艾滋病预防控制工作进行组织、协调和管理，实施检疫、监测、疫情报告及控制、开展宣传教育。

**第五条** 海关应当配合当地政府做好艾滋病预防控制工作，与地方各级卫生行政主管部门、疾病预防控制机构、公安机关、移民管理部门等建立协作机制，将口岸监控艾滋病的措施与地方的预防控制行动计划接轨，共同做好口岸艾滋病预防控制及病毒感染者和艾滋病病人的管理工作。

**第六条** 海关应当在出入境口岸加强艾滋病防治的宣传教育工作，对入出境人员有针对性地提供艾滋病防治的咨询和指导，并设立咨询电话，向社会公布。

## 第二章 口岸检疫

**第七条** 任何单位和个人不得歧视艾滋病病毒感染者、艾滋病病人及其家属。艾滋病病毒感染者、艾滋病病人及其家属合法权益受法律保护。

**第八条** 海关对已发现的艾滋病病毒感染者、艾滋病病人应当进行流行病学调查，提供艾滋病防治咨询服务。

**第九条** 患有艾滋病或者感染艾滋病病毒的入境人员，在入境时应当配合接受海关的流行病学调查和相应的医学指导。

**第十条** 海关应当加强对入出境人员以及入出境微生物、人体组织、生物制品、血液及其制品等物品（以下简称特殊物品）的检疫和监督管理工作。

**第十一条** 申请出境1年以上的中国公民以及在国际通航的交通工具上工作的中国籍员工，应当持有海关或者县级以上医院出具的有效健康检查证明。

**第十二条** 申请来华居留的境外人员，应当到海关进行健康体检，凭海关出具的有效健康检查证明到公安机关办理居留手续。

## 第三章 口岸监测

**第十三条** 海关总署应当建立健全口岸艾滋病监测网络。直属海关根据口岸艾滋病流行趋势,设立口岸艾滋病监测点,并报海关总署备案。

直属海关按照监测工作规范组织开展艾滋病的监测工作,根据疫情变化情况和流行趋势,加强入出境重点人群的艾滋病监测。

**第十四条** 海关总署根据口岸艾滋病预防控制工作的需要,确定艾滋病筛查实验室和确证实验室。艾滋病筛查和确证实验室应当按照国家菌(毒)种和实验室生物安全管理的有关规定开展工作。

海关承担艾滋病检测工作的实验室应当符合国务院卫生主管部门的标准和规范并经验收合格,方可开展艾滋病病毒抗体及相关检测工作。

**第十五条** 海关为自愿接受艾滋病咨询和检测的人员提供咨询和筛查检测,发现艾滋病病毒抗体阳性的,应当及时将样本送艾滋病确证实验室进行确证。

**第十六条** 海关应当按照国家有关规定,严格执行标准操作规程、生物安全管理制度及消毒管理制度,防止艾滋病医源性感染的发生。

## 第四章 疫情报告及控制

**第十七条** 海关及其工作人员发现艾滋病病毒感染者和艾滋病病人时,应当按照出入境口岸卫生检疫信息报告的相关规定报告疫情。

**第十八条** 海关应当按照有关法律法规的规定及时向当地卫生行政部门通报口岸艾滋病疫情信息。

**第十九条** 海关为掌握或者控制艾滋病疫情进行相关调查时,被调查单位和个人必须提供真实信息,不得隐瞒或者编造虚假信息。

未经本人或者其监护人同意,海关及其工作人员不得公开艾滋病病毒感染者、艾滋病病人的相关信息。

**第二十条** 海关应当对有证据证明可能被艾滋病病毒污染的物品,进行封存、检验或者消毒。经检验,属于被艾滋病病毒污染的物品,应当进行卫生处理或者予以销毁。

## 第五章　保障措施

**第二十一条**　口岸艾滋病预防控制经费由海关总署纳入预算,设立海关艾滋病防治专项经费项目,用于艾滋病实验室建设及口岸艾滋病的预防控制工作。

**第二十二条**　海关负责所辖口岸艾滋病预防控制专业队伍建设,配备合格的专业人员,开展专业技能的培训。

**第二十三条**　艾滋病预防控制资金要保证专款专用,提高资金使用效益,严禁截留或者挪作他用。

## 第六章　法律责任

**第二十四条**　任何单位和个人违反本办法规定,不配合海关进行艾滋病疫情调查和控制的,海关应当责令其改正;情节严重的,根据《中华人民共和国国境卫生检疫法》及其实施细则的有关规定予以处罚;构成犯罪的,依法追究刑事责任。

**第二十五条**　海关未依照本办法的规定履行艾滋病预防控制管理和监督保障职责的,根据《艾滋病防治条例》的有关规定,由上级机关责令改正,通报批评。

**第二十六条**　海关工作人员违反本办法规定有下列情形,造成艾滋病传播、流行以及其他严重后果的,由其所在单位依法给予行政处分;构成犯罪的,依法追究刑事责任:

(一)未依法履行艾滋病疫情监测、报告、通报或者公布职责,或者隐瞒、谎报、缓报和漏报艾滋病疫情的;

(二)发生或者可能发生艾滋病传播时未及时采取预防控制措施的;

(三)未依法履行监督检查职责,发现违法行为不及时查处的;

(四)未按照技术规范和要求进行艾滋病病毒相关检测的;

(五)故意泄露艾滋病病毒感染者、艾滋病病人涉及个人隐私的有关信息、资料的;

(六)其他失职、渎职行为。

## 第七章　附　　则

**第二十七条**　本办法由海关总署负责解释。

**第二十八条**　本办法自2007年12月1日起施行。此前规定与本办法不一致的,以本办法为准。

# 农村土地经营权流转管理办法

(2021年1月26日农业农村部令2021年第1号公布　自2021年3月1日起施行　国司备字[2021003941])

## 第一章　总　　则

**第一条**　为了规范农村土地经营权(以下简称土地经营权)流转行为,保障流转当事人合法权益,加快农业农村现代化,维护农村社会和谐稳定,根据《中华人民共和国农村土地承包法》等法律及有关规定,制定本办法。

**第二条**　土地经营权流转应当坚持农村土地农民集体所有、农户家庭承包经营的基本制度,保持农村土地承包关系稳定并长久不变,遵循依法、自愿、有偿原则,任何组织和个人不得强迫或者阻碍承包方流转土地经营权。

**第三条**　土地经营权流转不得损害农村集体经济组织和利害关系人的合法权益,不得破坏农业综合生产能力和农业生态环境,不得改变承包土地的所有权性质及其农业用途,确保农地农用,优先用于粮食生产,制止耕地"非农化"、防止耕地"非粮化"。

**第四条**　土地经营权流转应当因地制宜、循序渐进,把握好流转、集中、规模经营的度,流转规模应当与城镇化进程和农村劳动力转移规模相适应,与农业科技进步和生产手段改进程度相适应,与农业社会化服务水平提高相适应,鼓励各地建立多种形式的土地经营权流转风险防范和保障机制。

**第五条**　农业农村部负责全国土地经营权流转及流转合同管理的指导。

县级以上地方人民政府农业农村主管(农村经营管理)部门依照职责,负责本行政区域内土地经营权流转及流转合同管理。

乡(镇)人民政府负责本行政区域内土地经营权流转及流转合同管理。

## 第二章　流转当事人

**第六条**　承包方在承包期限内有权依法自主决定土地经营权是否流转，以及流转对象、方式、期限等。

**第七条**　土地经营权流转收益归承包方所有，任何组织和个人不得擅自截留、扣缴。

**第八条**　承包方自愿委托发包方、中介组织或者他人流转其土地经营权的，应当由承包方出具流转委托书。委托书应当载明委托的事项、权限和期限等，并由委托人和受托人签字或者盖章。

没有承包方的书面委托，任何组织和个人无权以任何方式决定流转承包方的土地经营权。

**第九条**　土地经营权流转的受让方应当为具有农业经营能力或者资质的组织和个人。在同等条件下，本集体经济组织成员享有优先权。

**第十条**　土地经营权流转的方式、期限、价款和具体条件，由流转双方平等协商确定。流转期限届满后，受让方享有以同等条件优先续约的权利。

**第十一条**　受让方应当依照有关法律法规保护土地，禁止改变土地的农业用途。禁止闲置、荒芜耕地，禁止占用耕地建窑、建坟或者擅自在耕地上建房、挖砂、采石、采矿、取土等。禁止占用永久基本农田发展林果业和挖塘养鱼。

**第十二条**　受让方将流转取得的土地经营权再流转以及向金融机构融资担保的，应当事先取得承包方书面同意，并向发包方备案。

**第十三条**　经承包方同意，受让方依法投资改良土壤，建设农业生产附属、配套设施，及农业生产中直接用于作物种植和畜禽水产养殖设施的，土地经营权流转合同到期或者未到期由承包方依法提前收回承包土地时，受让方有权获得合理补偿。具体补偿办法可在土地经营权流转合同中约定或者由双方协商确定。

## 第三章　流转方式

**第十四条**　承包方可以采取出租（转包）、入股或者其他符合有关法律和国家政策规定的方式流转土地经营权。

出租（转包），是指承包方将部分或者全部土地经营权，租赁给他人从事农业生产经营。

入股,是指承包方将部分或者全部土地经营权作价出资,成为公司、合作经济组织等股东或者成员,并用于农业生产经营。

**第十五条** 承包方依法采取出租(转包)、入股或者其他方式将土地经营权部分或者全部流转的,承包方与发包方的承包关系不变,双方享有的权利和承担的义务不变。

**第十六条** 承包方自愿将土地经营权入股公司发展农业产业化经营的,可以采取优先股等方式降低承包方风险。公司解散时入股土地应当退回原承包方。

## 第四章 流转合同

**第十七条** 承包方流转土地经营权,应当与受让方在协商一致的基础上签订书面流转合同,并向发包方备案。

承包方将土地交由他人代耕不超过一年的,可以不签订书面合同。

**第十八条** 承包方委托发包方、中介组织或者他人流转土地经营权的,流转合同应当由承包方或者其书面委托的受托人签订。

**第十九条** 土地经营权流转合同一般包括以下内容:

(一)双方当事人的姓名或者名称、住所、联系方式等;

(二)流转土地的名称、四至、面积、质量等级、土地类型、地块代码等;

(三)流转的期限和起止日期;

(四)流转方式;

(五)流转土地的用途;

(六)双方当事人的权利和义务;

(七)流转价款或者股份分红,以及支付方式和支付时间;

(八)合同到期后地上附着物及相关设施的处理;

(九)土地被依法征收、征用、占用时有关补偿费的归属;

(十)违约责任。

土地经营权流转合同示范文本由农业农村部制定。

**第二十条** 承包方不得单方解除土地经营权流转合同,但受让方有下列情形之一的除外:

(一)擅自改变土地的农业用途;

(二)弃耕抛荒连续两年以上;

(三)给土地造成严重损害或者严重破坏土地生态环境;

(四)其他严重违约行为。

有以上情形，承包方在合理期限内不解除土地经营权流转合同的，发包方有权要求终止土地经营权流转合同。

受让方对土地和土地生态环境造成的损害应当依法予以赔偿。

## 第五章 流转管理

**第二十一条** 发包方对承包方流转土地经营权、受让方再流转土地经营权以及承包方、受让方利用土地经营权融资担保的，应当办理备案，并报告乡(镇)人民政府农村土地承包管理部门。

**第二十二条** 乡(镇)人民政府农村土地承包管理部门应当向达成流转意向的双方提供统一文本格式的流转合同，并指导签订。流转合同中有违反法律法规的，应当及时予以纠正。

**第二十三条** 乡(镇)人民政府农村土地承包管理部门应当建立土地经营权流转台账，及时准确记载流转情况。

**第二十四条** 乡(镇)人民政府农村土地承包管理部门应当对土地经营权流转有关文件、资料及流转合同等进行归档并妥善保管。

**第二十五条** 鼓励各地建立土地经营权流转市场或者农村产权交易市场。县级以上地方人民政府农业农村主管(农村经营管理)部门应当加强业务指导，督促其建立健全运行规则，规范开展土地经营权流转政策咨询、信息发布、合同签订、交易鉴证、权益评估、融资担保、档案管理等服务。

**第二十六条** 县级以上地方人民政府农业农村主管(农村经营管理)部门应当按照统一标准和技术规范建立国家、省、市、县等互联互通的农村土地承包信息应用平台，健全土地经营权流转合同网签制度，提升土地经营权流转规范化、信息化管理水平。

**第二十七条** 县级以上地方人民政府农业农村主管(农村经营管理)部门应当加强对乡(镇)人民政府农村土地承包管理部门工作的指导。乡(镇)人民政府农村土地承包管理部门应当依法开展土地经营权流转的指导和管理工作。

**第二十八条** 县级以上地方人民政府农业农村主管(农村经营管理)部门应当加强服务，鼓励受让方发展粮食生产；鼓励和引导工商企业等社会资本(包括法人、非法人组织或者自然人等)发展适合企业化经营的现代种养业。

县级以上地方人民政府农业农村主管(农村经营管理)部门应当根据自然经济条件、农村劳动力转移情况、农业机械化水平等因素，引导受让方发展适度规模经营，防止垒大户。

**第二十九条** 县级以上地方人民政府对工商企业等社会资本流转土地经营权,依法建立分级资格审查和项目审核制度。审查审核的一般程序如下:

(一)受让主体与承包方就流转面积、期限、价款等进行协商并签订流转意向协议书。涉及未承包到户集体土地等集体资源的,应当按照法定程序经本集体经济组织成员的村民会议三分之二以上成员或者三分之二以上村民代表的同意,并与集体经济组织签订流转意向协议书。

(二)受让主体按照分级审查审核规定,分别向乡(镇)人民政府农村土地承包管理部门或者县级以上地方人民政府农业农村主管(农村经营管理)部门提出申请,并提交流转意向协议书、农业经营能力或者资质证明、流转项目规划等相关材料。

(三)县级以上地方人民政府或者乡(镇)人民政府应当依法组织相关职能部门、农村集体经济组织代表、农民代表、专家等就土地用途、受让主体农业经营能力,以及经营项目是否符合粮食生产等产业规划等进行审查审核,并于受理之日起20个工作日内作出审查审核意见。

(四)审查审核通过的,受让主体与承包方签订土地经营权流转合同。未按规定提交审查审核申请或者审查审核未通过的,不得开展土地经营权流转活动。

**第三十条** 县级以上地方人民政府依法建立工商企业等社会资本通过流转取得土地经营权的风险防范制度,加强事中事后监管,及时查处纠正违法违规行为。

鼓励承包方和受让方在土地经营权流转市场或者农村产权交易市场公开交易。

对整村(组)土地经营权流转面积较大、涉及农户较多、经营风险较高的项目,流转双方可以协商设立风险保障金。

鼓励保险机构为土地经营权流转提供流转履约保证保险等多种形式保险服务。

**第三十一条** 农村集体经济组织为工商企业等社会资本流转土地经营权提供服务的,可以收取适量管理费用。收取管理费用的金额和方式应当由农村集体经济组织、承包方和工商企业等社会资本三方协商确定。管理费用应当纳入农村集体经济组织会计核算和财务管理,主要用于农田基本建设或者其他公益性支出。

**第三十二条** 县级以上地方人民政府可以根据本办法,结合本行政区域实际,制定工商企业等社会资本通过流转取得土地经营权的资格审查、项目审核和风险防范实施细则。

**第三十三条** 土地经营权流转发生争议或者纠纷的，当事人可以协商解决，也可以请求村民委员会、乡（镇）人民政府等进行调解。

当事人不愿意协商、调解或者协商、调解不成的，可以向农村土地承包仲裁机构申请仲裁，也可以直接向人民法院提起诉讼。

## 第六章 附 则

**第三十四条** 本办法所称农村土地，是指除林地、草地以外的，农民集体所有和国家所有依法由农民集体使用的耕地和其他用于农业的土地。

本办法所称农村土地经营权流转，是指在承包方与发包方承包关系保持不变的前提下，承包方依法在一定期限内将土地经营权部分或者全部交由他人自主开展农业生产经营的行为。

**第三十五条** 通过招标、拍卖和公开协商等方式承包荒山、荒沟、荒丘、荒滩等农村土地，经依法登记取得权属证书的，可以流转土地经营权，其流转管理参照本办法执行。

**第三十六条** 本办法自2021年3月1日起施行。农业部2005年1月19日发布的《农村土地承包经营权流转管理办法》（农业部令第47号）同时废止。

# 民用核设施操作人员资格管理规定

（2021年1月27日生态环境部、国家发展和改革委员会令第22号公布 自2021年7月1日起施行 国司备字［2021003970］）

## 第一章 总 则

**第一条** 为了加强民用核设施（以下简称核设施）操作人员的资格管理，根据《中华人民共和国核安全法》《中华人民共和国民用核设施安全监督管理条例》等有关法律法规，制定本规定。

**第二条** 本规定适用于下列核设施操作人员（以下简称操作人员）的执照申请、培训、考核、颁发，以及相关监督管理工作：

（一）核电厂、核热电厂、核供汽供热厂等核动力厂及装置（以下统称核动力厂）；

（二）核动力厂以外的研究堆、实验堆、临界装置等其他反应堆（以下统称研究堆）；

（三）核燃料后处理生产设施（以下统称后处理设施）。

本规定所称操作人员，是指《中华人民共和国核安全法》《中华人民共和国民用核设施安全监督管理条例》等法律法规规定的核设施操纵人员或者核设施操纵员，即在核设施主控室中担任操作或者指导他人操作核设施控制系统工作的运行值班人员。

**第三条** 操作人员应当按照本规定申请《操作员执照》或者《高级操作员执照》（以下统称执照）。

持有《操作员执照》的人员方可担任操作核设施控制系统的工作；持有《高级操作员执照》的人员方可担任操作或者指导他人操作核设施控制系统的工作。

申请执照人员，需要使用核设施控制系统进行操作培训的，应当取得核设施营运单位临时授权并在操作人员监护下方可进行。核设施营运单位和进行监护的操作人员对上述培训人员的活动负责。

**第四条** 国务院核安全监督管理部门负责批准颁发执照，组织研究堆和后处理设施操作人员执照培训和考核，对操作人员资格有关工作进行监督管理。

国务院能源主管部门负责组织核动力厂操作人员执照培训和考核。

**第五条** 对核设施营运单位实施控股管理的企业集团（以下简称企业集团）应当承担或者委托有能力的核设施营运单位承担执照申请、培训和考核工作。

无前款所称企业集团的核设施营运单位具备能力的，可以自行承担前款相关工作；没有能力的，应当委托有能力的单位承担。

**第六条** 核设施营运单位应当聘用取得执照的人员从事核设施操作工作，加强岗位管理。

## 第二章 申请与颁发

**第七条** 申请《操作员执照》的人员应当具备下列条件：

（一）身体健康；

（二）具有中专及以上文化程度，其中核动力厂操作人员应当具有大专及以上文化程度；

（三）经过培训，且考核合格。

**第八条** 申请《高级操作员执照》的人员应当具备下列条件：

（一）身体健康；

（二）具有大专及以上文化程度；

（三）经过培训，且考核合格；

（四）担任操作员两年以上，且成绩优秀。

申请核动力厂《高级操作员执照》的人员，前款第四项规定的成绩优秀应当包括担任操作员两年内参加运行值班至少一千六百小时的条件。

**第九条** 申请研究堆和后处理设施执照的人员，由承担执照申请工作的单位组织向国务院核安全监督管理部门提交申请材料。

申请核动力厂执照的人员，应当先参加国务院能源主管部门组织的执照培训和考核，并通过国务院能源主管部门审查后，由承担执照申请工作的单位组织向国务院核安全监督管理部门提交申请材料。

**第十条** 申请材料应当通过全国一体化在线政务服务平台生态环境部政务服务大厅（网址：http://zwfw. mee. gov. cn，以下简称政务服务大厅）或者邮寄、当面递交等方式提交，包括下列内容：

（一）申请表；

（二）学历证明；

（三）健康检查结果；

（四）培训和考核情况。

申请核动力厂执照的，还应当提交国务院能源主管部门的审查意见；申请《高级操作员执照》的，还应当提交成绩证明材料。

申请材料应当真实、准确、完整。

**第十一条** 国务院核安全监督管理部门对收到的申请材料进行审查。

申请材料不齐全或者不符合法定形式的，应当在五个工作日内一次告知需要补正的全部内容；逾期不告知的，自收到申请材料之日起即视为受理。

申请材料齐全、符合法定形式，或者按照要求提交全部补正申请材料的，应当在五个工作日内受理申请。

**第十二条** 国务院核安全监督管理部门组织对受理的申请进行技术审查。

技术审查应当委托与承担执照申请工作的单位没有利益关系的技术支持单位进行。受委托的技术支持单位应当对其审查意见的真实性、准确性负责。

技术审查过程中，国务院核安全监督管理部门或者受委托的技术支持单位可以根据需要要求提交必要的支持性材料。

**第十三条** 国务院核安全监督管理部门在技术审查完成之日起二十日内

作出是否批准颁发执照的决定。执照包括下列内容：

（一）持照人员身份信息；

（二）所在核设施营运单位；

（三）执照种类；

（四）核设施名称；

（五）执照有效期；

（六）执照编号。

**第十四条** 执照有效期为五年。

执照有效期届满拟继续从事核设施操作工作的人员，应当在执照有效期届满三个月前申请延续执照。

**第十五条** 延续申请材料应当通过政务服务大厅或者邮寄、当面递交等方式提交，包括下列内容：

（一）延续申请表；

（二）执照有效期内健康检查结果；

（三）再培训和延续考核情况。

申请延续核动力厂执照的，还应当提交国务院能源主管部门的审查意见。

**第十六条** 国务院核安全监督管理部门应当自受理延续申请之日起，在执照有效期届满前完成审查，符合条件的予以延续，换发新执照；不符合条件的，不予延续。

**第十七条** 执照有效期内拟转至执照载明的核设施以外的其他核设施继续从事核设施操作工作的人员，应当在执照有效期内申请变更执照。

**第十八条** 变更申请材料应当通过政务服务大厅或者邮寄、当面递交等方式提交，包括下列内容：

（一）变更申请表；

（二）执照有效期内健康检查结果；

（三）差异性培训和变更考核情况。

申请变更核动力厂执照的，还应当提交国务院能源主管部门的审查意见。

国务院核安全监督管理部门应当及时进行审查，符合条件的予以变更，换发新执照；不符合条件的，不予变更。

**第十九条** 有下列情形之一的人员，不得申请执照：

（一）被吊销执照的人员，自执照吊销之日起未满三年的；

（二）按照本规定第三十八条、第三十九条的规定，受到不得申请执照的处理，期限尚未届满的。

## 第三章 培训与考核

**第二十条** 申请执照的人员应当按照本规定的要求完成培训并通过申请考核。

前款所指申请考核包括笔试、口试和操作考试。

**第二十一条** 申请《操作员执照》的人员应当培训和考核下列知识技能：

(一)核设施的基础理论、系统设备、辐射防护等相关知识；

(二)核设施的运行技术规格书等操作知识；

(三)操作核设施控制系统的能力。

**第二十二条** 申请《高级操作员执照》的人员应当培训和考核下列知识技能：

(一)本规定第二十一条规定的知识技能；

(二)核设施运行管理知识；

(三)指导他人操作核设施控制系统的能力。

**第二十三条** 申请延续执照的人员应当完成规定的再培训并通过延续考核，保持应当具备的知识技能并掌握核设施经验反馈、技术变更等情况。

申请延续执照的人员，执照有效期内工作成绩符合规定的，可以免予笔试，仅参加口试和操作考试；其中核动力厂操作人员的工作成绩中应当包括参加运行值班至少两千小时的条件。

**第二十四条** 申请变更执照的人员应当根据拟转至核设施与原所在核设施对操作人员知识技能要求的差异，完成规定的差异性培训并通过变更考核。变更考核包括差异性笔试、口试和操作考试。

无法实施差异性培训和变更考核的，应当重新申请执照。

**第二十五条** 操作人员培训应当按照培训大纲实施，兼顾理论知识与实际操作，注重安全文化和行为规范的培育。

培训大纲由承担培训工作的单位制定，包括培训组织分工、培训内容设置、培训管理评价以及培训资源保障等内容。

核动力厂培训大纲应当由国务院能源主管部门审定。研究堆和后处理设施培训大纲应当由国务院核安全监督管理部门审定。

**第二十六条** 操作人员考核应当按照考核标准实施。

核动力厂操作人员考核标准由国务院能源主管部门制定，国务院核安全监督管理部门核准。研究堆、后处理设施考核标准由国务院核安全监督管理部门制定。

考核标准应当包括参加考核人员应当具备的条件、考评组织组成原则、考题编制要求、考核评定准则和合格标准等内容。

**第二十七条** 申请、延续或者变更执照的人员所参加的笔试、口试和操作考试成绩均达到合格标准的，属于考核合格。

## 第四章 监督与管理

**第二十八条** 操作人员资格管理有关责任单位应当明确责任部门，合理配置资源，建立并有效实施相关管理制度，严格落实有关要求。

各责任单位主要负责人应当加强对有关责任部门和人员履职情况的督促检查，切实履行管理责任。

**第二十九条** 操作人员岗位配置应当满足安全运行需要，并在核设施营运单位提交给国务院核安全监督管理部门的最终安全分析报告中予以明确。

**第三十条** 核设施运行值班负责人应当由具备相关工作经历、成绩优秀的操作人员担任。

核动力厂、Ⅰ类和Ⅱ类研究堆、后处理设施的运行值班负责人应当具有两个以上操作人员岗位工作的经历，且持有《高级操作员执照》。

**第三十一条** 核设施营运单位应当明确负责核设施运行管理的部门（以下简称运行部门）。

核动力厂、Ⅰ类和Ⅱ类研究堆、后处理设施运行部门的主要负责人和分管运行的负责人应当具有担任运行值班负责人的经历，且至少一人持有所在核设施《高级操作员执照》。持有《高级操作员执照》的核动力厂运行部门负责人，运行值班应当同时满足下列条件：

（一）每十二个月参加运行值班至少一百小时；

（二）执照有效期内执行或者指导过启动、升降功率、换料运行等重要工作。

Ⅲ类研究堆运行部门的负责人中应当至少有一人持有《操作员执照》或者《高级操作员执照》。

**第三十二条** 核设施营运单位应当严格操作人员岗位管理，明确岗位职责和任职要求，对操作人员进行岗位授权，合理安排运行值班、培训；对身体健康状况、参加培训情况、运行值班情况等不满足规定要求的操作人员，应当取消其岗位授权。

核动力厂操作人员的运行值班应当同时满足下列条件：

（一）每十二个月参加运行值班至少四百小时；

（二）每六个月参加运行值班至少一百五十小时。

不能同时满足前款规定条件的，核设施营运单位应当取消操作人员岗位授权。

**第三十三条** 取消岗位授权的操作人员拟重新参加运行值班的，核设施营运单位应当安排必要的补充培训、岗位实践等，经评估合格后方可重新授权。

**第三十四条** 操作人员应当遵守职业操守和行为规范，杜绝违规操作和弄虚作假，提高知识技能，严格尽职履责。

操作人员存在因饮酒、使用药物等可能影响履行岗位职责情形的，应当及时向所在核设施营运单位报告。核设施营运单位应当根据情况确定该操作人员是否可以参加运行值班。

**第三十五条** 国务院核安全监督管理部门对操作人员资格管理有关工作进行监督检查。监督检查主要围绕以下事项开展：

（一）培训大纲、培训计划、培训实施等培训管理情况；

（二）考评组织、考核试题、考核实施、考核结果等考核管理情况；

（三）人员配置、授权管理、运行值班等岗位管理情况。

监督检查主要通过文件审查、现场检查、记录确认或者谈话等方式进行，必要时可以抽查复验。

**第三十六条** 对国务院核安全监督管理部门依法进行的监督检查，被检查单位和人员应当予以配合，如实反映情况，提供必要资料，不得拒绝和阻挠。

**第三十七条** 操作人员有下列情形之一的，国务院核安全监督管理部门应当依法办理执照注销手续：

（一）因身体健康等原因无法继续满足执照申请条件的；

（二）执照依法被撤销、吊销的；

（三）法律、行政法规规定的应当注销执照的其他情形。

## 第五章　罚　则

**第三十八条** 申请执照的人员隐瞒有关情况或者提供虚假材料的，国务院核安全监督管理部门依据《中华人民共和国行政许可法》的有关规定不予受理或者不予许可，并给予警告；被警告人员一年内不得再次申请。

**第三十九条** 申请执照的人员以欺骗、贿赂等不正当手段取得执照的，由国务院核安全监督管理部门依据《中华人民共和国行政许可法》的有关规定撤销其执照，三年内不得再次申请。

**第四十条** 操作人员有下列情形之一的，属于《中华人民共和国民用核设施安全监督管理条例》第二十一条第三项规定的“违章操纵”，国务院核安全监督管理部门应当依法予以处罚：

（一）操作人员不符合核安全法律法规和本规定的条件的；

（二）未按照规定程序操作导致后果的，或者虽未导致后果但在工作中未按照程序操作两次以上的；

（三）超出执照范围从事核设施操作工作的。

**第四十一条** 操作人员资格管理有关责任单位有下列情形之一的，由国务院核安全监督管理部门责令改正，给予警告，并可以处三万元以下的罚款：

（一）执照申请过程中存在弄虚作假，谎报有关资料、事实等行为的；

（二）未按有关规定对操作人员进行岗位授权或者取消岗位授权，或者隐瞒操作人员违章操作的。

**第四十二条** 核设施营运单位聘用未取得《操作员执照》或者《高级操作员执照》的人员从事核设施操作工作的，依据《中华人民共和国核安全法》的相关规定予以处罚。

对国务院核安全监督管理部门或者其他有关部门依法进行的监督检查，企业集团或者核设施营运单位拒绝、阻挠的，依据《中华人民共和国核安全法》的相关规定予以处罚。

**第四十三条** 操作人员考核工作人员有下列情形之一的，由国务院核安全监督管理部门、国务院能源主管部门按照职责分工，依据国家有关专业技术人员资格考试违纪违规处理规定，予以处理：

（一）以不正当手段协助他人取得考核资格或者取得执照的；

（二）泄露考务实施工作中应当保密的信息的；

（三）在评阅卷工作中，擅自更改评分标准或者不按评分标准进行评卷的；

（四）指使或者纵容他人作弊，或者参与考场内外串通作弊的；

（五）其他严重违纪违规行为。

## 第六章 附 则

**第四十四条** 本规定中下列用语的含义：

（一）核设施控制系统，对于核动力厂和研究堆，是指影响反应堆反应性或者功率水平，或者影响专设安全设施状态的控制设备和装置；对于后处理设施，是指影响核设施物理、化学或者核过程的控制设备和装置。

（二）身体健康，是指体能、感知、表达和情绪等各方面能够满足从事核设施操作工作需要，不存在可能影响履行职责的健康问题，包括但不限于神经系统、心血管系统、内分泌系统、听觉、视觉、精神疾病或者缺陷。健康检查的具体判定由具备条件的医疗机构按照国家有关医学标准实施。

**第四十五条** 本规定自2021年7月1日起施行。1993年12月31日国家核安全局发布的《核电厂操纵人员执照颁发和管理程序》同时废止。

# 文化和旅游部立法工作规定

（2021年2月1日文化和旅游部令第6号公布 自2021年3月1日起施行 国司备字[2021003943]）

## 第一章 总 则

**第一条** 为规范文化和旅游部立法工作，保证立法质量，提高立法效率，根据《中华人民共和国立法法》《行政法规制定程序条例》《规章制定程序条例》等法律法规，制定本规定。

**第二条** 本规定所称立法工作是指：

（一）编制年度立法计划；

（二）根据全国人大、国务院授权或者委托，起草、修改法律、行政法规草案，以及提出相关立法建议；

（三）起草、解释、修改、废止部门规章；

（四）审议文物方面的立法。

**第三条** 立法工作应当遵循下列原则：

（一）坚持以习近平法治思想为指导，加强党对立法工作的领导，全面贯彻落实党的路线方针政策和决策部署，将社会主义核心价值观融入立法全过程；

（二）坚持科学立法、民主立法、依法立法，立法内容和程序符合宪法和上位法规定；

（三）切实保障自然人、法人及其他组织的合法权益，在规定义务的同时明确其相应的权利和保障权利实现的途径；

（四）体现行政机关的职权与责任相统一的原则，在赋予职权的同时明确其行使职权的条件、程序和应承担的责任。

**第四条** 涉及文化和旅游领域重大体制和重大政策调整的重要立法，应当按照有关规定及时报告党中央。

**第五条** 政策法规司负责组织协调立法工作，各司局按照职能分工，负责有关立法项目申报、调研论证、草案起草和征求意见等工作。

## 第二章 立 项

**第六条** 政策法规司负责编制文化和旅游部年度立法计划。

各司局应当于每年年底前将立项申请报送政策法规司，对制定规章的必要性和可行性、所要解决的主要问题、拟确立的主要制度、进展情况和进度安排等作出说明。政策法规司应当对各司局报送的立项申请进行评估论证，形成立法计划报部务会议审定后印发公布执行。

**第七条** 各司局认为需要对年度立法计划进行调整的，应当向政策法规司提出调整建议。政策法规司经审查认为确需调整的，提出调整建议报部务会议审定。

**第八条** 政策法规司应当监督年度立法计划实施，及时跟踪年度立法计划进展情况，向有关司局提出立法项目督办建议。对于未按照年度立法计划完成立法任务的，相关司局应当向部务会议作出说明。

## 第三章 起 草

**第九条** 列入年度立法计划的法律、行政法规、部门规章，由提出立项申请的起草单位负责。立法项目内容涉及两个以上起草单位的，在提出立项申请时应当确定牵头起草单位。

起草单位应当成立成员相对固定的起草工作小组，并提供必要的经费保障。

**第十条** 起草立法草案，应当深入调查研究，总结实践经验，广泛听取自然人、法人或者其他组织的意见。听取意见可以采取书面征求意见、座谈会、论证会、听证会等多种形式。

除依法需要保密的外，起草单位应当将立法草案及其说明等向社会征求意见。向社会征求意见的期限一般不少于30日。

**第十一条** 立法草案有下列情形的，起草单位应当进行论证咨询听取意见，并在论证、起草阶段及时与政策法规司沟通有关情况。

（一）涉及社会公众普遍关注的热点难点问题和经济社会发展遇到的突

出矛盾的；

（二）减损自然人、法人、其他组织权利或者增加其义务的；

（三）对社会公众有重要影响等重大利益调整事项的。依法需要进行听证的，起草单位应当举行听证。

**第十二条** 立法草案可能影响市场主体经济活动的，起草单位应当按照规定进行公平竞争审查。

立法草案涉及国际条约和对外贸易政策的，起草单位应当开展贸易政策合规评估。

立法草案涉及自然人、法人、其他组织切身利益的重大改革或者重大行政措施等情形的，或者可能造成较大舆论影响的，起草单位应当依法开展风险评估，提出应对预案。

**第十三条** 起草单位向政策法规司报送草案送审稿时，应当提交下列材料：

（一）草案送审稿；

（二）起草说明，包括起草目的和依据、立法必要性、起草过程、拟确立的主要制度和措施、征求意见情况、需要说明的重点问题等；

（三）汇总的意见，包括对草案送审稿主要问题的不同意见；

（四）其他有关材料，包括领导有关批示指示、所规范领域的发展情况和相关数据、实践中存在的主要问题、有关条款的上位法依据、听证会笔录、调研报告、国内外有关立法资料等。

## 第四章 审　　核

**第十四条** 草案送审稿由政策法规司负责统一审核。

政策法规司应当重点从下列方面进行审核：

（一）实践中存在的问题是否需要立法解决；

（二）草案送审稿确立的主要制度是否能有效解决目前存在的问题，是否可行；

（三）草案送审稿内容与宪法、法律、行政法规和中央有关政策是否抵触，是否符合社会主义核心价值观的要求；

（四）调研论证是否充分，是否正确处理自然人、法人或者其他组织对草案送审稿的意见；

（五）草案送审稿是否符合本规定第三条、第四条和第十二条的规定；

（六）草案送审稿是否符合立法技术要求。

**第十五条** 政策法规司应当采取下列形式审核草案送审稿：

（一）将草案送审稿或者草案送审稿涉及的主要问题送有关机关、组织和专家征求意见，必要时向社会公开征求意见，公开征求意见的期限一般不少于30日；

（二）就草案送审稿涉及的主要问题深入基层进行实地调查研究，听取有关方面的意见建议；

（三）就草案送审稿涉及的重大问题，召开座谈会、专家论证会；

（四）草案送审稿直接涉及自然人、法人或者其他组织切身利益，有关机关、组织或者自然人对其有重大意见分歧，起草单位在起草过程中未向社会公布，也未举行听证会的，经部领导批准向社会公布或者举行听证会。

**第十六条** 草案送审稿有下列情形之一的，政策法规司可以退回起草单位进行论证：

（一）立法条件尚不成熟或者形势发生重大变化的；

（二）草案送审稿的主要制度存在较大争议，起草单位未与有关机构或者部门充分协商的；

（三）未依法公开征求意见的；

（四）草案送审稿不符合本规定第十三条规定的。

被退回的草案送审稿，经起草单位修改完善、符合送审条件的，可以重新送审。

**第十七条** 政策法规司应当认真研究各方面意见，会同起草单位对草案送审稿进行修改，形成草案和对草案的说明。

草案和说明由政策法规司主要负责人签署，提出提请部务会议审议的建议。

## 第五章 决定、公布和备案

**第十八条** 立法草案应当经部务会议审议决定。

部务会议审议立法草案时，由起草单位作起草说明，政策法规司作审核说明。

**第十九条** 根据部务会议审议意见，政策法规司应当组织起草单位对立法草案进行修改，形成草案修改稿，报部长签署。

规章签署后以令的形式公布，法律、行政法规草案送审稿依照《中华人民共和国立法法》《行政法规制定程序条例》规定的程序上报国务院审议。

**第二十条** 部门规章应当自公布之日起30日后施行。但是，涉及国家安全等重大事项以及公布后不立即施行将有碍规章施行的，可以自公布之日起施行。

规章签署公布之日起20个工作日内，应当及时在部政府门户网站、部属报刊等媒体上刊载。

对涉及重大利益调整、人民群众切身利益、社会关注度高的部门规章，起草单位应当做好出台时机评估，做好内容解读。

**第二十一条** 部门规章签署公布后，起草单位应当将部门规章和说明送政策法规司。政策法规司应当按照《法规规章备案条例》向国务院办理备案手续。

## 第六章 解释、修改和废止

**第二十二条** 规章有下列情况之一的，由文化和旅游部负责解释：

（一）规章的规定需要进一步明确具体含义的；

（二）规章制定后出现新的情况，需要明确适用规章依据的。

部门规章的解释草案由起草单位负责起草，政策法规司参照草案送审稿审核程序提出意见，报请部务会议审议决定后公布。

规章的解释与规章具有同等效力。

**第二十三条** 政策法规司应当根据上位法规定以及国务院相关部署要求，及时组织各司局开展部门规章清理工作，有关司局应当及时提出修改或者废止的建议。

经清理需要修改、废止的部门规章，由有关司局提出意见，经政策法规司审核报部务会议审议后公布。

**第二十四条** 政策法规司可以会同有关司局对法律、行政法规和部门规章进行实施情况监督及立法后评估，并把实施情况和评估结果作为修改、废止有关规章的重要参考。

**第二十五条** 文化和旅游部起草的法律、行政法规的解释、修改、废止，按照有关规定执行。

## 第七章 附 则

**第二十六条** 文物方面立法项目应当列入文化和旅游部立法计划。文物方面的规章草案经文化和旅游部部务会议审议后，以部长令的形式公布。

**第二十七条** 本规定自2021年3月1日起施行。2006年3月6日颁布的《文化部立法工作规定》(文化部令第37号)、2011年4月6日颁布的《规章和规范性文件制定程序规定》(国家旅游局令第36号)同时废止。

# 邮件快件包装管理办法

(2021年2月8日交通运输部令2021年第1号公布　自2021年3月12日起施行　国司备字[2021003929])

## 第一章　总　　则

**第一条**　为了加强邮件快件绿色包装管理,保证邮件快件包装质量,规范邮件快件包装行为,保障用户合法权益和寄递安全,节约资源、保护环境,根据《中华人民共和国邮政法》《中华人民共和国固体废物污染环境防治法》《快递暂行条例》等法律、行政法规,制定本办法。

**第二条**　本办法适用于国内邮件快件包装物(以下简称包装物)的使用、包装操作和相应的监督管理工作。

**第三条**　本办法所称包装物,包含单个邮件快件使用的封装用品、胶带、填充材料以及用于盛放多个邮件快件的邮政业用品用具,不含邮件快件内件物品的商品、产品包装等。

本办法所称封装用品,包括邮件快件封套、包装箱、包装袋等。

本办法所称邮件快件包装操作(以下简称包装操作),是指为了保护邮件快件安全或者方便储存、运输,使用合适包装物、按照一定的技术方法对邮件快件进行包装的操作活动。

**第四条**　国务院邮政管理部门和省、自治区、直辖市邮政管理机构以及按照国务院规定设立的省级以下邮政管理机构(以下统称邮政管理部门)负责包装物使用、包装操作的监督管理工作。

邮政管理部门应当与有关部门相互配合,健全共建共治协同机制,完善邮件快件包装治理体系。

**第五条**　包装邮件快件应当坚持实用、安全、环保原则,符合寄递生产作业和保障安全的要求,节约使用资源,避免过度包装,防止污染环境。

**第六条**　禁止使用不符合法律、行政法规以及国家有关规定的材料包装邮件快件。

**第七条**　邮政企业、快递企业、经营邮政通信业务的企业(以下统称寄递企业)应当依法建立健全包装管理制度,明确包装管理机构和人员,落实包装管理责任,加强从业人员培训。

使用统一的商标、字号或者寄递详情单经营寄递业务的,商标、字号或者寄递详情单所属企业应当对邮件快件包装实行统一管理,监督使用其商标、字号或者寄递详情单的企业执行邮件快件包装管理制度。

**第八条** 鼓励寄递企业采用先进技术,提升包装的自动化、信息化和智能化水平。

**第九条** 鼓励寄递企业与制造业、农业、商贸业等相关企业加强协同,推进一体化包装和简约包装,共同落实有关包装管理要求。

**第十条** 支持建立邮件快件包装实验室,开展邮件快件包装研发,推行科学的包装方法和技术。

鼓励寄递企业与包装生产企业、科研院校等合作,加强产学研衔接,促进邮件快件包装产品、技术、模式创新和应用。

**第十一条** 依法成立的行业组织应当加强行业自律,督促企业执行有关包装管理的法律、法规、规章、标准和规范,引导企业推广绿色包装。

## 第二章 包装选用

**第十二条** 寄递企业应当严格执行包装物管理制度,采购使用符合国家规定的包装物。

**第十三条** 寄递企业应当按照规定使用环保材料对邮件快件进行包装,优先采用可重复使用、易回收利用的包装物,优化邮件快件包装,减少包装物的使用,并积极回收利用包装物。

邮政管理部门应当加强与有关部门的配合,推进对包装物依法实行绿色产品认证,逐步健全行业绿色认证体系。鼓励寄递企业采购使用通过绿色产品认证的包装物。

**第十四条** 寄递企业应当遵守国家有关禁止、限制使用不可降解塑料袋等一次性塑料制品的规定。

鼓励寄递企业积极回收塑料袋等一次性塑料制品,使用可循环、易回收、可降解的替代产品。

**第十五条** 寄递企业使用的包装物应当具备保护邮件快件内件物品的功能,并方便封装、运输和拆解。

鼓励寄递企业通过信息化技术与包装物相结合等措施,提升包装实用性。

**第十六条** 寄递企业使用的包装物中的铅、汞、镉、铬总量以及苯类溶剂残留应当符合国家规定。

禁止使用有毒物质作为邮件快件填充材料。

**第十七条** 鼓励寄递企业建立可循环包装物信息系统，在分拣、转运、投递等环节提升可循环包装物的使用效率。

鼓励寄递企业之间、寄递企业与包装物供应商等市场主体之间健全共享机制，扩大可循环包装物的应用范围。

**第十八条** 寄递企业应当根据包装箱内装物最大质量和最大综合内尺寸，选用合适的包装箱。

**第十九条** 寄递企业应当优先使用宽度较小的胶带，在已有粘合功能的封套、包装袋上减免使用胶带。鼓励寄递企业使用免胶带设计的包装箱。

**第二十条** 寄递企业应当优化邮件快件包装，加强结构性设计，减少使用填充材料。

**第二十一条** 寄件人自备包装物、不需要寄递企业提供的，其自备包装物应当符合法律、行政法规以及国务院和国务院有关部门关于禁止寄递物品和限制寄递物品的规定。

前款规定的寄件人为协议用户的，寄递企业应当向其书面告知，其自备的包装物应当符合国家规定。

**第二十二条** 具备条件的寄递企业应当全面推广使用电子运单，设计、使用电子运单应当注意保护用户信息安全。

## 第三章 包装操作

**第二十三条** 寄递企业应当根据相关法律法规以及强制性标准制修订本单位包装操作规范，并按国务院邮政管理部门的规定备案。

**第二十四条** 寄递企业应当建立并实施从业人员岗前培训、在岗培训制度，加强包装操作知识技能培训。

**第二十五条** 寄递企业应当按照环保、节约的原则，根据邮件快件内件物品的性质、尺寸、重量，合理进行包装操作，防止过度包装，不得过多缠绕胶带，尽量减少包装层数、空隙率和填充物。

**第二十六条** 寄递企业应当规范操作和文明作业，避免抛扔、踩踏、着地摆放邮件快件等行为，防止包装物破损。

**第二十七条** 包装物发生破损时，寄递企业应当按照规范包装要求及时修补并做好邮件快件内件物品的防护。

**第二十八条** 鼓励寄递企业在其营业场所、处理场所设置包装物回收设施设备,建立健全相应的工作机制和业务流程,对包装物进行回收再利用。

**第二十九条** 鼓励寄递企业对回收后外形完好、质量达标的包装箱、填充材料等包装物进行再利用;对无法再利用的包装物,按有关规定妥善处理。

## 第四章 监督管理

**第三十条** 邮政管理部门应当依照本办法规定加强对寄递企业的监督检查。监督检查以下列事项为重点:

(一)寄递企业建立健全和执行包装管理制度的情况;

(二)寄递企业落实包装操作规范的情况;

(三)寄递企业开展相关培训的情况。

**第三十一条** 邮政管理部门实施监督检查,可以采取下列措施:

(一)进入寄递企业或者涉嫌发生违反本办法活动的其他场所实施现场检查;

(二)向有关单位和个人了解情况;

(三)查阅、复制有关文件、资料、凭证。

邮政管理部门实施现场检查,可以采取现场监测、采集样品等措施。邮政管理部门对样品进行检测、检验的,应当明确检测、检验的期间,并书面告知当事人。邮政管理部门委托符合法定条件的专业技术组织进行检验、检测的,不免除邮政管理部门的告知义务。

邮政管理部门工作人员对监督检查中知悉的商业秘密,负有保密义务。

**第三十二条** 邮政管理部门根据履行监督管理职责的需要,可以要求寄递企业报告包装物中一次性塑料制品的使用等情况。

寄递企业报送的信息和数据应当真实、完整。

**第三十三条** 邮政管理部门建立实施包装物编码管理制度,推动包装物溯源管理。

**第三十四条** 寄递企业应当协助配合邮政管理部门依法开展的监督检查,如实说明情况并提供文件、资料,不得拒绝或者阻碍。

**第三十五条** 寄递企业使用的包装物不符合国家规定要求的,邮政管理部门应当责令寄递企业停止使用。

**第三十六条** 邮政管理部门可以组织评估寄递企业包装管理情况。

**第三十七条** 邮政管理部门依法记录寄递企业包装违法失信行为信息,并纳入邮政业信用管理。

**第三十八条** 单位或者个人可以向邮政管理部门举报寄递企业使用不符

合国家规定的包装物等违法行为。

邮政管理部门接到举报后,应当及时依法处理。

## 第五章 法律责任

**第三十九条** 商标、字号或者寄递详情单所属经营快递业务的企业违反本办法第七条第二款规定,未对邮件快件包装实施统一管理的,由邮政管理部门依照《快递暂行条例》第四十一条的规定予以处罚。

**第四十条** 寄递企业违反本办法第十六条规定,使用包装物不符合国家规定,或者使用有毒物质作为填充材料的,由邮政管理部门责令限期改正;逾期未改正的,处 5000 元以上 1 万元以下的罚款。

**第四十一条** 寄递企业违反本办法第二十一条第二款规定,未向协议用户书面告知包装物要求的,由邮政管理部门责令限期改正,可以处 5000 元以下的罚款。

**第四十二条** 寄递企业违反本办法第二十三条规定,未制定包装操作规范,或者未按要求备案的,由邮政管理部门责令限期改正,可以处 3000 元以上 1 万元以下的罚款。

**第四十三条** 寄递企业违反本办法第二十四条规定,未对从业人员进行包装操作培训的,由邮政管理部门责令限期改正,可以处 5000 元以上 1 万元以下的罚款。

**第四十四条** 寄递企业违反本办法第二十五条规定,对邮件快件的包装操作明显超出邮件快件内件物品包装需求的,由邮政管理部门责令改正,可以处 1000 元以上 5000 元以下的罚款。

**第四十五条** 违反本办法第十四条、第三十二条规定,未遵守国家有关禁止、限制使用不可降解塑料袋等一次性塑料制品的规定,或者未按照邮政管理部门要求报告塑料袋等一次性塑料制品的使用情况的,依照《中华人民共和国固体废物污染环境防治法》第一百零六条的规定执行。

## 第六章 附 则

**第四十六条** 经营国际寄递业务的寄递企业应当采取必要措施规范进境邮件快件包装,优先使用环保材料,避免外源性包装污染。

**第四十七条** 本办法自 2021 年 3 月 12 日起施行。

# 民用航空导航设备开放与运行管理规定

（2021 年 3 月 1 日交通运输部令 2021 年第 2 号公布　自 2021 年 7 月 1 日起施行　国司备字[2021004042]）

## 第一章　总　　则

**第一条**　为了加强对民用航空导航设备的运行管理，保障飞行安全，根据《中华人民共和国民用航空法》《中华人民共和国飞行基本规则》《中华人民共和国无线电管理条例》《民用机场管理条例》等法律、行政法规，制定本规定。

**第二条**　本规定适用于民用航空导航设备的开放与运行管理。

**第三条**　本规定所称民用航空导航设备（以下简称导航设备），是指与民用航空飞行活动密切相关的，为航空器运行提供定位与导航服务的仪表着陆系统（包含航向信标、下滑信标）、全向信标、测距仪、无方向信标、指点信标、卫星导航增强系统地面设备等地面无线电设备。导航设备分为运输航空导航设备和通用航空导航设备。

运输航空导航设备，是指提供进近着陆的运输机场（包括军民合用机场民用部分）导航设备和提供航路、航线使用的导航设备。

通用航空导航设备，是指仅为通用航空飞行活动提供服务的导航设备，分为 N1、N2、N3、N4 四级。

**第四条**　导航设备的投产开放、特殊开放、定期开放和撤除，按照分级分类管理的原则实施行政许可或者备案管理。

**第五条**　中国民用航空局（以下简称民航局）依法对全国导航设备的开放、运行实行统一监督管理。

中国民用航空地区管理局（以下简称民航地区管理局）依法对辖区内导航设备的开放、运行实行监督管理。

## 第二章　运输航空导航设备开放运行

### 第一节　投产开放管理

**第六条**　新建、迁建或者更新的运输航空导航设备首次投入实际运行，应当进行投产校验,并取得投产开放许可。

**第七条** 申请投产开放许可的运输航空导航设备应当满足下列条件:

(一)设备台(站)设置与安装持续符合导航设施设计、施工、运行、电磁环境保护的有关要求;

(二)设备经飞行校验后持续符合导航设备相关的技术要求;

(三)设备试运行结果正常、稳定、可靠;

(四)设备的频率、识别已经批准;

(五)设备型号符合通信导航监视设备安全使用有关要求。

**第八条** 申请运输航空导航设备投产开放许可,应当向申请人所在地受民航局委托的民航地区管理局提交下列材料:

(一)按照本规定附件1填写的运输航空导航设备投产开放申请表和附件4填写的民航导航设备资料增改表;

(二)投产校验飞行校验报告;

(三)设备工程建设竣工验收报告;

(四)设备试运行用户报告和记录数据;

(五)涉及新技术应用的相关设施设备安全运行评估支撑材料。

**第九条** 民航地区管理局收到运输航空导航设备投产开放许可的申请材料后,对于申请材料齐全且符合要求的,应当当场受理;对于申请材料不齐全或者不符合要求的,应当当场或者在5个工作日内一次告知申请人需要补正的全部内容,逾期不告知的,自收到申请材料之日起即为受理。

**第十条** 民航地区管理局受理申请材料后,对申请材料进行初步审查,并将初步审查意见和申请材料一并报民航局。

**第十一条** 民航局应当自民航地区管理局受理申请之日起20个工作日内作出许可决定。符合条件的,应当在作出决定之日起10个工作日内,将许可证件送达申请人并通知申请人所在地的民航地区管理局。不符合条件的,不予许可,并将书面决定通知申请人和申请人所在地的民航地区管理局。

## 第二节 特殊开放管理

**第十二条** 运输航空导航设备出现下列情形之一的,运输航空通信导航监视运行保障单位(以下简称通信导航监视运行保障单位)应当关闭该设备并进行特殊校验:

(一)飞行事故调查需要确认设备是否持续满足运行安全要求的;

(二)设备大修、重大调整或者重大功能升级,包括设备的工作频率、天线系统、场地保护区域、电磁环境等因素发生改变,或者设备主要参数发生变化、导航完好性监视信号基准发生改变以及其他可能导致系统运行风险增大并无法通过地面测试调整进行有效控制的；

（三）导航设备停机超过3个日历月后重新投入使用的；

（四）设备维护人员、管制人员、飞行人员等发现设备或者信号有不正常现象，不能提供正常导航服务的；

（五）民航局或者民航地区管理局因安全原因要求对导航设备进行特殊校验的；

（六）通信导航监视运行保障单位认为有必要进行特殊校验的；

（七）其他需要特殊校验的情形。

**第十三条** 运输航空导航设备出现需要进行特殊校验情形的，通信导航监视运行保障单位应当主动向所在地的民航地区管理局报告。

**第十四条** 通信导航监视运行保障单位完成运输航空导航设备特殊校验后，应当报告所在地的民航地区管理局。

民航地区管理局应当对运输航空导航设备实施恢复运行检查。通信导航监视运行保障单位应当按要求配合检查。

**第十五条** 民航地区管理局对通信导航监视运行保障单位的下列资料进行检查：

（一）按照本规定附件2填写的运输航空导航设备特殊开放信息表和附件4填写的民航导航设备资料增改表；

（二）设备特殊开放的情况说明；

（三）特殊校验飞行校验报告；

（四）其他需要检查的资料。

**第十六条** 民航地区管理局接到通信导航监视运行保障单位完成特殊校验的报告后，应当在15个工作日内完成检查并出具书面意见，在5个工作日内将书面意见送达通信导航监视运行保障单位。

**第十七条** 民航地区管理局实施检查时发现存在安全隐患的，按照本规定第六十三条处理。

## 第三节 定期开放管理

**第十八条** 运输航空导航设备应当按照规定的飞行校验周期进行定期校验。

**第十九条** 通信导航监视运行保障单位应当根据定期校验结论，确定是否开放使用设备。

运输航空导航设备定期校验结论存在限用或者限用情况发生变化的，通信导航监视运行保障单位在开放使用该设备的同时,应当通知航空情报服务机构公布其限用范围。

运输航空导航设备定期校验结论存在限用情况影响范围扩大的,通信导航监视运行保障单位应当分析限用变化的原因,采取改善措施以保障运行安全。

**第二十条** 通信导航监视运行保障单位应当在定期校验结论作出之日起5个工作日内,将按照本规定附件3填写的运输航空导航设备定期开放备案表、定期校验飞行校验报告报所在地的民航地区管理局备案。

## 第四节 撤除管理

**第二十一条** 已获得投产开放许可的运输航空导航设备出现下列情形之一的,应当申请运输航空导航设备撤除:

(一)不再提供服务并退出服役的;

(二)导航设备功能被其他导航设备或者其他运行保障方式取代且无需保留原导航设备的。

**第二十二条** 申请运输航空导航设备撤除,应当向申请人所在地受民航局委托的民航地区管理局提交下列材料:

(一)设备撤除的原因说明;

(二)设备的功能替代方案。

撤除无方向信标和军民航共用导航设备的,还应当提供军队有关部门关于导航设备撤除的意见。

**第二十三条** 民航地区管理局收到运输航空导航设备撤除的申请材料后,对于申请材料齐全且符合要求的,应当当场受理;对于申请材料不齐全或者不符合要求的,应当当场或者在5个工作日内一次告知申请人需要补正的全部内容,逾期不告知的,自收到申请材料之日起即为受理。

**第二十四条** 民航地区管理局受理申请材料后,对申请材料进行初步审查,并将初步审查意见和申请材料一并报民航局。

**第二十五条** 民航局应当自民航地区管理局受理申请之日起20个工作日内作出许可决定。符合条件的,应当在作出决定之日起10个工作日内,将许可证件送达申请人并通知申请人所在地的民航地区管理局。不符合条件的,不予许可,并将书面决定通知申请人和申请人所在地的民航地区管理局。

## 第五节 运行管理

**第二十六条** 通信导航监视运行保障单位应当保证运输航空导航设备运

行符合民用航空有关规定和技术标准,保证空间导航信号连续、稳定、可靠,保证运输航空导航设备的持续适用。

**第二十七条** 导航台(站)的电磁环境应当按照《中华人民共和国无线电管理条例》《民用机场管理条例》的相关规定,依法进行保护。

**第二十八条** 航路、航线需要运输机场导航设备提供服务的,负责航路、航线划设与调整的空管运行单位应当征得该设备所属通信导航监视运行保障单位同意。

运输机场需要航路、航线导航设备提供服务的,机场运行管理单位应当征得该设备所属通信导航监视运行保障单位同意。

未经同意擅自变更导航设备用途的,通信导航监视运行保障单位有权拒绝由于用途变更而增加的导航设备运行保障要求。

**第二十九条** 通信导航监视运行保障单位应当充分考虑运输航空导航设备限用对于安全运行的影响,及时协调有关单位,采取积极有效的相关措施,确保运行安全。

**第三十条** 通信导航监视运行保障单位需要按照有关规定和技术标准对设备进行维护、检修的,应当提前制定维护、检修计划,缩短设备关闭时间。在征得相关运行单位同意后,可以临时关闭设备。

通信导航监视运行保障单位临时关闭导航设备前,应当评估其可能造成的影响,制定应急预案并且做好应急准备。

**第三十一条** 运输航空导航设备存在下列情形之一的,通信导航监视运行保障单位应当立即关闭该设备:

(一)导航设备不能提供正常服务的;

(二)导航设备不能提供准确、连续、可靠的引导信号的;

(三)导航设备未在规定的周期内完成定期校验的;

(四)导航设备飞行校验结论不合格的;

(五)导航设备电磁环境受到破坏造成导航设备不能正常提供服务的。

**第三十二条** 运输航空导航设备在实施飞行校验期间应当关闭。

**第三十三条** 本规定第三十条、第三十一条、第三十二条规定的关闭情形消失后,运输航空导航设备可以开放使用的,通信导航监视运行保障单位应当立即恢复设备开放使用。

**第三十四条** 运输航空导航设备存在下列情形之一的,通信导航监视运行保障单位应当及时通知相关运行单位采取相应措施,并通知航空情报服务机构发布航行通告:

(一)导航设备开放、关闭、中断、恢复工作或者工作不正常的;

（二）导航设备频率、识别、位置、工作时间或者信号覆盖范围发生改变的；

（三）导航设备处于飞行校验期间的；

（四）导航设备飞行校验结论限用的；

（五）其他影响飞行的定期维修活动。

**第三十五条** 通信导航监视运行保障单位应当按照《民用航空空中交通管理运行单位安全管理规则》建立安全评估机制，存在下列情形之一的，应当形成书面评估报告并报所在地的民航地区管理局备案，民航地区管理局应当就相关情形实施监督检查：

（一）导航设备投产校验时，存在地形、国境线、禁区等客观因素以外情况导致限用的；

（二）导航设备特殊校检、定期校验结论存在限用情况影响范围扩大的；

（三）导航设备运行过程中存在大量航班报告不正常，且无法通过飞行校验准确定位原因的；

（四）针对复杂地形机场，导航设备飞行校验数据满足容限要求，但航空器运行仍然存在安全风险的；

（五）新增障碍物可能影响导航设备信号或者电磁环境发生较大变化的；

（六）其他影响导航设备运行安全的问题。

# 第三章 通用航空导航设备开放运行

## 第一节 一般规定

**第三十六条** N1 级通用航空导航设备投产开放和撤除实行许可管理，特殊开放和定期开放实行备案管理。

**第三十七条** N2 级通用航空导航设备中仪表着陆系统的投产开放和撤除实行许可管理，特殊开放和定期开放实行备案管理；N2 级通用航空导航设备中其他设备的投产开放、特殊开放和撤除实行备案管理。

**第三十八条** N3 级通用航空导航设备投产开放、特殊开放和撤除实行备案管理。

**第三十九条** N4 级通用航空导航设备由设置通用航空导航设备的通用机场自行决定校验和开放运行。

**第四十条** 民航地区管理局受民航局的委托，以民航局的名义实施辖区内通用航空导航设备的投产开放许可和撤除许可。

## 第二节　投产开放管理

**第四十一条**　申请投产开放许可的通用航空导航设备应当满足下列条件：

（一）设备台（站）设置与安装持续符合导航设施设计、施工、运行、电磁环境保护的有关要求；

（二）设备经飞行校验后持续符合导航设备相关的技术要求；

（三）设备的频率、识别已经批准。

**第四十二条**　申请通用航空导航设备投产开放许可，应当向申请人所在地受民航局委托的民航地区管理局提交下列材料：

（一）按照本规定附件 5 填写的通用航空导航设备投产开放申请表和附件 4 填写的民航导航设备资料增改表；

（二）投产校验飞行校验报告；

（三）设备工程建设竣工验收报告。

**第四十三条**　民航地区管理局收到通用航空导航设备投产开放许可的申请材料后，对于申请材料齐全且符合要求的，应当当场受理；对于申请材料不齐全或者不符合要求的，应当当场或者在 5 个工作日内一次告知申请人需要补正的全部内容，逾期不告知的，自收到申请材料之日起即为受理。

**第四十四条**　民航地区管理局受理申请后，应当在受理之日起 20 个工作日内对申请人的申请材料进行审核并作出许可决定。符合条件的，应当在作出决定之日起 10 个工作日内，将许可证件送达申请人。不符合条件的，不予许可，并将书面决定通知申请人。

**第四十五条**　通用航空导航设备需要进行投产开放备案的，应当在投产校验飞行校验报告出具之日起 5 个工作日内，向所在地的民航地区管理局提交下列资料备案：

（一）按照本规定附件 6 填写的通用航空导航设备备案表和附件 4 填写的民航导航设备资料增改表；

（二）投产校验飞行校验报告。

## 第三节　特殊开放管理

**第四十六条**　N1、N2、N3 级通用航空导航设备出现下列情形之一的，设置通用航空导航设备的通用机场应当关闭该设备并进行特殊校验：

（一）飞行事故调查需要确认设备是否持续满足运行安全要求的；

（二）设备大修、重大调整或者重大功能升级，包括设备的工作频率、天线系统、场地保护区域、电磁环境等因素发生改变，或者设备主要参数发生变化、导航完好性监视信号基准发生改变以及其它可能导致系统运行风险增大并无法通过地面测试调整进行有效控制的；

（三）设备维护人员、管制人员、飞行人员等发现设备或者信号有不正常现象，不能提供正常导航服务的；

（四）民航局或者民航地区管理局因安全原因要求对导航设备进行特殊校验的；

（五）设置通用航空导航设备的通用机场认为有必要进行特殊校验的；

（六）N1、N2 级通用航空导航设备停机超过 1 个日历年后重新投入使用的；

（七）其他需要特殊校验的情形。

**第四十七条** 通用航空导航设备出现需要进行特殊校验情形的，设置通用航空导航设备的通用机场应当主动向所在地的民航地区管理局报告。

**第四十八条** 设置通用航空导航设备的通用机场完成特殊校验后，应当在特殊校验结论作出之日起 5 个工作日内，向所在地的民航地区管理局提交下列资料备案，由所在地的民航地区管理局根据需要对设备是否符合开放条件实施特殊开放检查：

（一）按照本规定附件 6 填写的通用航空导航设备备案表；

（二）设备特殊校验的原因及处理情况说明；

（三）特殊校验飞行校验报告。

民航地区管理局实施特殊开放检查时发现存在安全隐患的，按照本规定第六十三条处理。

## 第四节 定期开放管理

**第四十九条** 通用航空导航设备需要进行定期开放备案的，应当在定期校验结论作出之日起 5 个工作日内，将按照本规定附件 6 填写的通用航空导航设备备案表、定期校验飞行校验报告报所在地的民航地区管理局备案。

## 第五节 撤除管理

**第五十条** 已获得投产开放许可的通用航空导航设备出现下列情形之一的，应当申请通用航空导航设备撤除：

（一）导航设备不再提供服务并退出服役的；

（二）导航设备功能被其他导航设备或者其他运行保障方式取代且无需保留原导航设备的。

**第五十一条** 申请通用航空导航设备撤除,应当向申请人所在地受民航局委托的民航地区管理局提交下列材料:

(一)设备撤除的原因说明;

(二)设备的功能替代方案。

撤除无方向信标和军民航共用导航设备的,还应当提供军队有关部门关于导航设备撤除的意见。

**第五十二条** 民航地区管理局收到通用航空导航设备撤除许可的申请材料后,对于申请材料齐全且符合要求的,应当当场受理;对于申请材料不齐全或者不符合要求的,应当当场或者在5个工作日内一次告知申请人需要补正的全部内容,逾期不告知的,自收到申请材料之日起即为受理。

**第五十三条** 民航地区管理局受理申请后,应当在受理之日起20个工作日内对申请人的申请材料进行审核并作出许可决定。符合条件的,应当在作出决定之日起10个工作日内,将许可证件送达申请人。不符合条件的,不予许可,并将书面决定通知申请人。

**第五十四条** 通用航空导航设备的撤除需要备案的,应当在设备撤除之日起5个工作日内,向所在地的民航地区管理局提交下列资料备案:

(一)按照本规定附件6填写的通用航空导航设备备案表;

(二)撤除导航设备的情况说明。

## 第六节 运行管理

**第五十五条** 设置通用航空导航设备的通用机场承担通用航空导航设备的运行安全管理主体责任。

**第五十六条** 设置通用航空导航设备的通用机场应当保证通用航空导航设备运行符合民用航空有关规定和技术标准,保证空间导航信号连续、稳定、可靠。

**第五十七条** 设置通用航空导航设备的通用机场应当按照规定的导航频率、识别和功率限值开放使用,不得影响其它导航设备的正常运行。

**第五十八条** 设置通用航空导航设备的通用机场应当按照民用航空有关规定和通用航空导航设备使用手册定期对设备进行检查维护,保持设备完好、运行正常。

**第五十九条** 设置通用航空导航设备的通用机场应当妥善保存通用航空导航设备投产、运行、维护与维修记录和飞行校验报告。

**第六十条** 通用机场如需取得运输机场使用许可证的,其设置的导航设备开放应当按照运输航空导航设备开放进行管理。

## 第四章 监督检查

**第六十一条** 民航局和民航地区管理局定期或者不定期对导航设备运行情况以及导航台(站)电磁环境对导航设备影响情况实施监督检查。

**第六十二条** 除本规定另有规定外,通信导航监视运行保障单位以及设置通用航空导航设备的通用机场应当持续提供导航设备的开放与运行服务。

**第六十三条** 民航地区管理局对检查中发现的安全隐患,应当责令通信导航监视运行保障单位以及设置通用航空导航设备的通用机场立即排除;重大安全隐患排除前或者排除过程中无法保证航空运行安全的,应当责令通信导航监视运行保障单位及设置通用航空导航设备的通用机场暂时停止使用该设备;重大安全隐患排除后,经审查同意,方可恢复使用。

**第六十四条** 通信导航监视运行保障单位和设置通用航空导航设备的通用机场有下列行为之一的,依法记入民航行业严重失信行为信用记录:

(一)通过隐瞒有关情况、提供虚假申请材料等不正当手段取得开放许可的;

(二)未经许可将不符合投产开放条件的设备擅自投入使用的;

(三)通信导航监视运行保障单位未经许可擅自撤除运输航空导航设备的;

(四)设置通用航空导航设备的通用机场未经许可擅自撤除实施行政许可管理的通用航空导航设备的。

**第六十五条** 任何单位和个人有权向民航局和民航地区管理局举报违反本规定的行为。

## 第五章 法律责任

**第六十六条** 通信导航监视运行保障单位和设置通用航空导航设备的通用机场以欺骗、贿赂等不正当手段取得开放许可的,由民航局予以撤销,由民航地区管理局处2万元以上3万元以下的罚款。

**第六十七条** 通信导航监视运行保障单位存在下列情形之一的,由民航地区管理局责令改正,处2万元以上3万元以下的罚款:

(一)违反本规定第十四条,完成运输航空导航设备特殊校验后未向所在地的民航地区管理局报告,或者未按要求配合检查的;

(二)违反本规定第十九条第一款,未按照定期校验结论开放使用设备的;

（三）违反本规定第三十一条，导航设备应当关闭未予关闭的；

（四）违反本规定第三十二条，导航设备在实施飞行校验期间开放使用的。

**第六十八条** 通信导航监视运行保障单位存在下列情形之一的，由民航地区管理局责令改正，给予警告；逾期未改正或者造成严重后果的，处 1 万元以上 2 万元以下的罚款：

（一）违反本规定第十九条第二款，未通知航空情报服务机构公布导航设备限用范围或者通知有误的；

（二）违反本规定第二十条，未将运输航空导航设备定期开放备案表、定期校验飞行校验报告报所在地民航地区管理局备案的；

（三）违反本规定第二十六条，未保持导航设备的持续适用的；

（四）违反本规定第二十九条，在导航设备限用影响安全运行时，未及时采取有效措施的；

（五）违反本规定第三十条，临时关闭设备前未征得相关运行单位同意或者未制定应急预案并做好应急准备的；

（六）违反本规定第三十四条，未及时通知航空情报服务机构的；

（七）违反本规定第三十五条，未按规定进行安全评估并形成书面评估报告的。

**第六十九条** 设置通用航空导航设备的通用机场存在下列情形之一的，由民航地区管理局责令改正，给予警告；逾期未改正或者造成严重后果的，处 1 万元以上 2 万元以下的罚款：

（一）违反本规定第四十五条，未按要求办理投产开放备案的；

（二）违反本规定第四十八条，未按要求办理特殊开放备案的；

（三）违反本规定第四十九条，未按要求办理定期开放备案的；

（四）违反本规定第五十六条，不能保证导航设备运行符合民用航空有关规定和技术标准，或者不能保证空间导航信号连续、稳定、可靠的；

（五）违反本规定第五十七条，对其他导航设备正常运行造成影响的；

（六）违反本规定第五十八条，未定期对设备进行检查维护，保持设备完好、运行正常的；

（七）违反本规定第五十九条，未对导航设备相关记录和报告进行妥善保存的。

## 第六章　附　　则

**第七十条** 本规定中所用部分术语的含义如下：

（一）导航设备的投产开放，是指新建、迁建或者更新的导航设备首次投入实际运行的开放使用。

（二）导航设备的特殊开放，是指导航设备经特殊校验后的重新开放使用。

（三）导航设备的定期开放，是指导航设备实际运行后按照规定的飞行校验周期完成校验后的开放使用。

（四）导航设备的关闭，是指导航设备不提供服务。

（五）导航设备的撤除，是指导航设备退出服役状态。

（六）N1 级通用航空导航设备，是指开展经营性载客飞行活动的通用机场设置的支持仪表飞行规则的导航设备。

（七）N2 级通用航空导航设备，是指开展经营性非载客飞行活动的通用机场设置的支持仪表飞行规则的导航设备。

（八）N3 级通用航空导航设备，是指开展非经营性飞行活动的通用机场设置的支持仪表飞行规则的导航设备。

（九）N4 级通用航空导航设备，是指通用机场设置的不支持仪表飞行规则的导航设备。

**第七十一条** 卫星导航空间信号的使用，以及卫星导航增强系统民用航空监测网络的运行管理，根据国家有关规定执行。

**第七十二条** 本规定所称“以上”“以下”，包括本数。

**第七十三条** 本规定自 2021 年 7 月 1 日起施行。2016 年 3 月 28 日以交通运输部令 2016 年第 24 号公布的《民用航空导航设备开放与运行管理规定》同时废止。

**附件：**

1. 运输航空导航设备投产开放申请表
2. 运输航空导航设备特殊开放信息表
3. 运输航空导航设备定期开放备案表
4. 民航导航设备资料增改表
5. 通用航空导航设备投产开放申请表
6. 通用航空导航设备备案表

附件 1

# 运输航空导航设备投产开放申请表

本部分由申请人填写

<table>
<tr><td colspan="3">I 申请信息</td></tr>
<tr><td>1 申请单位</td><td colspan="2"></td></tr>
<tr><td>2 设备类型</td><td colspan="2">□仪表着陆系统　□全向信标　□测距仪<br>□无方向信标　□指点信标　□卫星导航增强系统地面设备</td></tr>
<tr><td colspan="2">3 台(站)名称</td><td></td></tr>
<tr><td colspan="2">4 设备型号</td><td></td></tr>
<tr><td colspan="2">5 设备生产厂家</td><td></td></tr>
<tr><td colspan="2">6 设备安装地点</td><td></td></tr>
<tr><td colspan="2">7 持有该类设备执照人数</td><td></td></tr>
<tr><td colspan="2">8 场地及电磁环境符合情况</td><td></td></tr>
<tr><td colspan="2">9 设备产权单位</td><td></td></tr>
<tr><td colspan="2">10 设备维护单位</td><td></td></tr>
<tr><td colspan="2">11 投产校验日期</td><td></td></tr>
<tr><td colspan="3">II 申请材料</td></tr>
<tr><td colspan="3">12 申请材料列表</td></tr>
<tr><td colspan="3">□校验报告<br>□验收报告<br>□试运行用户报告和记录数据<br>□资料增改表<br>其他 1 ____________________</td></tr>
</table>

<table>
<tr><td colspan="2">III 声明:本单位保证上述填写内容属实,如有不实后果本单位负责。</td></tr>
<tr><td>13 联系人:<br><br>联系电话:</td><td>14 申请单位(盖章)<br><br>年　月　日</td></tr>
</table>

附件 2

# 运输航空导航设备特殊开放信息表

| I 设备信息 | | |
|---|---|---|
| 1 产权单位 | | |
| 2 设备类型 | □仪表着陆系统　□全向信标　□测距仪<br>□无方向信标　□指点信标　□卫星导航增强系统地面设备 | |
| 3 台(站)名称 | | |
| 4 设备型号 | | |
| 5 设备生产厂家 | | |
| 6 设备安装地点 | | |
| 7 场地及电磁环境符合情况 | | |
| 8 设备产权单位 | | |
| 9 设备维护单位 | | |
| 10 校验日期 | | |
| II 检查材料 | | |
| 11 附下述哪些文件 | | |
| □校验报告<br>□特殊校验的原因及处理情况说明<br>其他 1 ____________________<br>其他 2 ____________________ | | |

| III 声明:本单位保证上述填写内容属实,如有不实后果本单位负责。 | |
|---|---|
| 12 联系人:<br><br>联系电话: | 13 填报单位(盖章)<br><br>年　月　日 |

附件 3

# 运输航空导航设备定期开放备案表

本部分由备案人填写

<table>
<tr><td colspan="3">Ⅰ 备 案 信 息</td></tr>
<tr><td>1 备案单位</td><td colspan="2"></td></tr>
<tr><td>2 设备类型</td><td colspan="2">□仪表着陆系统　□全向信标　□测距仪<br>□无方向信标　□指点信标　□卫星导航增强系统地面设备</td></tr>
<tr><td colspan="2">3 台(站)名称</td><td></td></tr>
<tr><td colspan="2">4 设备型号</td><td></td></tr>
<tr><td colspan="2">5 设备生产厂家</td><td></td></tr>
<tr><td colspan="2">6 设备安装地点</td><td></td></tr>
<tr><td colspan="2">7 校验日期</td><td></td></tr>
<tr><td colspan="3">Ⅱ 备 案 材 料</td></tr>
<tr><td colspan="3">8 附下述哪些文件</td></tr>
<tr><td colspan="3">□校验报告<br>其他 1 ______________________________</td></tr>
</table>

<table>
<tr><td colspan="2">Ⅲ 声明:本单位保证上述填写内容属实,如有不实后果本单位负责。</td></tr>
<tr><td>9 联系人:<br><br><br><br>联系电话:</td><td>10 备案单位(盖章)<br><br><br><br>年　月　日</td></tr>
</table>

附件 4

# 民航导航设备资料增改表

1. 仪表着陆系统：

类别：____类，跑道号码：____，着陆方向由____向____。

跑道可用起飞滑跑距离：____米。跑道可用着陆距离：____米。

(1)航向信标：

| | | | |
|---|---|---|---|
| 频率/识别 | MHz/ | 天线高度 | 米 |
| 天线阵类型（单、双频） | | 天线阵子数 | |
| 天线阵距跑道末端距离 | 米 | 天线阵距跑道入口端距离 | 米 |
| 天线阵距跑道中线垂直距离 | 米 | | |
| 机房位置（偏置） | | | |
| 覆盖范围 | | | |
| 大地坐标：WGS－84 坐标系。 | | | |
| 东 经 | 度 分 秒 | | |
| 北 纬 | 度 分 秒 | 地面高程 | 米 |

注：经纬度精确到 0.01 秒，高度和高程精确到 0.1 米。（以下同）

(2)下滑信标：

| | | | |
|---|---|---|---|
| 下滑角 | 度 | 入口高度 | 米 |
| 天线类型 | | 跑道入口内撤距离 | 米 |
| 距跑道中线垂距 | 米 | 位于跑道中线何侧 | 米 |
| 覆盖范围 | | | |
| 大地坐标：WGS－84 坐标系。 | | | |
| 东 经 | 度 分 秒 | | |
| 北 纬 | 度 分 秒 | 地面高程 | 米 |

2. 指点信标：

| | | | |
|---|---|---|---|
| 台（站）名称 | | 对应跑道号 | |
| 端 距 | 米 | | |
| 配套设备 | □仪表着陆系统 □无方向信标 □单独安装 | | |
| 指点信标类型 | □内指 □中指 □外指 | | |

| | | | | |
|---|---|---|---|---|
| 覆盖范围 | 米 | | | |
| 大地坐标:WGS-84坐标系或其它。 | | | | |
| 东　经 | 度　分　秒 | | | |
| 北　纬 | 度　分　秒 | 地面高程 | 米 | |

3. 无方向信标、全向信标和测距仪:

| | | | |
|---|---|---|---|
| 台(站)名称 | | 频率/识别 | |
| 功　能 | □进近　□航路 | 对应跑道号(进近) | |
| 端距(进近) | | | |
| 配套设备 | □仪表着陆系统　□无方向性信标　□单独安装 | | |
| 覆盖范围 | | | |
| 大地坐标:WGS-84坐标系。 | | | |
| 东　经 | 度　分　秒 | | |
| 北　纬 | 度　分　秒 | 地面高程 | 米 |

4. 卫星导航增强系统地面设备:

| | | | |
|---|---|---|---|
| 台(站)名称 | | 设备名称 | |
| 工作频率 | | 发射功率 | |
| 端距(进近) | | | |
| 大地坐标:WGS-84坐标系。 | | | |
| 东　经 | 度　分　秒 | | |
| 北　纬 | 度　分　秒 | 地面高程 | 米 |

填表人/联系电话:　　　　　　　　　　日期:

申请单位:(盖章)

附件 5

# 通用航空导航设备投产开放申请表

本部分由申请人填写

| Ⅰ 申 请 信 息 | |
|---|---|
| 1 申请单位 | |
| 2 设备类型 | □仪表着陆系统　□全向信标　□测距仪<br>□无方向信标　□指点信标　□卫星导航增强系统地面设备 |
| 3 台(站)名称 | |
| 4 设备型号 | |
| 5 设备生产厂家 | |
| 6 设备安装地点 | |
| 7 持有该类设备执照人数 | |
| 8 场地及电磁环境符合情况 | |
| 9 设备产权单位 | |
| 10 设备维护单位 | |
| 11 投产校验日期 | |

| Ⅱ 申 请 材 料 |
|---|
| 12 申请材料列表 |
| □校验报告<br>□验收报告<br>□资料增改表<br>其他 1 ________________ |

| Ⅲ 声明:本单位保证上述填写内容属实,如有不实后果本单位负责。 | |
|---|---|
| 13 联系人:<br><br>联系电话: | 14 申请单位(盖章)<br><br>年　月　日 |

附件 6

# 通用航空导航设备备案表

本部分由备案人填写

| Ⅰ备 案 信 息 | |
|---|---|
| 1 备案单位 | |
| 2 设备类型 | □仪表着陆系统　□全向信标　□测距仪<br>□无方向信标　□指点信标　□卫星导航增强系统地面设备 |
| 3 台(站)名称 | |
| 4 设备型号 | |
| 5 设备生产厂家 | |
| 6 设备安装地点 | |
| 7 备案类型 | □投产开放备案　□特殊开放备案　□定期开放备案<br>□撤除备案 |
| 8 设备产权单位 | |
| 9 设备维护单位 | |
| 10 校验完成日期 | |

| Ⅱ备 案 材 料 | |
|---|---|
| 11 附下述哪些文件 | |
| □校验报告<br>□资料增改表<br>其他 1 ______________________ | |

| Ⅲ 声明:本单位保证上述填写内容属实,如有不实后果本单位负责。 | |
|---|---|
| 12 联系人:<br><br>联系电话: | 13 备案单位(盖章)<br><br>年　月　日 |

# 公共航空运输旅客服务管理规定

（2021年3月3日交通运输部令2021年第3号公布　自2021年9月1日起施行　国司备字[2021004026]）

## 第一章　总　　则

**第一条**　为了加强公共航空运输旅客服务管理，保护旅客合法权益，维护航空运输秩序，根据《中华人民共和国民用航空法》《中华人民共和国消费者权益保护法》《中华人民共和国电子商务法》等法律、行政法规，制定本规定。

**第二条**　依照中华人民共和国法律成立的承运人、机场管理机构、地面服务代理人、航空销售代理人、航空销售网络平台经营者、航空信息企业从事公共航空运输旅客服务活动的，适用本规定。

外国承运人、港澳台地区承运人从事前款规定的活动，其航班始发地点或者经停地点在中华人民共和国境内（不含港澳台，下同）的，适用本规定。

**第三条**　中国民用航空局（以下简称民航局）负责对公共航空运输旅客服务实施统一监督管理。

中国民用航空地区管理局（以下简称民航地区管理局）负责对本辖区内的公共航空运输旅客服务实施监督管理。

**第四条**　依照中华人民共和国法律成立的承运人、机场管理机构应当建立公共航空运输旅客服务质量管理体系，并确保管理体系持续有效运行。

**第五条**　鼓励、支持承运人、机场管理机构制定高于本规定标准的服务承诺。

承运人、机场管理机构应当公布关于购票、乘机、安检等涉及旅客权益的重要信息，并接受社会监督。

## 第二章　一般规定

**第六条**　承运人应当根据本规定制定并公布运输总条件，细化相关旅客服务内容。

承运人的运输总条件不得与国家法律法规以及涉及民航管理的规章相关要求相抵触。

**第七条** 承运人修改运输总条件的，应当标明生效日期。

修改后的运输总条件不得将限制旅客权利或者增加旅客义务的修改内容适用于修改前已购票的旅客，但是国家另有规定的除外。

**第八条** 运输总条件至少应当包括下列内容：

（一）客票销售和退票、变更实施细则；

（二）旅客乘机相关规定，包括婴儿、孕妇、无成人陪伴儿童、重病患者等特殊旅客的承运标准；

（三）行李运输具体要求；

（四）超售处置规定；

（五）受理投诉的电子邮件地址和电话。

前款所列事项变化较频繁的，可以单独制定相关规定，但应当视为运输总条件的一部分，并与运输总条件在同一位置以显著方式予以公布。

**第九条** 承运人应当与航空销售代理人签订销售代理协议，明确公共航空运输旅客服务标准，并采取有效措施督促其航空销售代理人符合本规定相关要求。

承运人应当将客票销售、客票变更与退票、行李运输等相关服务规定准确提供给航空销售代理人；航空销售代理人不得擅自更改承运人的相关服务规定。

**第十条** 航空销售网络平台经营者应当对平台内航空销售代理人进行核验，不得允许未签订协议的航空销售代理人在平台上从事客票销售活动。

航空销售网络平台经营者应当处理旅客与平台内航空销售代理人的投诉纠纷，并采取有效措施督促平台内的航空销售代理人符合本规定相关要求。

**第十一条** 承运人应当与地面服务代理人签订地面服务代理协议，明确公共航空运输旅客服务标准，并采取有效措施督促其地面服务代理人符合本规定相关要求。

**第十二条** 机场管理机构应当建立地面服务代理人和航站楼商户管理制度，并采取有效措施督促其符合本规定相关要求。

**第十三条** 航空信息企业应当完善旅客定座、乘机登记等相关信息系统功能，确保承运人、机场管理机构、地面服务代理人、航空销售代理人、航空销售网络平台经营者等能够有效实施本规定要求的服务内容。

**第十四条** 承运人、机场管理机构、地面服务代理人、航空销售代理人、航空销售网络平台经营者、航空信息企业应当遵守国家关于个人信息保护的规定，不得泄露、出售、非法使用或者向他人提供旅客个人信息。

## 第三章 客票销售

**第十五条** 承运人或者其航空销售代理人通过网络途径销售客票的,应当以显著方式告知购票人所选航班的主要服务信息,至少应当包括:

(一)承运人名称,包括缔约承运人和实际承运人;

(二)航班始发地、经停地、目的地的机场及其航站楼;

(三)航班号、航班日期、舱位等级、计划出港和到港时间;

(四)同时预订两个及以上航班时,应当明确是否为联程航班;

(五)该航班适用的票价以及客票使用条件,包括客票变更规则和退票规则等;

(六)该航班是否提供餐食;

(七)按照国家规定收取的税、费;

(八)该航班适用的行李运输规定,包括行李尺寸、重量、免费行李额等。

承运人或者其航空销售代理人通过售票处或者电话等其他方式销售客票的,应当告知购票人前款信息或者获取前款信息的途径。

**第十六条** 承运人或者其航空销售代理人通过网络途径销售客票的,应当将运输总条件的全部内容纳入到旅客购票时的必读内容,以必选项的形式确保购票人在购票环节阅知。

承运人或者其航空销售代理人通过售票处或者电话等其他方式销售客票的,应当提示购票人阅读运输总条件并告知阅读运输总条件的途径。

**第十七条** 承运人或者其航空销售代理人在销售国际客票时,应当提示旅客自行查阅航班始发地、经停地或者目的地国的出入境相关规定。

**第十八条** 购票人应当向承运人或者其航空销售代理人提供国家规定的必要个人信息以及旅客真实有效的联系方式。

**第十九条** 承运人或者其航空销售代理人在销售客票时,应当将购票人提供的旅客联系方式等必要个人信息准确录入旅客定座系统。

**第二十条** 承运人或者其航空销售代理人出票后,应当以电子或者纸质等书面方式告知旅客涉及行程的重要内容,至少应当包括:

(一)本规定第十五条第一款所列信息;

(二)旅客姓名;

(三)票号或者合同号以及客票有效期;

(四)出行提示信息,包括航班始发地停止办理乘机登记手续的时间要求、禁止或者限制携带的物品等;

（五）免费获取所适用运输总条件的方式。

**第二十一条** 承运人、航空销售代理人、航空销售网络平台经营者、航空信息企业应当保存客票销售相关信息，并确保信息的完整性、保密性、可用性。

前款规定的信息保存时间自交易完成之日起不少于3年。法律、行政法规另有规定的，依照其规定。

## 第四章 客票变更与退票

**第二十二条** 客票变更，包括旅客自愿变更客票和旅客非自愿变更客票。

退票，包括旅客自愿退票和旅客非自愿退票。

**第二十三条** 旅客自愿变更客票或者自愿退票的，承运人或者其航空销售代理人应当按照所适用的运输总条件、客票使用条件办理。

**第二十四条** 由于承运人原因导致旅客非自愿变更客票的，承运人或者其航空销售代理人应当在有可利用座位或者被签转承运人同意的情况下，为旅客办理改期或者签转，不得向旅客收取客票变更费。

由于非承运人原因导致旅客非自愿变更客票的，承运人或者其航空销售代理人应当按照所适用的运输总条件、客票使用条件办理。

**第二十五条** 旅客非自愿退票的，承运人或者其航空销售代理人不得收取退票费。

**第二十六条** 承运人或者其航空销售代理人应当在收到旅客有效退款申请之日起7个工作日内办理完成退款手续，上述时间不含金融机构处理时间。

**第二十七条** 在联程航班中，因其中一个或者几个航段变更，导致旅客无法按照约定时间完成整个行程的，缔约承运人或者其航空销售代理人应当协助旅客到达最终目的地或者中途分程地。

在联程航班中，旅客非自愿变更客票的，按照本规定第二十四条办理；旅客非自愿退票的，按照本规定第二十五条办理。

## 第五章 乘 机

**第二十八条** 机场管理机构应当在办理乘机登记手续、行李托运、安检、海关、边检、登机口、中转通道等旅客乘机流程的关键区域设置标志标识指引，确保标志标识清晰、准确。

**第二十九条** 旅客在承运人或者其地面服务代理人停止办理乘机登记手续前，凭与购票时一致的有效身份证件办理客票查验、托运行李、获取纸质或者电子登机凭证。

**第三十条** 旅客在办理乘机登记手续时，承运人或者其地面服务代理人应当将旅客姓名、航班号、乘机日期、登机时间、登机口、航程等已确定信息准确、清晰地显示在纸质或者电子登机凭证上。

登机口、登机时间等发生变更的，承运人、地面服务代理人、机场管理机构应当及时告知旅客。

**第三十一条** 有下列情况之一的，承运人应当拒绝运输：

（一）依据国家有关规定禁止运输的旅客或者物品；

（二）拒绝接受安全检查的旅客；

（三）未经安全检查的行李；

（四）办理乘机登记手续时出具的身份证件与购票时身份证件不一致的旅客；

（五）国家规定的其他情况。

除前款规定外，旅客的行为有可能危及飞行安全或者公共秩序的，承运人有权拒绝运输。

**第三十二条** 旅客因本规定第三十一条被拒绝运输而要求出具书面说明的，除国家另有规定外，承运人应当及时出具；旅客要求变更客票或者退票的，承运人可以按照所适用的运输总条件、客票使用条件办理。

**第三十三条** 承运人、机场管理机构应当针对旅客突发疾病、意外伤害等对旅客健康情况产生重大影响的情形，制定应急处置预案。

**第三十四条** 因承运人原因导致旅客误机、错乘、漏乘的，承运人或者其航空销售代理人应当按照本规定第二十四条第一款、第二十五条办理客票变更或者退票。

因非承运人原因导致前款规定情形的，承运人或者其航空销售代理人可以按照本规定第二十三条办理客票变更或者退票。

## 第六章 行李运输

**第三十五条** 承运人、地面服务代理人、机场管理机构应当建立托运行李监控制度，防止行李在运送过程中延误、破损、丢失等情况发生。

承运人、机场管理机构应当积极探索行李跟踪等新技术应用，建立旅客托运行李全流程跟踪机制。

**第三十六条** 旅客的托运行李、非托运行李不得违反国家禁止运输或者限制运输的相关规定。

在收运行李时或者运输过程中,发现行李中装有不得作为行李运输的任何物品,承运人应当拒绝收运或者终止运输,并通知旅客。

**第三十七条** 承运人应当在运输总条件中明确行李运输相关规定,至少包括下列内容:

(一)托运行李和非托运行李的尺寸、重量以及数量要求;

(二)免费行李额;

(三)超限行李费计算方式;

(四)是否提供行李声明价值服务,或者为旅客办理行李声明价值的相关要求;

(五)是否承运小动物,或者运输小动物的种类及相关要求;

(六)特殊行李的相关规定;

(七)行李损坏、丢失、延误的赔偿标准或者所适用的国家有关规定、国际公约。

**第三十八条** 承运人或者其地面服务代理人应当在收运行李后向旅客出具纸质或者电子行李凭证。

**第三十九条** 承运人应当将旅客的托运行李与旅客同机运送。

除国家另有规定外,不能同机运送的,承运人应当优先安排该行李在后续的航班上运送,并及时通知旅客。

**第四十条** 旅客的托运行李延误到达的,承运人应当及时通知旅客领取。

除国家另有规定外,由于非旅客原因导致托运行李延误到达,旅客要求直接送达的,承运人应当免费将托运行李直接送达旅客或者与旅客协商解决方案。

**第四十一条** 在行李运输过程中,托运行李发生延误、丢失或者损坏,旅客要求出具行李运输事故凭证的,承运人或者其地面服务代理人应当及时提供。

## 第七章 航班超售

**第四十二条** 承运人超售客票的,应当在超售前充分考虑航线、航班班次、时间、机型以及衔接航班等情况,最大程度避免旅客因超售被拒绝登机。

**第四十三条** 承运人应当在运输总条件中明确超售处置相关规定,至少包括下列内容:

(一)超售信息告知规定;

(二)征集自愿者程序;

（三）优先登机规则；

（四）被拒绝登机旅客赔偿标准、方式和相关服务标准。

**第四十四条** 因承运人超售导致实际乘机旅客人数超过座位数时，承运人或者其地面服务代理人应当根据征集自愿者程序，寻找自愿放弃行程的旅客。

未经征集自愿者程序，不得使用优先登机规则确定被拒绝登机的旅客。

**第四十五条** 在征集自愿者时，承运人或者其地面服务代理人应当与旅客协商自愿放弃行程的条件。

**第四十六条** 承运人的优先登机规则应当符合公序良俗原则，考虑的因素至少应当包括老幼病残孕等特殊旅客的需求、后续航班衔接等。

承运人或者其地面服务代理人应当在经征集自愿者程序未能寻找到足够的自愿者后，方可根据优先登机规则确定被拒绝登机的旅客。

**第四十七条** 承运人或者其地面服务代理人应当按照超售处置规定向被拒绝登机旅客给予赔偿，并提供相关服务。

**第四十八条** 旅客因超售自愿放弃行程或者被拒绝登机时，承运人或者其地面服务代理人应当根据旅客的要求，出具因超售而放弃行程或者被拒绝登机的证明。

**第四十九条** 因超售导致旅客自愿放弃行程或者被拒绝登机的，承运人应当按照本规定第二十四条第一款、第二十五条办理客票变更或者退票。

## 第八章 旅客投诉

**第五十条** 因公共航空运输旅客服务发生争议的，旅客可以向承运人、机场管理机构、地面服务代理人、航空销售代理人、航空销售网络平台经营者投诉，也可以向民航行政机关投诉。

**第五十一条** 承运人、机场管理机构、地面服务代理人、航空销售代理人、航空销售网络平台经营者应当设置电子邮件地址、中华人民共和国境内的投诉受理电话等投诉渠道，并向社会公布。

承运人、机场管理机构、地面服务代理人、航空销售代理人、航空销售网络平台经营者应当设立专门机构或者指定专人负责受理投诉工作。

港澳台地区承运人和外国承运人应当具备以中文受理和处理投诉的能力。

**第五十二条** 承运人、机场管理机构、地面服务代理人、航空销售代理人、航空销售网络平台经营者收到旅客投诉后，应当及时受理；不予受理的，应当说明理由。

承运人、机场管理机构、地面服务代理人、航空销售代理人、航空销售网络平台经营者应当在收到旅客投诉之日起10个工作日内做出包含解决方案的处理结果。

承运人、机场管理机构、地面服务代理人、航空销售代理人、航空销售网络平台经营者应当书面记录旅客的投诉情况及处理结果,投诉记录至少保存3年。

**第五十三条** 民航局消费者事务中心受民航局委托统一受理旅客向民航行政机关的投诉。

民航局消费者事务中心应当建立、畅通民航服务质量监督平台和民航服务质量监督电话等投诉渠道,实现全国投诉信息一体化。

旅客向民航行政机关投诉的,民航局消费者事务中心、承运人、机场管理机构、地面服务代理人、航空销售代理人、航空销售网络平台经营者应当在民航服务质量监督平台上进行投诉处理工作。

## 第九章 信息报告

**第五十四条** 承运人应当将运输总条件通过民航服务质量监督平台进行备案。

运输总条件发生变更的,应当自变更之日起5个工作日内在民航服务质量监督平台上更新备案。

备案的运输总条件应当与对外公布的运输总条件保持一致。

**第五十五条** 承运人应当将其地面服务代理人、航空销售代理人的相关信息通过民航服务质量监督平台进行备案。

前款所述信息发生变更的,应当自变更之日起5个工作日内在民航服务质量监督平台上更新备案。

**第五十六条** 承运人、机场管理机构、地面服务代理人、航空销售代理人、航空销售网络平台经营者应当将投诉受理电话、电子邮件地址、投诉受理机构等信息通过民航服务质量监督平台进行备案。

前款所述信息发生变更的,应当自变更之日起5个工作日内在民航服务质量监督平台上更新备案。

**第五十七条** 承运人、机场管理机构、地面服务代理人、航空销售代理人、航空销售网络平台经营者、航空信息企业等相关单位,应当按照民航行政机关要求报送旅客运输服务有关数据和信息,并对真实性负责。

# 第十章 监督管理及法律责任

**第五十八条** 有下列行为之一的，由民航行政机关责令限期改正；逾期未改正的，依法记入民航行业严重失信行为信用记录：

（一）承运人违反本规定第六条、第七条、第八条，未按照要求制定、修改、适用或者公布运输总条件的；

（二）承运人或者其地面服务代理人违反本规定第四十四条、第四十五条、第四十六条第二款、第四十七条，未按照要求为旅客提供超售后的服务的；

（三）承运人、机场管理机构、地面服务代理人、航空销售代理人、航空销售网络平台经营者违反本规定第五十一条第一款、第二款，第五十二条第一款、第二款，未按照要求开展投诉受理或者处理工作的。

**第五十九条** 有下列行为之一的，由民航行政机关责令限期改正；逾期未改正的，处 1 万元以下的罚款；情节严重的，处 2 万元以上 3 万元以下的罚款：

（一）承运人、航空销售网络平台经营者、机场管理机构违反本规定第九条第一款、第十条第二款、第十一条、第十二条，未采取有效督促措施的；

（二）承运人、航空销售代理人违反本规定第九条第二款，未按照要求准确提供相关服务规定或者擅自更改承运人相关服务规定的；

（三）航空信息企业违反本规定第十三条，未按照要求完善信息系统功能的；

（四）承运人或者其航空销售代理人违反本规定第十九条，未按照要求录入旅客信息的；

（五）承运人、航空销售代理人、航空信息企业违反本规定第二十一条，未按照要求保存相关信息的；

（六）承运人违反本规定第三十二条，未按照要求出具被拒绝运输书面说明的；

（七）承运人、机场管理机构违反本规定第三十三条，未按照要求制定应急处置预案的；

（八）承运人、地面服务代理人、机场管理机构违反本规定第三十五条第一款，未按照要求建立托运行李监控制度的；

（九）承运人或者其地面服务代理人违反本规定第四十一条，未按照要求提供行李运输事故凭证的；

（十）承运人或者其地面服务代理人违反本规定第四十八条，未按照要求出具相关证明的；

（十一）港澳台地区承运人和外国承运人违反本规定第五十一条第三款，未按照要求具备以中文受理和处理投诉能力的；

（十二）承运人、机场管理机构、地面服务代理人、航空销售代理人、航空销售网络平台经营者违反本规定第五十二条第三款，未按照要求保存投诉记录的；

（十三）承运人、机场管理机构、地面服务代理人、航空销售代理人、航空销售网络平台经营者违反本规定第五十三条第三款，未按照要求在民航服务质量监督平台上处理投诉的；

（十四）承运人违反本规定第五十四条、第五十五条，未按照要求将运输总条件、地面服务代理人、航空销售代理人的相关信息备案的；

（十五）承运人、机场管理机构、地面服务代理人、航空销售代理人、航空销售网络平台经营者违反本规定第五十六条，未按照要求将投诉相关信息备案的；

（十六）承运人、机场管理机构、地面服务代理人、航空销售代理人、航空销售网络平台经营者违反本规定第五十七条，未按照要求报送相关数据和信息的。

**第六十条** 航空销售网络平台经营者有本规定第十条第一款规定的行为，构成《中华人民共和国电子商务法》规定的不履行核验义务的，依照《中华人民共和国电子商务法》的规定执行。

**第六十一条** 承运人、机场管理机构、地面服务代理人、航空销售代理人、航空销售网络平台经营者、航空信息企业违反本规定第十四条，侵害旅客个人信息，构成《中华人民共和国消费者权益保护法》规定的侵害消费者个人信息依法得到保护的权利的，依照《中华人民共和国消费者权益保护法》的规定执行。

承运人或者其航空销售代理人违反本规定第二十三条、第二十四条、第二十五条、第二十六条、第二十七条，未按照要求办理客票变更、退票或者未履行协助义务，构成《中华人民共和国消费者权益保护法》规定的故意拖延或者无理拒绝消费者提出的更换、退还服务费用要求的，依照《中华人民共和国消费者权益保护法》的规定执行。

**第六十二条** 机场管理机构违反本规定第二十八条，未按照要求设置标志标识，构成《民用机场管理条例》规定的未按照国家规定的标准配备相应设施设备的，依照《民用机场管理条例》的规定执行。

## 第十一章　附　　则

**第六十三条**　本规定中下列用语的含义是：

（一）承运人，是指以营利为目的，使用民用航空器运送旅客、行李的公共航空运输企业。

（二）缔约承运人，是指使用本企业票证和票号，与旅客签订航空运输合同的承运人。

（三）实际承运人，是指根据缔约承运人的授权，履行相关运输的承运人。

（四）机场管理机构，是指依法组建的或者受委托的负责机场安全和运营管理的具有法人资格的机构。

（五）地面服务代理人，是指依照中华人民共和国法律成立的，与承运人签订地面代理协议，在中华人民共和国境内机场从事公共航空运输地面服务代理业务的企业。

（六）航空销售代理人，是指依照中华人民共和国法律成立的，与承运人签订销售代理协议，从事公共航空运输旅客服务销售业务的企业。

（七）航空销售网络平台经营者，是指依照中华人民共和国法律成立的，在电子商务中为承运人或者航空销售代理人提供网络经营场所、交易撮合、信息发布等服务，供其独立开展公共航空运输旅客服务销售活动的企业。

（八）航空信息企业，是指为公共航空运输提供旅客定座、乘机登记等相关系统的企业。

（九）民航行政机关，是指民航局和民航地区管理局。

（十）公共航空运输旅客服务，是指承运人使用民用航空器将旅客由出发地机场运送至目的地机场的服务。

（十一）客票，是运输凭证的一种，包括纸质客票和电子客票。

（十二）已购票，是指根据法律规定或者双方当事人约定，航空运输合同成立的状态。

（十三）客票变更，是指对客票改期、变更舱位等级、签转等情形。

（十四）自愿退票，是指旅客因其自身原因要求退票。

（十五）非自愿退票，是指因航班取消、延误、提前、航程改变、舱位等级变更或者承运人无法运行原航班等情形，导致旅客退票的情形。

（十六）自愿变更客票，是指旅客因其自身原因要求变更客票。

（十七）非自愿变更客票，指因航班取消、延误、提前、航程改变、舱位等级变更或者承运人无法运行原航班等情形，导致旅客变更客票的情形。

（十八）承运人原因，是指承运人内部管理原因，包括机务维护、航班调配、机组调配等。

（十九）非承运人原因，是指与承运人内部管理无关的其他原因，包括天气、突发事件、空中交通管制、安检、旅客等因素。

（二十）行李，是指承运人同意运输的、旅客在旅行中携带的物品，包括托运行李和非托运行李。

（二十一）托运行李，是指旅客交由承运人负责照管和运输并出具行李运输凭证的行李。

（二十二）非托运行李，是指旅客自行负责照管的行李。

（二十三）票价，是指承运人使用民用航空器将旅客由出发地机场运送至目的地机场的航空运输服务的价格，不包含按照国家规定收取的税费。

（二十四）计划出港时间，是指航班时刻管理部门批准的离港时间。

（二十五）计划到港时间，是指航班时刻管理部门批准的到港时间。

（二十六）客票使用条件，是指定座舱位代码或者票价种类所适用的票价规则。

（二十七）客票改期，是指客票列明同一承运人的航班时刻、航班日期的变更。

（二十八）签转，是指客票列明承运人的变更。

（二十九）联程航班，是指被列明在单一运输合同中的两个（含）以上的航班。

（三十）误机，是指旅客未按规定时间办妥乘机手续或者因身份证件不符合规定而未能乘机。

（三十一）错乘，是指旅客搭乘了不是其客票列明的航班。

（三十二）漏乘，是指旅客办妥乘机手续后或者在经停站过站时未能搭乘其客票列明的航班。

（三十三）小动物，是指旅客托运的小型动物，包括家庭饲养的猫、狗或者其他类别的小动物。

（三十四）超售，是指承运人为避免座位虚耗，在某一航班上销售座位数超过实际可利用座位数的行为。

（三十五）经停地点，是指除出发地点和目的地点以外，作为旅客旅行路线上预定经停的地点。

（三十六）中途分程地，是指经承运人事先同意，旅客在出发地和目的地间旅行时有意安排在某个地点的旅程间断。

**第六十四条** 本规定以工作日计算的时限均不包括当日，从次日起计算。

**第六十五条** 本规定自2021年9月1日起施行。原民航总局于1996年2月28日公布的《中国民用航空旅客、行李国内运输规则》(民航总局令第49号)、2004年7月12日公布的《中国民用航空总局关于修订〈中国民用航空旅客、行李国内运输规则〉的决定》(民航总局令第124号)和1997年12月8日公布的《中国民用航空旅客、行李国际运输规则》(民航总局令第70号)同时废止。

本规定施行前公布的涉及民航管理的规章中关于客票变更、退票以及旅客投诉管理的内容与本规定不一致的,按照本规定执行。

# 中央储备糖管理办法

(2021年3月5日国家发展和改革委员会、财政部令第41号公布 自2021年4月10日起施行 国司备字[2021004045])

## 第一章 总 则

**第一条** 为加强中央储备糖规范管理,确保数量真实、质量合格、储存安全、节约高效,确保管得好、拿得出、调得快、用得上,制定本办法。

**第二条** 本办法所称中央储备糖,是指中央政府为实施市场调控、稳定市场预期、应对突发事件引发的市场异常波动而储备的食糖,包括原糖和白砂糖。

中央储备糖实行严格的计划管理,任何单位和个人不得侵占、破坏、挪用。

**第三条** 从事中央储备糖管理、监督检查等活动,适用本办法。

## 第二章 职责分工

**第四条** 国家发展改革委负责中央储备糖市场调控管理,会同国家粮食和物资储备局、财政部研究提出中央储备糖规划、总量计划和年度调控意见,报国务院批准后协调落实。

**第五条** 国家粮食和物资储备局负责中央储备糖行政管理,负责中央储备糖利息费用补贴的预算编制、申请及使用管理,对中央储备糖数量、质量、储存安全及计划执行情况实施监督检查。

**第六条** 财政部负责中央储备糖财政财务管理,安排和管理中央储备糖财政补贴资金，组织指导财政部各地监管局开展财务秩序和财政资金监管，定期清算并根据需要开展绩效评估评价。

**第七条** 中国农业发展银行负责按照国家有关信贷政策和中央储备糖计划，及时发放和收回中央储备糖贷款，对发放的中央储备糖贷款实施信贷监管，确保资金安全。

**第八条** 国家发展改革委、国家粮食和物资储备局会同财政部指定储备运营机构。储备运营机构负责中央储备糖的日常管理，储备运营业务与商业经营实行人员、实物、财务、账务管理严格分开，严格执行国家有关部门行政指令，具体实施中央储备糖收储、销售、轮换、动用计划，按月报告计划落实情况、储备管理情况和有关统计报表，对中央储备糖数量、质量和储存安全负责。

## 第三章 计划管理

**第九条** 中央储备糖的总量规模、品种结构、区域布局，由国家发展改革委会同国家粮食和物资储备局、财政部，根据国家宏观调控需要和财政承受能力等，结合绩效评估评价结果提出建议，报国务院批准。国家发展改革委会同国家粮食和物资储备局、财政部确定收储、销售的原则、方式、数量和时机等，国家粮食和物资储备局会同国家发展改革委、财政部下达收储、销售计划。

**第十条** 中央储备糖原则上实行均衡轮换。原糖年度轮换数量按15－20%比例掌握，根据市场调控需要可适当增减，原则上不超过库存总量的30%；白砂糖原则上每年轮换一次。

**第十一条** 中央储备糖的轮换，由储备运营机构统筹中央储备糖储存品质、年限、承储企业的管理情况等因素，于每年11月底前研究提出下一年度轮换计划建议，报送国家粮食和物资储备局、财政部和国家发展改革委。国家发展改革委会同国家粮食和物资储备局、财政部确定轮换原则、方式、数量和时机等，国家粮食和物资储备局、财政部会同国家发展改革委下达轮换计划。

**第十二条** 中央储备糖收储、销售、轮换相关费用构成、标准以及盈亏处理等，由财政部会同国家粮食和物资储备局等有关部门按规定确定。

**第十三条** 中央储备糖的动用，由国家发展改革委会同国家有关部门提出建议，经国务院批准后，由国家粮食和物资储备局会同有关部门下达动用计划。

**第十四条** 发生下列情形之一的，可以动用中央储备糖：

（一）全国或部分地区食糖明显供不应求或市场价格异常波动的；

（二）发生重大自然灾害或其他突发事件需要动用中央储备糖的；

（三）国务院认为需要动用中央储备糖的其他情形。

**第十五条** 储备运营机构具体实施中央储备糖的收储、销售、轮换、动用计划，并接受国家有关部门监督指导。因不可抗力等因素不能按时完成的，要及时报国家粮食和物资储备局、财政部和国家发展改革委批复。

**第十六条** 中央储备糖的收储、销售、轮换主要通过规范的交易平台以公开竞价交易方式进行。根据国家有关规定和要求，也可采取邀标竞价、委托包干、单一来源采购等方式进行。

## 第四章 仓储管理

**第十七条** 储备运营机构按照中央储备糖区域布局等要求，根据国家有关部门制定的中央储备糖储存库资质条件等相关标准，选择其直属企业储存，也可采取公开、公平、公正的方式选择具备条件的其他企业代储。储备运营机构要将直属企业和代储企业（统称承储企业）名单、具体储存库点和储存数量、质量及时报告国家粮食和物资储备局。

**第十八条** 储备运营机构和承储企业不得擅自变更中央储备糖储存库点，不得擅自串换中央储备糖品种，不得虚报中央储备糖数量，不得故意拖延中央储备糖出入库。

**第十九条** 储备运营机构和承储企业要严格执行国家关于中央储备糖管理的规章制度、标准，健全完善内部管理制度和工作机制，严格仓储管理，加强质量安全管理。要加强中央储备糖经常性检查，及时排查风险隐患，妥善处理数量、质量和储存安全等方面问题，并由储备运营机构及时报告国家粮食和物资储备局。

中央储备糖出现数量、质量和储存安全问题造成的损失，由储备运营机构先行赔偿，再向相关责任单位追偿。

**第二十条** 承储企业要对中央储备糖实行专仓储存、专人保管、专账记载和挂牌明示，不同年份、不同品种应分垛码放，保证账账相符、账实相符、质量合格和储存安全。

**第二十一条** 承储企业应当对中央储备糖进行糖权公示，在储存中央储备糖的仓房仓门、外墙涂刷明显标识，悬挂统一标牌。

**第二十二条** 因不可抗力等因素需安排中央储备糖移库的，由储备运营机构提出移库计划建议，经国家粮食和物资储备局、财政部和国家发展改革委同意后具体实施。

**第二十三条** 在库中央储备糖应当统一办理财产保险，由储备运营机构在财政部北京监管局监督下通过招标方式进行。

## 第五章 质量管理

**第二十四条** 中央储备糖应当符合国家有关质量和食品安全要求。储备原糖应当符合国家标准,储备白砂糖应当符合国标一级及以上。不符合食品安全法律法规和食品安全标准要求的中央储备糖,不得用作原料生产食品,也不得投放食品市场进行销售。

**第二十五条** 中央储备糖出入库质量检验,由储备运营机构委托经国家粮食和物资储备局认可的第三方检验机构进行。储备运营机构将检验结果及时汇总报国家粮食和物资储备局,并向承储企业提供出入库质量检验结果。承储企业如对质量检验结果有异议,应在收到检验报告 7 个工作日内向国家粮食和物资储备局提出书面复检申请,国家粮食和物资储备局按有关规定进行处理。

**第二十六条** 中央储备糖在库质量安全管理执行定期质量监测制度,由国家粮食和物资储备局组织实施,每年对储备原糖开展一次监测,监测批次比例不低于 10%;每年对储备白砂糖开展一次逐批次全覆盖监测。

## 第六章 监督检查

**第二十七条** 国家粮食和物资储备局、财政部按照各自职责,依法对储备运营机构和承储企业中央储备糖管理情况进行监督检查和核查。在监督检查和核查过程中,可以行使下列职权:

(一)进入承储企业检查中央储备糖数量、质量和储存安全;

(二)向有关单位和人员了解中央储备糖收储、销售、轮换、动用等计划执行情况;

(三)调阅中央储备糖管理有关资料、凭证;

(四)对违法违规行为,依法依规予以处理。

**第二十八条** 中国农业发展银行按照信贷政策和规定,加强对中央储备糖贷款的信贷监管。储备运营机构应及时提供有关资料和情况。

**第二十九条** 国家粮食和物资储备局垂直管理局负责辖区内中央储备糖日常监管和计划执行情况的监督检查,督促承储企业严格落实中央储备糖计划,按规定对有关库存案件进行查处,提出处理和追责建议。

国家粮食和物资储备局垂直管理局检查发现承储企业未执行中央储备糖

有关管理规定，存在管理不规范、质量把关不严格、制度执行不力等问题，应及时向承储企业指出，责令其予以改正；发现承储企业存在严重违纪违规、不适于储存中央储备糖等情况，应及时向国家粮食和物资储备局报告。

**第三十条** 储备运营机构及承储企业对国家有关部门单位的监督检查和核查，应当予以配合。任何单位和个人不得拒绝、阻挠、干涉国家有关部门单位的监督检查和核查。

**第三十一条** 储备运营机构应加强对承储企业中央储备糖管理情况的内部管控，及时发现并解决问题。重大问题报请国家粮食和物资储备局、财政部处理。

## 第七章 罚 则

**第三十二条** 国家工作人员违反本办法规定，有下列行为之一的，依照《中华人民共和国公务员法》等有关规定，给予相应处分；构成犯罪的，依法追究刑事责任：

（一）不及时下达中央储备糖收储、销售、轮换、动用计划的；

（二）发现承储企业存在不适于储存中央储备糖的情况不责成其限期整改的；

（三）接到举报、发现违规问题不及时查处的；

（四）有其他违反本办法行为的。

**第三十三条** 储备运营机构违反本办法规定，有下列行为之一的，由国家粮食和物资储备局、财政部按照各自职责，责成储备运营机构限期整改；情节严重的，扣拨管理费补贴，对直接负责的主管人员和其他直接责任人员提出处理建议，按权限由有关部门或单位给予相应处分；构成犯罪的，依法追究刑事责任：

（一）拒不实施或擅自改变中央储备糖收储、销售、轮换、动用计划的；

（二）选择不符合有关资质条件的企业承储中央储备糖的；

（三）发现中央储备糖数量、质量和储存安全等方面问题不及时采取措施处理并按照规定报告的；

（四）有其他违反本办法行为的。

**第三十四条** 承储企业违反本办法规定，有下列行为之一的，由国家粮食和物资储备局、财政部、国家粮食和物资储备局垂直管理局按照各自职责，责成其限期整改；情节严重的，调出其承储的中央储备糖，责令退回财政补贴；有违法所得的，由财政部按有关规定收缴；构成犯罪的，依法追究刑事责任：

（一）拒不执行或擅自改变中央储备糖收储、销售、轮换、动用计划的；

（二）擅自动用中央储备糖的；

（三）以中央储备糖对外担保或清偿债务的；

（四）虚报、瞒报中央储备糖数量的；

（五）在中央储备糖中掺杂掺假，以次充好的；

（六）擅自串换中央储备糖品种，变更中央储备糖储存库点的；

（七）未对中央储备糖实行专仓储存、专人保管、专账记载，中央储备糖账账不符、账实不符的；

（八）因管理不善等人为因素造成中央储备糖数量、质量和储存安全等方面出现问题的；

（九）有其他违反本办法行为的。

## 第八章　附　　则

**第三十五条**　本办法由国家发展改革委会同财政部、国家粮食和物资储备局负责解释。

**第三十六条**　本办法自2021年4月10日起施行，2008年1月24日发布的《中央储备糖管理办法》（商务部、国家发展改革委、财政部令2008年第1号）同时废止。

# 仿印邮票图案监督管理办法

（2021年3月10日交通运输部令2021年第4号公布　自2021年5月1日起施行　国司备字［2021004028］）

**第一条**　为了规范仿印邮票图案行为，保护邮政业用户和邮政市场主体的合法权益，维护社会公共利益，弘扬社会主义核心价值观，根据《中华人民共和国邮政法》《中华人民共和国行政许可法》《中华人民共和国邮政法实施细则》等法律、行政法规，制定本办法。

**第二条**　在中华人民共和国境内仿印邮票图案，承印有关仿印制品，以及对前述活动实施监督管理，适用本办法。

本办法所称邮票图案，包括邮票的图案和邮资信封、邮资明信片、邮资邮简、邮资信卡上的邮资图案。邮票图案由票面上的文字、符号、图形、色彩和票面形状、齿孔等元素组成，其中图形和色彩再加上其他一种以上元素构成票面基本特征。

本办法所称仿印，是指除依法发行邮票以外，在各种材料、介质上印制邮票图案全部信息或者票面基本特征的行为。

**第三条** 国务院邮政管理部门和省、自治区、直辖市邮政管理机构以及按照国务院规定设立的省级以下邮政管理机构（以下统称邮政管理部门）负责对仿印邮票图案的行为实施监督管理。

对仿印邮票图案的行为实施监督管理，应当遵循公开、公平、公正的原则。

**第四条** 依法设立的企业或者其他组织（以下统称单位）可以仿印邮票图案。

禁止个人仿印邮票图案。

**第五条** 仿印邮票图案的，应当依法经邮政管理部门批准，但是本办法第七条规定的除外。

**第六条** 仿印下列邮票图案的，由国务院邮政管理部门负责审批：

（一）涉及党和国家领导人、老一辈无产阶级革命家的；

（二）涉及英雄烈士、爱国志士、民族英雄、杰出人物的；

（三）涉及国家机关、军队、政党组织、人民团体、公用企事业单位等有关单位的；

（四）涉及“一国两制”和两岸交流的；

（五）涉及香港特别行政区、澳门特别行政区发行的邮资凭证的；

（六）涉及1949年9月30日以前发行的邮资凭证的；

（七）涉及外交的；

（八）涉及国际组织或者其他国家、地区发行的邮资凭证的；

（九）涉及其他政治题材的。

仿印前款规定以外的邮票图案的，由申请单位所在地的省、自治区、直辖市邮政管理机构负责审批。

国务院邮政管理部门应当制定、公布仿印邮票图案分级分类审批目录。

**第七条** 因新闻宣传和传播集邮知识等需要，在依法出版的出版物上或者依法举办的集邮展览活动中仿印邮票图案的，不需要审批，但仿印单位应当遵守本办法第十六条规定的仿印技术要求。

**第八条** 申请单位可以通过信函、传真、电子数据交换和电子邮件等方式向邮政管理部门提交仿印邮票图案行政许可申请材料以及申请单位法定证照的复印件。

仿印邮票图案行政许可申请材料应当包括下列内容：

（一）申请单位的名称、简介、通信地址和联系电话；
（二）申请仿印的邮票图案所属邮票名称、志号、编号等；
（三）仿印邮票图案的目的；
（四）拟采用的仿印方式；
（五）著作权人授权申请单位使用邮票图案的书面材料。

申请单位对其提交的仿印邮票图案行政许可申请材料的真实性、合法性负责。

**第九条** 邮政管理部门对申请单位提出的仿印邮票图案申请，应当依照《中华人民共和国行政许可法》第三十二条的规定处理。

**第十条** 邮政管理部门受理仿印邮票图案申请后，应当对申请材料进行审查。必要时，指派两名以上工作人员进行实地核查。

**第十一条** 邮政管理部门应当自受理仿印邮票图案申请之日起 20 个工作日内作出批准或者不予批准的决定。20 个工作日内不能作出决定的，经本机关负责人批准，可以延长 10 个工作日，并应当将延长期限的理由告知申请单位。

**第十二条** 邮政管理部门作出批准决定的，应当自作出决定之日起 10 个工作日内，向申请单位送达加盖本机关印章的仿印邮票图案批准文件。

仿印邮票图案批准文件应当载明下列内容：
（一）批准文件的有效期；
（二）仿印对象，含获准仿印的邮票图案所属邮票名称、志号、编号等；
（三）仿印要求；
（四）国务院邮政管理部门规定的其他事项。

**第十三条** 申请事项有下列情形之一的，邮政管理部门应当作出不予批准决定：
（一）危害国家安全，破坏国家统一的；
（二）危害公共安全，破坏社会稳定的；
（三）煽动民族仇恨、民族歧视，破坏民族团结的；
（四）宣扬邪教、迷信的；
（五）散布淫秽、赌博、恐怖信息或者教唆犯罪的；
（六）涉及 1949 年 10 月 1 日以后台湾地区发行的邮票的；
（七）法律、行政法规和国家规定禁止的其他情形。

邮政管理部门作出不予批准决定的，应当自作出决定之日起 10 个工作日内，向申请单位送达不予批准仿印邮票图案的书面决定，说明理由并告知申请单位享有依法申请行政复议或者提起行政诉讼的权利。

**第十四条** 仿印单位应当遵守邮政管理部门批准文件载明的内容,不得超出批准文件的有效期、仿印对象的范围,不得违反仿印要求,不得涂改、倒卖、出租、出借或者以其他形式非法转让批准文件。

仿印单位在批准文件有效期内未完成仿印的,应当停止仿印,自有效期满之日起30日内书面报告原批准机关并退回批准文件。

**第十五条** 国务院邮政管理部门和省、自治区、直辖市邮政管理机构可以依照《中华人民共和国行政许可法》第二十四条的规定,委托下级邮政管理部门实施仿印邮票图案行政许可工作。

**第十六条** 使用邮资凭证同等材质原色仿印邮票图案的,应当将周长放大或者缩小三分之一以上;放大或者缩小不足三分之一的,应当在仿印邮票图案的右下方或者左下方加印一条明显的斜线,斜线长度不得小于周长的七分之一、宽度不得小于0.2毫米。

仿印邮票图案上印有邮票、邮资凭证面值图案的,斜线应当经过面值图案。

**第十七条** 禁止使用仿印邮票图案及制品作为邮资凭证。

**第十八条** 邮政管理部门应当建立和完善以随机抽查为重点的仿印邮票图案日常监督检查制度,随机抽取被检查单位,随机选派执法检查人员,依法及时公布抽查事项和查处结果。

**第十九条** 邮政管理部门依法履行监督管理职责,可以采取下列监督检查措施:

(一)进入仿印单位、印制场地或者涉嫌发生违反本办法活动的场所实施现场检查;

(二)向有关单位和个人了解情况;

(三)查阅、复制有关文件、资料、凭证,要求仿印单位报送有关材料;

(四)经邮政管理部门负责人批准,查封与违反本办法活动有关的场所,扣押用于违反本办法活动的运输工具以及相关物品。

**第二十条** 邮政管理部门进行监督检查时,监督检查人员不得少于2人,并应当出示执法证件。对邮政管理部门依法进行的监督检查,有关单位和个人应当配合,不得拒绝、阻碍。

邮政管理部门工作人员对监督检查中知悉的商业秘密,负有保密义务。

**第二十一条** 任何单位和个人对违反本办法规定的行为,可以向邮政管理部门举报。邮政管理部门接到举报后,应当及时依法处理。

邮政管理部门可以组织社会监督员对印制仿印邮票图案制品的行为进行监督。

**第二十二条** 未经邮政管理部门批准仿印邮票图案，或者个人仿印邮票图案的，由邮政管理部门处5000元以下的罚款，并没收非法仿印的邮票图案制品和违法所得。

超出邮政管理部门批准的范围或者批准文件的有效期仿印邮票图案的，由邮政管理部门依照前款规定给予处罚。

**第二十三条** 仿印单位有下列行为之一的，由邮政管理部门责令改正，处5000元以下的罚款：

（一）仿印制品不符合批准文件载明的仿印要求的；

（二）涂改、倒卖、出租、出借或者以其他形式非法转让批准文件的；

（三）使用邮资凭证同等材质原色仿印邮票图案不符合本办法第十六条规定的。

**第二十四条** 仿印单位未按照本办法第十四条第二款规定作出书面报告或者未退回批准文件的，由邮政管理部门责令改正，可以处3000元以下的罚款。

**第二十五条** 仿印邮票图案涉及的知识产权事宜，适用民事法律有关规定。

**第二十六条** 本办法自2021年5月1日起施行。原信息产业部于2000年10月8日发布的《仿印邮票图案管理办法》（信息产业部令第4号）同时废止。

# 网络交易监督管理办法

（2021年3月15日国家市场监督管理总局令第37号公布 自2021年5月1日起施行 国司备字［2021004053］）

## 第一章 总 则

**第一条** 为了规范网络交易活动，维护网络交易秩序，保障网络交易各方主体合法权益，促进数字经济持续健康发展，根据有关法律、行政法规，制定本办法。

**第二条** 在中华人民共和国境内，通过互联网等信息网络（以下简称通过网络）销售商品或者提供服务的经营活动以及市场监督管理部门对其进行监督管理，适用本办法。

在网络社交、网络直播等信息网络活动中销售商品或者提供服务的经营活动，适用本办法。

**第三条** 网络交易经营者从事经营活动，应当遵循自愿、平等、公平、诚信原则，遵守法律、法规、规章和商业道德、公序良俗，公平参与市场竞争，认真履行法定义务，积极承担主体责任，接受社会各界监督。

**第四条** 网络交易监督管理坚持鼓励创新、包容审慎、严守底线、线上线下一体化监管的原则。

**第五条** 国家市场监督管理总局负责组织指导全国网络交易监督管理工作。

县级以上地方市场监督管理部门负责本行政区域内的网络交易监督管理工作。

**第六条** 市场监督管理部门引导网络交易经营者、网络交易行业组织、消费者组织、消费者共同参与网络交易市场治理，推动完善多元参与、有效协同、规范有序的网络交易市场治理体系。

## 第二章 网络交易经营者

### 第一节 一般规定

**第七条** 本办法所称网络交易经营者，是指组织、开展网络交易活动的自然人、法人和非法人组织，包括网络交易平台经营者、平台内经营者、自建网站经营者以及通过其他网络服务开展网络交易活动的网络交易经营者。

本办法所称网络交易平台经营者，是指在网络交易活动中为交易双方或者多方提供网络经营场所、交易撮合、信息发布等服务，供交易双方或者多方独立开展网络交易活动的法人或者非法人组织。

本办法所称平台内经营者，是指通过网络交易平台开展网络交易活动的网络交易经营者。

网络社交、网络直播等网络服务提供者为经营者提供网络经营场所、商品浏览、订单生成、在线支付等网络交易平台服务的，应当依法履行网络交易平台经营者的义务。通过上述网络交易平台服务开展网络交易活动的经营者，应当依法履行平台内经营者的义务。

**第八条** 网络交易经营者不得违反法律、法规、国务院决定的规定，从事无证无照经营。除《中华人民共和国电子商务法》第十条规定的不需要进行登记的情形外，网络交易经营者应当依法办理市场主体登记。

个人通过网络从事保洁、洗涤、缝纫、理发、搬家、配制钥匙、管道疏通、家电家具修理修配等依法无须取得许可的便民劳务活动，依照《中华人民共和国电子商务法》第十条的规定不需要进行登记。

个人从事网络交易活动，年交易额累计不超过10万元的，依照《中华人民共和国电子商务法》第十条的规定不需要进行登记。同一经营者在同一平台或者不同平台开设多家网店的，各网店交易额合并计算。个人从事的零星小额交易须依法取得行政许可的，应当依法办理市场主体登记。

**第九条** 仅通过网络开展经营活动的平台内经营者申请登记为个体工商户的，可以将网络经营场所登记为经营场所，将经常居住地登记为住所，其住所所在地的县、自治县、不设区的市、市辖区市场监督管理部门为其登记机关。同一经营者有两个以上网络经营场所的，应当一并登记。

**第十条** 平台内经营者申请将网络经营场所登记为经营场所的，由其入驻的网络交易平台为其出具符合登记机关要求的网络经营场所相关材料。

**第十一条** 网络交易经营者销售的商品或者提供的服务应当符合保障人身、财产安全的要求和环境保护要求，不得销售或者提供法律、行政法规禁止交易，损害国家利益和社会公共利益，违背公序良俗的商品或者服务。

**第十二条** 网络交易经营者应当在其网站首页或者从事经营活动的主页面显著位置，持续公示经营者主体信息或者该信息的链接标识。鼓励网络交易经营者链接到国家市场监督管理总局电子营业执照亮照系统，公示其营业执照信息。

已经办理市场主体登记的网络交易经营者应当如实公示下列营业执照信息以及与其经营业务有关的行政许可等信息，或者该信息的链接标识：

（一）企业应当公示其营业执照登载的统一社会信用代码、名称、企业类型、法定代表人（负责人）、住所、注册资本（出资额）等信息；

（二）个体工商户应当公示其营业执照登载的统一社会信用代码、名称、经营者姓名、经营场所、组成形式等信息；

（三）农民专业合作社、农民专业合作社联合社应当公示其营业执照登载的统一社会信用代码、名称、法定代表人、住所、成员出资总额等信息。

依照《中华人民共和国电子商务法》第十条规定不需要进行登记的经营者应当根据自身实际经营活动类型，如实公示以下自我声明以及实际经营地址、联系方式等信息，或者该信息的链接标识：

（一）“个人销售自产农副产品，依法不需要办理市场主体登记”；

（二）“个人销售家庭手工业产品，依法不需要办理市场主体登记”；

（三）“个人利用自己的技能从事依法无须取得许可的便民劳务活动，依法不需要办理市场主体登记”；

（四）“个人从事零星小额交易活动，依法不需要办理市场主体登记”。

网络交易经营者公示的信息发生变更的，应当在十个工作日内完成更新公示。

**第十三条** 网络交易经营者收集、使用消费者个人信息，应当遵循合法、正当、必要的原则，明示收集、使用信息的目的、方式和范围，并经消费者同意。网络交易经营者收集、使用消费者个人信息，应当公开其收集、使用规则，不得违反法律、法规的规定和双方的约定收集、使用信息。

网络交易经营者不得采用一次概括授权、默认授权、与其他授权捆绑、停止安装使用等方式，强迫或者变相强迫消费者同意收集、使用与经营活动无直接关系的信息。收集、使用个人生物特征、医疗健康、金融账户、个人行踪等敏感信息的，应当逐项取得消费者同意。

网络交易经营者及其工作人员应当对收集的个人信息严格保密，除依法配合监管执法活动外，未经被收集者授权同意，不得向包括关联方在内的任何第三方提供。

**第十四条** 网络交易经营者不得违反《中华人民共和国反不正当竞争法》等规定，实施扰乱市场竞争秩序，损害其他经营者或者消费者合法权益的不正当竞争行为。

网络交易经营者不得以下列方式，作虚假或者引人误解的商业宣传，欺骗、误导消费者：

（一）虚构交易、编造用户评价；

（二）采用误导性展示等方式，将好评前置、差评后置，或者不显著区分不同商品或者服务的评价等；

（三）采用谎称现货、虚构预订、虚假抢购等方式进行虚假营销；

（四）虚构点击量、关注度等流量数据，以及虚构点赞、打赏等交易互动数据。

网络交易经营者不得实施混淆行为，引人误认为是他人商品、服务或者与他人存在特定联系。

网络交易经营者不得编造、传播虚假信息或者误导性信息，损害竞争对手的商业信誉、商品声誉。

**第十五条** 消费者评价中包含法律、行政法规、规章禁止发布或者传输的信息的，网络交易经营者可以依法予以技术处理。

**第十六条** 网络交易经营者未经消费者同意或者请求，不得向其发送商业性信息。

网络交易经营者发送商业性信息时，应当明示其真实身份和联系方式，并向消费者提供显著、简便、免费的拒绝继续接收的方式。消费者明确表示拒绝的，应当立即停止发送，不得更换名义后再次发送。

**第十七条** 网络交易经营者以直接捆绑或者提供多种可选项方式向消费者搭售商品或者服务的，应当以显著方式提醒消费者注意。提供多种可选项方式的，不得将搭售商品或者服务的任何选项设定为消费者默认同意，不得将消费者以往交易中选择的选项在后续独立交易中设定为消费者默认选择。

**第十八条** 网络交易经营者采取自动展期、自动续费等方式提供服务的，应当在消费者接受服务前和自动展期、自动续费等日期前五日，以显著方式提请消费者注意，由消费者自主选择；在服务期间内，应当为消费者提供显著、简便的随时取消或者变更的选项，并不得收取不合理费用。

**第十九条** 网络交易经营者应当全面、真实、准确、及时地披露商品或者服务信息，保障消费者的知情权和选择权。

**第二十条** 通过网络社交、网络直播等网络服务开展网络交易活动的网络交易经营者，应当以显著方式展示商品或者服务及其实际经营主体、售后服务等信息，或者上述信息的链接标识。

网络直播服务提供者对网络交易活动的直播视频保存时间自直播结束之日起不少于三年。

**第二十一条** 网络交易经营者向消费者提供商品或者服务使用格式条款、通知、声明等的，应当以显著方式提请消费者注意与消费者有重大利害关系的内容，并按照消费者的要求予以说明，不得作出含有下列内容的规定：

（一）免除或者部分免除网络交易经营者对其所提供的商品或者服务应当承担的修理、重作、更换、退货、补足商品数量、退还货款和服务费用、赔偿损失等责任；

（二）排除或者限制消费者提出修理、更换、退货、赔偿损失以及获得违约金和其他合理赔偿的权利；

（三）排除或者限制消费者依法投诉、举报、请求调解、申请仲裁、提起诉讼的权利；

（四）排除或者限制消费者依法变更或者解除合同的权利；

（五）规定网络交易经营者单方享有解释权或者最终解释权；

（六）其他对消费者不公平、不合理的规定。

**第二十二条** 网络交易经营者应当按照国家市场监督管理总局及其授权的省级市场监督管理部门的要求，提供特定时段、特定品类、特定区域的商品或者服务的价格、销量、销售额等数据信息。

**第二十三条** 网络交易经营者自行终止从事网络交易活动的，应当提前三十日在其网站首页或者从事经营活动的主页面显著位置，持续公示终止网络交易活动公告等有关信息，并采取合理、必要、及时的措施保障消费者和相关经营者的合法权益。

## 第二节 网络交易平台经营者

**第二十四条** 网络交易平台经营者应当要求申请进入平台销售商品或者提供服务的经营者提交其身份、地址、联系方式、行政许可等真实信息，进行核验、登记，建立登记档案，并至少每六个月核验更新一次。

网络交易平台经营者应当对未办理市场主体登记的平台内经营者进行动态监测，对超过本办法第八条第三款规定额度的，及时提醒其依法办理市场主体登记。

**第二十五条** 网络交易平台经营者应当依照法律、行政法规的规定，向市场监督管理部门报送有关信息。

网络交易平台经营者应当分别于每年1月和7月向住所地省级市场监督管理部门报送平台内经营者的下列身份信息：

（一）已办理市场主体登记的平台内经营者的名称（姓名）、统一社会信用代码、实际经营地址、联系方式、网店名称以及网址链接等信息；

（二）未办理市场主体登记的平台内经营者的姓名、身份证件号码、实际经营地址、联系方式、网店名称以及网址链接、属于依法不需要办理市场主体登记的具体情形的自我声明等信息；其中，对超过本办法第八条第三款规定额度的平台内经营者进行特别标示。

鼓励网络交易平台经营者与市场监督管理部门建立开放数据接口等形式的自动化信息报送机制。

**第二十六条** 网络交易平台经营者应当为平台内经营者依法履行信息公示义务提供技术支持。平台内经营者公示的信息发生变更的，应当在三个工作日内将变更情况报送平台，平台应当在七个工作日内进行核验，完成更新公示。

**第二十七条** 网络交易平台经营者应当以显著方式区分标记已办理市场主体登记的经营者和未办理市场主体登记的经营者，确保消费者能够清晰辨认。

**第二十八条** 网络交易平台经营者修改平台服务协议和交易规则的，应当完整保存修改后的版本生效之日前三年的全部历史版本，并保证经营者和消费者能够便利、完整地阅览和下载。

**第二十九条** 网络交易平台经营者应当对平台内经营者及其发布的商品或者服务信息建立检查监控制度。网络交易平台经营者发现平台内的商品或者服务信息有违反市场监督管理法律、法规、规章，损害国家利益和社会公共利益，违背公序良俗的，应当依法采取必要的处置措施，保存有关记录，并向平台住所地县级以上市场监督管理部门报告。

**第三十条** 网络交易平台经营者依据法律、法规、规章的规定或者平台服务协议和交易规则对平台内经营者违法行为采取警示、暂停或者终止服务等处理措施的，应当自决定作出处理措施之日起一个工作日内予以公示，载明平台内经营者的网店名称、违法行为、处理措施等信息。警示、暂停服务等短期处理措施的相关信息应当持续公示至处理措施实施期满之日止。

**第三十一条** 网络交易平台经营者对平台内经营者身份信息的保存时间自其退出平台之日起不少于三年；对商品或者服务信息，支付记录、物流快递、退换货以及售后等交易信息的保存时间自交易完成之日起不少于三年。法律、行政法规另有规定的，依照其规定。

**第三十二条** 网络交易平台经营者不得违反《中华人民共和国电子商务法》第三十五条的规定，对平台内经营者在平台内的交易、交易价格以及与其他经营者的交易等进行不合理限制或者附加不合理条件，干涉平台内经营者的自主经营。具体包括：

（一）通过搜索降权、下架商品、限制经营、屏蔽店铺、提高服务收费等方式，禁止或者限制平台内经营者自主选择在多个平台开展经营活动，或者利用不正当手段限制其仅在特定平台开展经营活动；

（二）禁止或者限制平台内经营者自主选择快递物流等交易辅助服务提供者；

（三）其他干涉平台内经营者自主经营的行为。

## 第三章 监督管理

**第三十三条** 县级以上地方市场监督管理部门应当在日常管理和执法活动中加强协同配合。

网络交易平台经营者住所地省级市场监督管理部门应当根据工作需要，及时将掌握的平台内经营者身份信息与其实际经营地的省级市场监督管理部门共享。

**第三十四条** 市场监督管理部门在依法开展监督检查、案件调查、事故处置、缺陷消费品召回、消费争议处理等监管执法活动时，可以要求网络交易平台经营者提供有关的平台内经营者身份信息，商品或者服务信息，支付记录、物流快递、退换货以及售后等交易信息。网络交易平台经营者应当提供，并在技术方面积极配合市场监督管理部门开展网络交易违法行为监测工作。

为网络交易经营者提供宣传推广、支付结算、物流快递、网络接入、服务器托管、虚拟主机、云服务、网站网页设计制作等服务的经营者（以下简称其他服务提供者），应当及时协助市场监督管理部门依法查处网络交易违法行为，提供其掌握的有关数据信息。法律、行政法规另有规定的，依照其规定。

市场监督管理部门发现网络交易经营者有违法行为，依法要求网络交易平台经营者、其他服务提供者采取措施制止的，网络交易平台经营者、其他服务提供者应当予以配合。

**第三十五条** 市场监督管理部门对涉嫌违法的网络交易行为进行查处时，可以依法采取下列措施：

（一）对与涉嫌违法的网络交易行为有关的场所进行现场检查；

（二）查阅、复制与涉嫌违法的网络交易行为有关的合同、票据、账簿等有关资料；

（三）收集、调取、复制与涉嫌违法的网络交易行为有关的电子数据；

（四）询问涉嫌从事违法的网络交易行为的当事人；

（五）向与涉嫌违法的网络交易行为有关的自然人、法人和非法人组织调查了解有关情况；

（六）法律、法规规定可以采取的其他措施。

采取前款规定的措施，依法需要报经批准的，应当办理批准手续。

市场监督管理部门对网络交易违法行为的技术监测记录资料，可以作为实施行政处罚或者采取行政措施的电子数据证据。

**第三十六条** 市场监督管理部门应当采取必要措施保护网络交易经营者提供的数据信息的安全，并对其中的个人信息、隐私和商业秘密严格保密。

**第三十七条** 市场监督管理部门依法对网络交易经营者实施信用监管，将网络交易经营者的注册登记、备案、行政许可、抽查检查结果、行政处罚、列入经营异常名录和严重违法失信企业名单等信息，通过国家企业信用信息公示系统统一归集并公示。对存在严重违法失信行为的，依法实施联合惩戒。

前款规定的信息还可以通过市场监督管理部门官方网站、网络搜索引擎、经营者从事经营活动的主页面显著位置等途径公示。

**第三十八条** 网络交易经营者未依法履行法定责任和义务，扰乱或者可能扰乱网络交易秩序，影响消费者合法权益的，市场监督管理部门可以依职责对其法定代表人或者主要负责人进行约谈，要求其采取措施进行整改。

## 第四章 法律责任

**第三十九条** 法律、行政法规对网络交易违法行为的处罚已有规定的，依照其规定。

**第四十条** 网络交易平台经营者违反本办法第十条，拒不为入驻的平台内经营者出具网络经营场所相关材料的，由市场监督管理部门责令限期改正；逾期不改正的，处一万元以上三万元以下罚款。

**第四十一条** 网络交易经营者违反本办法第十一条、第十三条、第十六条、第十八条，法律、行政法规有规定的，依照其规定；法律、行政法规没有规定的，由市场监督管理部门依职责责令限期改正，可以处五千元以上三万元以下罚款。

**第四十二条** 网络交易经营者违反本办法第十二条、第二十三条，未履行法定信息公示义务的，依照《中华人民共和国电子商务法》第七十六条的规定进行处罚。对其中的网络交易平台经营者，依照《中华人民共和国电子商务法》第八十一条第一款的规定进行处罚。

**第四十三条** 网络交易经营者违反本办法第十四条的，依照《中华人民共和国反不正当竞争法》的相关规定进行处罚。

**第四十四条** 网络交易经营者违反本办法第十七条的，依照《中华人民共和国电子商务法》第七十七条的规定进行处罚。

**第四十五条** 网络交易经营者违反本办法第二十条，法律、行政法规有规定的，依照其规定；法律、行政法规没有规定的，由市场监督管理部门责令限期改正；逾期不改正的，处一万元以下罚款。

**第四十六条** 网络交易经营者违反本办法第二十二条的，由市场监督管理部门责令限期改正；逾期不改正的，处五千元以上三万元以下罚款。

**第四十七条** 网络交易平台经营者违反本办法第二十四条第一款、第二十五条第二款、第三十一条，不履行法定核验、登记义务，有关信息报送义务，商品和服务信息、交易信息保存义务的，依照《中华人民共和国电子商务法》第八十条的规定进行处罚。

**第四十八条** 网络交易平台经营者违反本办法第二十七条、第二十八条、第三十条的，由市场监督管理部门责令限期改正；逾期不改正的，处一万元以上三万元以下罚款。

**第四十九条** 网络交易平台经营者违反本办法第二十九条，法律、行政法规有规定的，依照其规定；法律、行政法规没有规定的，由市场监督管理部门依职责责令限期改正,可以处一万元以上三万元以下罚款。

**第五十条** 网络交易平台经营者违反本办法第三十二条的,依照《中华人民共和国电子商务法》第八十二条的规定进行处罚。

**第五十一条** 网络交易经营者销售商品或者提供服务,不履行合同义务或者履行合同义务不符合约定,或者造成他人损害的,依法承担民事责任。

**第五十二条** 网络交易平台经营者知道或者应当知道平台内经营者销售的商品或者提供的服务不符合保障人身、财产安全的要求,或者有其他侵害消费者合法权益行为,未采取必要措施的,依法与该平台内经营者承担连带责任。

对关系消费者生命健康的商品或者服务,网络交易平台经营者对平台内经营者的资质资格未尽到审核义务,或者对消费者未尽到安全保障义务,造成消费者损害的,依法承担相应的责任。

**第五十三条** 对市场监督管理部门依法开展的监管执法活动,拒绝依照本办法规定提供有关材料、信息,或者提供虚假材料、信息,或者隐匿、销毁、转移证据,或者有其他拒绝、阻碍监管执法行为,法律、行政法规、其他市场监督管理部门规章有规定的,依照其规定;法律、行政法规、其他市场监督管理部门规章没有规定的,由市场监督管理部门责令改正,可以处五千元以上三万元以下罚款。

**第五十四条** 市场监督管理部门的工作人员,玩忽职守、滥用职权、徇私舞弊,或者泄露、出售或者非法向他人提供在履行职责中所知悉的个人信息、隐私和商业秘密的,依法追究法律责任。

**第五十五条** 违反本办法规定,构成犯罪的,依法追究刑事责任。

## 第五章　附　　则

**第五十六条** 本办法自2021年5月1日起施行。2014年1月26日原国家工商行政管理总局令第60号公布的《网络交易管理办法》同时废止。

# 兽用生物制品经营管理办法

（2021年3月17日农业农村部令2021年第2号公布　自2021年5月15日起施行　国司备字[2021004035]）

**第一条**　为了加强兽用生物制品经营管理，保证兽用生物制品质量，根据《兽药管理条例》，制定本办法。

**第二条**　在中华人民共和国境内从事兽用生物制品的分发、经营和监督管理，应当遵守本办法。

**第三条**　本办法所称兽用生物制品，是指以天然或者人工改造的微生物、寄生虫、生物毒素或者生物组织及代谢产物等为材料，采用生物学、分子生物学或者生物化学、生物工程等相应技术制成的，用于预防、治疗、诊断动物疫病或者有目的地调节动物生理机能的兽药，主要包括血清制品、疫苗、诊断制品和微生态制品等。

**第四条**　兽用生物制品分为国家强制免疫计划所需兽用生物制品（以下简称国家强制免疫用生物制品）和非国家强制免疫计划所需兽用生物制品（以下简称非国家强制免疫用生物制品）。

国家强制免疫用生物制品品种名录由农业农村部确定并公布。非国家强制免疫用生物制品是指农业农村部确定的强制免疫用生物制品以外的兽用生物制品。

**第五条**　农业农村部负责全国兽用生物制品的监督管理工作。县级以上地方人民政府畜牧兽医主管部门负责本行政区域内兽用生物制品的监督管理工作。

**第六条**　兽用生物制品生产企业可以将本企业生产的兽用生物制品销售给各级人民政府畜牧兽医主管部门或养殖场（户）、动物诊疗机构等使用者，也可以委托经销商销售。

发生重大动物疫情、灾情或者其他突发事件时，根据工作需要，国家强制免疫用生物制品由农业农村部统一调用，生产企业不得自行销售。

**第七条**　从事兽用生物制品经营的企业，应当依法取得《兽药经营许可证》。《兽药经营许可证》的经营范围应当具体载明国家强制免疫用生物制品、非国家强制免疫用生物制品等产品类别和委托的兽用生物制品生产企业名称。经营范围发生变化的，应当办理变更手续。

**第八条** 兽用生物制品生产企业可自主确定、调整经销商,并与经销商签订销售代理合同,明确代理范围等事项。

经销商只能经营所代理兽用生物制品生产企业生产的兽用生物制品,不得经营未经委托的其他企业生产的兽用生物制品。经销商可以将所代理的产品销售给使用者和获得生产企业委托的其他经销商。

**第九条** 省级人民政府畜牧兽医主管部门对国家强制免疫用生物制品可以依法组织实行政府采购、分发。

承担国家强制免疫用生物制品政府采购、分发任务的单位,应当建立国家强制免疫用生物制品贮存、运输、分发等管理制度,建立真实、完整的分发和冷链运输记录,记录应当保存至制品有效期满2年后。

**第十条** 向国家强制免疫用生物制品生产企业或其委托的经销商采购自用的国家强制免疫用生物制品的养殖场(户),在申请强制免疫补助经费时,应当按要求将采购的品种、数量、生产企业及经销商等信息提供给所在地县级地方人民政府畜牧兽医主管部门。

养殖场(户)应当建立真实、完整的采购、贮存、使用记录,并保存至制品有效期满2年后。

**第十一条** 兽用生物制品生产、经营企业应当遵守兽药生产质量管理规范和兽药经营质量管理规范各项规定,建立真实、完整的贮存、销售、冷链运输记录,经营企业还应当建立真实、完整的采购记录。贮存记录应当每日记录贮存设施设备温度;销售记录和采购记录应当载明产品名称、产品批号、产品规格、产品数量、生产日期、有效期、供货单位或收货单位和地址、发货日期等内容;冷链运输记录应当记录起运和到达时的温度。

**第十二条** 兽用生物制品生产、经营企业自行配送兽用生物制品的,应当具备相应的冷链贮存、运输条件,也可以委托具备相应冷链贮存、运输条件的配送单位配送,并对委托配送的产品质量负责。冷链贮存、运输全过程应当处于规定的贮藏温度环境下。

**第十三条** 兽用生物制品生产、经营企业以及承担国家强制免疫用生物制品政府采购、分发任务的单位,应当按照兽药产品追溯要求及时、准确、完整地上传制品入库、出库追溯数据至国家兽药追溯系统。

**第十四条** 县级以上地方人民政府畜牧兽医主管部门应当依法加强对兽用生物制品生产、经营企业和使用者监督检查,发现有违反《兽药管理条例》和本办法规定情形的,应当依法做出处理决定或者报告上级畜牧兽医主管部门。

**第十五条** 各级畜牧兽医主管部门、兽药检验机构、动物卫生监督机构、动物疫病预防控制机构及其工作人员，不得参与兽用生物制品生产、经营活动，不得以其名义推荐或者监制、监销兽用生物制品和进行广告宣传。

**第十六条** 养殖场(户)、动物诊疗机构等使用者采购的或者经政府分发获得的兽用生物制品只限自用，不得转手销售。

养殖场(户)、动物诊疗机构等使用者转手销售兽用生物制品的，或者兽用生物制品经营企业超出《兽药经营许可证》载明的经营范围经营兽用生物制品的，属于无证经营，按照《兽药管理条例》第五十六条的规定处罚；属于国家强制免疫用生物制品的，依法从重处罚。

**第十七条** 兽用生物制品生产、经营企业未按照要求实施兽药产品追溯，以及未按照要求建立真实、完整的贮存、销售、冷链运输记录或未实施冷链贮存、运输的，按照《兽药管理条例》第五十九条的规定处罚。

**第十八条** 进口兽用生物制品的经营管理，还应当适用《兽药进口管理办法》。

**第十九条** 本办法自2021年5月15日起施行。农业部2007年3月29日发布的《兽用生物制品经营管理办法》(农业部令第3号)同时废止。

# 司法解释

## 最高人民法院　最高人民检察院关于执行《中华人民共和国刑法》确定罪名的补充规定（七）

（2021年2月22日最高人民法院审判委员会第1832次会议、2021年2月26日最高人民检察院第十三届检察委员会第六十三次会议通过　2021年2月26日最高人民法院、最高人民检察院公告公布　自2021年3月1日起施行　法释〔2021〕2号）

根据《中华人民共和国刑法修正案（十）》（以下简称《刑法修正案（十）》）、《中华人民共和国刑法修正案（十一）》（以下简称《刑法修正案（十一）》），结合司法实践反映的情况，现对《最高人民法院关于执行〈中华人民共和国刑法〉确定罪名的规定》《最高人民检察院关于适用刑法分则规定的犯罪的罪名的意见》作如下补充、修改：

| 刑法条文 | 罪名 |
| --- | --- |
| 第一百三十三条之二<br>（《刑法修正案（十一）》第二条） | 妨害安全驾驶罪 |
| 第一百三十四条第二款<br>（《刑法修正案（十一）》第三条） | 强令、组织他人违章冒险作业罪<br>（取消强令违章冒险作业罪罪名） |
| 第一百三十四条之一<br>（《刑法修正案（十一）》第四条） | 危险作业罪 |
| 第一百四十一条<br>（《刑法修正案（十一）》第五条） | 生产、销售、提供假药罪<br>（取消生产、销售假药罪罪名） |
| 第一百四十二条<br>（《刑法修正案（十一）》第六条） | 生产、销售、提供劣药罪<br>（取消生产、销售劣药罪罪名） |

续表

| 刑法条文 | 罪名 |
|---|---|
| 第一百四十二条之一<br>（《刑法修正案（十一）》第七条） | 妨害药品管理罪 |
| 第一百六十条<br>（《刑法修正案（十一）》第八条） | 欺诈发行证券罪<br>（取消欺诈发行股票、债券罪罪名） |
| 第二百一十九条之一<br>（《刑法修正案（十一）》第二十三条） | 为境外窃取、刺探、收买、非法提供商业秘密罪 |
| 第二百三十六条之一<br>（《刑法修正案（十一）》第二十七条） | 负有照护职责人员性侵罪 |
| 第二百七十七条第五款<br>（《刑法修正案（十一）》第三十一条） | 袭警罪 |
| 第二百八十条之二<br>（《刑法修正案（十一）》第三十二条） | 冒名顶替罪 |
| 第二百九十一条之二<br>（《刑法修正案（十一）》第三十三条） | 高空抛物罪 |
| 第二百九十三条之一<br>（《刑法修正案（十一）》第三十四条） | 催收非法债务罪 |
| 第二百九十九条<br>（《刑法修正案（十》） | 侮辱国旗、国徽、国歌罪<br>（取消侮辱国旗、国徽罪罪名） |
| 第二百九十九条之一<br>（《刑法修正案（十一）》第三十五条） | 侵害英雄烈士名誉、荣誉罪 |
| 第三百零三条第三款<br>（《刑法修正案（十一）》第三十六条） | 组织参与国（境）外赌博罪 |
| 第三百三十四条之一<br>（《刑法修正案（十一）》第三十八条） | 非法采集人类遗传资源、走私人类遗传资源材料罪 |
| 第三百三十六条之一<br>（《刑法修正案（十一）》第三十九条） | 非法植入基因编辑、克隆胚胎罪 |
| 第三百四十一条第一款 | 危害珍贵、濒危野生动物罪<br>（取消非法猎捕、杀害珍贵、濒危野生动物罪和非法收购、运输、出售珍贵、濒危野生动物、珍贵、濒危野生动物制品罪罪名） |

续表

| 刑法条文 | 罪名 |
| --- | --- |
| 第三百四十一条第三款<br>(《刑法修正案(十一)》第四十一条) | 非法猎捕、收购、运输、出售陆生野生动物罪 |
| 第三百四十二条之一<br>(《刑法修正案(十一)》第四十二条) | 破坏自然保护地罪 |
| 第三百四十四条 | 危害国家重点保护植物罪<br>(取消非法采伐、毁坏国家重点保护植物罪和非法收购、运输、加工、出售国家重点保护植物、国家重点保护植物制品罪罪名) |
| 第三百四十四条之一<br>(《刑法修正案(十一)》第四十三条) | 非法引进、释放、丢弃外来入侵物种罪 |
| 第三百五十五条之一<br>(《刑法修正案(十一)》第四十四条) | 妨害兴奋剂管理罪 |
| 第四百零八条之一<br>(《刑法修正案(十一)》第四十五条) | 食品、药品监管渎职罪<br>(取消食品监管渎职罪罪名) |

本规定自2021年3月1日起施行。

# 最高人民法院　最高人民检察院<br>公安部　中国证券监督管理委员会关于<br>进一步规范人民法院冻结上市公司<br>质押股票工作的意见

(2021年3月1日　法发〔2021〕9号)

为进一步规范人民法院冻结上市公司质押股票相关工作,强化善意文明执行理念,依法维护当事人、利害关系人合法权益,依照民事诉讼法,结合执行工作实际,提出以下意见。

**第一条**　人民法院要求证券登记结算机构或者证券公司协助冻结债务人持有的上市公司股票,该股票已设立质押且质权人非案件保全申请人或者申请执行人的，适用本意见。

人民法院对前款规定的股票进行轮候冻结的，不适用本意见。

**第二条** 人民法院冻结质押股票时，在协助执行通知书中应当明确案件债权额及执行费用，证券账户持有人名称（姓名）、账户号码，冻结股票的名称、证券代码，需要冻结的数量、冻结期限等信息。

前款规定的需要冻结的股票数量，以案件债权额及执行费用总额除以每股股票的价值计算。每股股票的价值以冻结前一交易日收盘价为基准，结合股票市场行情，一般在不超过20%的幅度内合理确定。

**第三条** 证券登记结算机构或者证券公司受理人民法院的协助冻结要求后，应当在系统中对质押股票进行标记，标记的期限与冻结的期限一致。

其他人民法院或者其他国家机关要求对已被标记的质押股票进行冻结的，证券登记结算机构或者证券公司按轮候冻结依次办理。

**第四条** 需要冻结的股票存在多笔质押的，人民法院可以指定某一笔或者某几笔质押股票进行标记。未指定的，证券登记结算机构或者证券公司对该只质押股票全部进行标记。

**第五条** 上市公司依照相关规定披露股票被冻结的情况时，应当如实披露人民法院案件债权额及执行费用、已在系统中被标记股票的数量，以及人民法院需要冻结的股票数量、冻结期限等信息。

**第六条** 质押股票在系统中被标记后，质权人持有证明其质押债权存在、实现质押债权条件成就等材料，向人民法院申请以证券交易所集中竞价、大宗交易方式在质押债权范围内变价股票的，应当准许，但是法律、司法解释等另有规定的除外。人民法院将债务人在证券公司开立的资金账户在质押债权、案件债权额及执行费用总额范围内进行冻结后，应当及时书面通知证券登记结算机构或者证券公司在系统中将相应质押股票调整为可售状态。

质权人申请通过协议转让方式变价股票的，人民法院经审查认为不损害案件当事人利益、国家利益、社会公共利益且在能够控制相应价款的前提下，可以准许。

质权人依照前两款规定自行变价股票的，应当遵守证券交易、登记结算相关业务规则。

**第七条** 质权人自行变价股票且变价款进入债务人资金账户或者人民法院指定的账户后，向人民法院申请发放变价款实现质押债权的，应予准许，但是法律、司法解释等另有规定的除外。

**第八条** 在执行程序中，人民法院可以对在系统中被标记的质押股票采取强制变价措施。

**第九条** 在系统中被标记的任意一部分质押股票解除质押的,协助冻结的证券登记结算机构或者证券公司应当将该部分股票调整为冻结状态,并及时通知人民法院。

冻结股票的数量达到人民法院要求冻结的数量后,证券登记结算机构或者证券公司应当及时通知人民法院。人民法院经审查认为冻结的股票足以实现案件债权及执行费用的,应当书面通知证券登记结算机构或者证券公司解除对其他股票的标记和冻结。

**第十条** 轮候冻结转为正式冻结的,或者对在本意见实施前已经办理的正式冻结进行续冻的,依当事人或者质权人申请,人民法院可以通知证券登记结算机构或者证券公司依照本意见办理。

**第十一条** 上市公司股票退市后,依照本意见办理的冻结按照相关司法冻结程序处理,冻结股票的数量为证券登记结算机构或者证券公司在系统中已标记的股票数量。

**第十二条** 其他国家机关在办理刑事案件过程中,就质押股票处置变价等事项与负责执行的人民法院产生争议的,可以协商解决。协商不成的,报各自的上级机关协商解决。

**第十三条** 本意见自2021年7月1日起实施。

附件:协助冻结通知书参考样式

## 协助冻结通知书参考样式

## ×××人民法院
## 协助冻结通知书

（××××）……执……号

中国证券登记结算有限责任公司×××分公司/×××证券公司×××营业部：

本院执行的×××与×××一案，案件债权额及执行费用总额为______。经计算，需要对______（证券账户号：______）持有的已质押的股票（证券名称：______，证券代码：______）进行冻结，冻结数量为______，冻结期限自____年____月____日起至____年____月____日止。

为满足本院的上述冻结要求，请在系统中对该只已质押股票（质押编号：______）进行标记，标记的期限与上述冻结期限一致。标记范围内的质押股票中任意一部分解除质押的，应将该部分股票调整为冻结状态，你司应将该情况及时通知本院。

对上述标记和冻结的股票（含/不含孳息），非经本院准许，你司不得为被执行人、质权人办理转让、变更登记等手续。其他人民法院或者其他国家机关要求冻结的，应按轮候冻结依次办理。

×××年×××月×××日

（院　印）

联 系 人：×××　　联系电话：……

本院地址：……　　邮　　编：……

# 最高人民法院关于审理侵害知识产权民事案件适用惩罚性赔偿的解释

（2021年2月7日最高人民法院审判委员会第1831次会议通过 2021年3月2日最高人民法院公告公布 自2021年3月3日起施行 法释〔2021〕4号）

为正确实施知识产权惩罚性赔偿制度，依法惩处严重侵害知识产权行为，全面加强知识产权保护，根据《中华人民共和国民法典》《中华人民共和国著作权法》《中华人民共和国商标法》《中华人民共和国专利法》《中华人民共和国反不正当竞争法》《中华人民共和国种子法》《中华人民共和国民事诉讼法》等有关法律规定，结合审判实践，制定本解释。

**第一条** 原告主张被告故意侵害其依法享有的知识产权且情节严重，请求判令被告承担惩罚性赔偿责任的，人民法院应当依法审查处理。

本解释所称故意，包括商标法第六十三条第一款和反不正当竞争法第十七条第三款规定的恶意。

**第二条** 原告请求惩罚性赔偿的，应当在起诉时明确赔偿数额、计算方式以及所依据的事实和理由。

原告在一审法庭辩论终结前增加惩罚性赔偿请求的，人民法院应当准许；在二审中增加惩罚性赔偿请求的，人民法院可以根据当事人自愿的原则进行调解，调解不成的，告知当事人另行起诉。

**第三条** 对于侵害知识产权的故意的认定，人民法院应当综合考虑被侵害知识产权客体类型、权利状态和相关产品知名度、被告与原告或者利害关系人之间的关系等因素。

对于下列情形，人民法院可以初步认定被告具有侵害知识产权的故意：

（一）被告经原告或者利害关系人通知、警告后，仍继续实施侵权行为的；

（二）被告或其法定代表人、管理人是原告或者利害关系人的法定代表人、管理人、实际控制人的；

（三）被告与原告或者利害关系人之间存在劳动、劳务、合作、许可、经销、代理、代表等关系，且接触过被侵害的知识产权的；

（四）被告与原告或者利害关系人之间有业务往来或者为达成合同等进行过磋商，且接触过被侵害的知识产权的；

（五）被告实施盗版、假冒注册商标行为的；

（六）其他可以认定为故意的情形。

**第四条** 对于侵害知识产权情节严重的认定，人民法院应当综合考虑侵权手段、次数，侵权行为的持续时间、地域范围、规模、后果，侵权人在诉讼中的行为等因素。

被告有下列情形的，人民法院可以认定为情节严重：

（一）因侵权被行政处罚或者法院裁判承担责任后，再次实施相同或者类似侵权行为；

（二）以侵害知识产权为业；

（三）伪造、毁坏或者隐匿侵权证据；

（四）拒不履行保全裁定；

（五）侵权获利或者权利人受损巨大；

（六）侵权行为可能危害国家安全、公共利益或者人身健康；

（七）其他可以认定为情节严重的情形。

**第五条** 人民法院确定惩罚性赔偿数额时，应当分别依照相关法律，以原告实际损失数额、被告违法所得数额或者因侵权所获得的利益作为计算基数。该基数不包括原告为制止侵权所支付的合理开支；法律另有规定的，依照其规定。

前款所称实际损失数额、违法所得数额、因侵权所获得的利益均难以计算的，人民法院依法参照该权利许可使用费的倍数合理确定，并以此作为惩罚性赔偿数额的计算基数。

人民法院依法责令被告提供其掌握的与侵权行为相关的账簿、资料，被告无正当理由拒不提供或者提供虚假账簿、资料的，人民法院可以参考原告的主张和证据确定惩罚性赔偿数额的计算基数。构成民事诉讼法第一百一十一条规定情形的，依法追究法律责任。

**第六条** 人民法院依法确定惩罚性赔偿的倍数时，应当综合考虑被告主观过错程度、侵权行为的情节严重程度等因素。

因同一侵权行为已经被处以行政罚款或者刑事罚金且执行完毕，被告主张减免惩罚性赔偿责任的，人民法院不予支持，但在确定前款所称倍数时可以综合考虑。

**第七条** 本解释自 2021 年 3 月 3 日起施行。最高人民法院以前发布的相关司法解释与本解释不一致的，以本解释为准。

# 最高人民法院　最高人民检察院　公安部司法部关于进一步加强虚假诉讼犯罪惩治工作的意见

（2021 年 3 月 4 日　法发〔2021〕10 号）

## 第一章　总　　则

**第一条**　为了进一步加强虚假诉讼犯罪惩治工作，维护司法公正和司法权威，保护自然人、法人和非法人组织的合法权益，促进社会诚信建设，根据《中华人民共和国刑法》《中华人民共和国刑事诉讼法》《中华人民共和国民事诉讼法》和《最高人民法院、最高人民检察院关于办理虚假诉讼刑事案件适用法律若干问题的解释》等规定，结合工作实际，制定本意见。

**第二条**　本意见所称虚假诉讼犯罪，是指行为人单独或者与他人恶意串通，采取伪造证据、虚假陈述等手段，捏造民事案件基本事实，虚构民事纠纷，向人民法院提起民事诉讼，妨害司法秩序或者严重侵害他人合法权益，依照法律应当受刑罚处罚的行为。

**第三条**　人民法院、人民检察院、公安机关、司法行政机关应当按照法定职责分工负责、配合协作，加强沟通协调，在履行职责过程中发现可能存在虚假诉讼犯罪的，应当及时相互通报情况，共同防范和惩治虚假诉讼犯罪。

## 第二章　虚假诉讼犯罪的甄别和发现

**第四条**　实施《最高人民法院、最高人民检察院关于办理虚假诉讼刑事案件适用法律若干问题的解释》第一条第一款、第二款规定的捏造事实行为，并有下列情形之一的，应当认定为刑法第三百零七条之一第一款规定的“以捏造的事实提起民事诉讼”：

（一）提出民事起诉的；

（二）向人民法院申请宣告失踪、宣告死亡，申请认定公民无民事行为能力、限制民事行为能力，申请认定财产无主，申请确认调解协议，申请实现担保物权，申请支付令，申请公示催告的；

（三）在民事诉讼过程中增加独立的诉讼请求、提出反诉，有独立请求权的第三人提出与本案有关的诉讼请求的；

（四）在破产案件审理过程中申报债权的；

（五）案外人申请民事再审的；

（六）向人民法院申请执行仲裁裁决、公证债权文书的；

（七）案外人在民事执行过程中对执行标的提出异议，债权人在民事执行过程中申请参与执行财产分配的；

（八）以其他手段捏造民事案件基本事实，虚构民事纠纷，提起民事诉讼的。

**第五条** 对于下列虚假诉讼犯罪易发的民事案件类型，人民法院、人民检察院在履行职责过程中应当予以重点关注：

（一）民间借贷纠纷案件；

（二）涉及房屋限购、机动车配置指标调控的以物抵债案件；

（三）以离婚诉讼一方当事人为被告的财产纠纷案件；

（四）以已经资不抵债或者已经被作为被执行人的自然人、法人和非法人组织为被告的财产纠纷案件；

（五）以拆迁区划范围内的自然人为当事人的离婚、分家析产、继承、房屋买卖合同纠纷案件；

（六）公司分立、合并和企业破产纠纷案件；

（七）劳动争议案件；

（八）涉及驰名商标认定的案件；

（九）其他需要重点关注的民事案件。

**第六条** 民事诉讼当事人有下列情形之一的，人民法院、人民检察院在履行职责过程中应当依法严格审查，及时甄别和发现虚假诉讼犯罪：

（一）原告起诉依据的事实、理由不符合常理，存在伪造证据、虚假陈述可能的；

（二）原告诉请司法保护的诉讼标的额与其自身经济状况严重不符的；

（三）在可能影响案外人利益的案件中，当事人之间存在近亲属关系或者关联企业等共同利益关系的；

（四）当事人之间不存在实质性民事权益争议和实质性诉辩对抗的；

（五）一方当事人对于另一方当事人提出的对其不利的事实明确表示承认，且不符合常理的；

（六）认定案件事实的证据不足，但双方当事人主动迅速达成调解协议，请求人民法院制作调解书的；

（七）当事人自愿以价格明显不对等的财产抵付债务的；

（八）民事诉讼过程中存在其他异常情况的。

**第七条** 民事诉讼代理人、证人、鉴定人等诉讼参与人有下列情形之一的，人民法院、人民检察院在履行职责过程中应当依法严格审查，及时甄别和发现虚假诉讼犯罪：

（一）诉讼代理人违规接受对方当事人或者案外人给付的财物或者其他利益，与对方当事人或者案外人恶意串通，侵害委托人合法权益的；

（二）故意提供虚假证据，指使、引诱他人伪造、变造证据、提供虚假证据或者隐匿、毁灭证据的；

（三）采取其他不正当手段干扰民事诉讼活动正常进行的。

## 第三章 线索移送和案件查处

**第八条** 人民法院、人民检察院、公安机关发现虚假诉讼犯罪的线索来源包括：

（一）民事诉讼当事人、诉讼代理人和其他诉讼参与人、利害关系人、其他自然人、法人和非法人组织的报案、控告、举报和法律监督申请；

（二）被害人有证据证明对被告人通过实施虚假诉讼行为侵犯自己合法权益的行为应当依法追究刑事责任，且有证据证明曾经提出控告，而公安机关或者人民检察院不予追究被告人刑事责任，向人民法院提出的刑事自诉；

（三）人民法院、人民检察院、公安机关、司法行政机关履行职责过程中主动发现；

（四）有关国家机关移送的案件线索；

（五）其他线索来源。

**第九条** 虚假诉讼刑事案件由相关虚假民事诉讼案件的受理法院所在地或者执行法院所在地人民法院管辖。有刑法第三百零七条之一第四款情形的，上级人民法院可以指定下级人民法院将案件移送其他人民法院审判。

前款所称相关虚假民事诉讼案件的受理法院，包括该民事案件的一审、二审和再审法院。

虚假诉讼刑事案件的级别管辖，根据刑事诉讼法的规定确定。

**第十条** 人民法院、人民检察院向公安机关移送涉嫌虚假诉讼犯罪案件，应当附下列材料：

（一）案件移送函，载明移送案件的人民法院或者人民检察院名称、民事案件当事人名称和案由、所处民事诉讼阶段、民事案件办理人及联系电话等。

案件移送函应当附移送材料清单和回执，经人民法院或者人民检察院负责人批准后，加盖人民法院或者人民检察院公章；

（二）移送线索的情况说明，载明案件来源、当事人信息、涉嫌虚假诉讼犯罪的事实、法律依据等，并附相关证据材料；

（三）与民事案件有关的诉讼材料，包括起诉书、答辩状、庭审笔录、调查笔录、谈话笔录等。

人民法院、人民检察院应当指定专门职能部门负责涉嫌虚假诉讼犯罪案件的移送。

人民法院将涉嫌虚假诉讼犯罪案件移送公安机关的，同时将有关情况通报同级人民检察院。

**第十一条** 人民法院、人民检察院认定民事诉讼当事人和其他诉讼参与人的行为涉嫌虚假诉讼犯罪，除民事诉讼当事人、其他诉讼参与人或者案外人的陈述、证言外，一般还应有物证、书证或者其他证人证言等证据相印证。

**第十二条** 人民法院、人民检察院将涉嫌虚假诉讼犯罪案件有关材料移送公安机关的，接受案件的公安机关应当出具接受案件的回执或者在案件移送函所附回执上签收。

公安机关收到有关材料后，分别作出以下处理：

（一）认为移送的案件材料不全的，应当在收到有关材料之日起三日内通知移送的人民法院或者人民检察院在三日内补正。不得以材料不全为由不接受移送案件；

（二）认为有犯罪事实，需要追究刑事责任的，应当在收到有关材料之日起三十日内决定是否立案，并通知移送的人民法院或者人民检察院；

（三）认为有犯罪事实，但是不属于自己管辖的，应当立即报经县级以上公安机关负责人批准，在二十四小时内移送有管辖权的机关处理，并告知移送的人民法院或者人民检察院。对于必须采取紧急措施的，应当先采取紧急措施，然后办理手续，移送主管机关；

（四）认为没有犯罪事实，或者犯罪情节显著轻微不需要追究刑事责任的，或者具有其他依法不追究刑事责任情形的，经县级以上公安机关负责人批准，不予立案，并应当说明理由，制作不予立案通知书在三日内送达移送的人民法院或者人民检察院，退回有关材料。

**第十三条** 人民检察院依法对公安机关的刑事立案实行监督。

人民法院对公安机关的不予立案决定有异议的，可以建议人民检察院进行立案监督。

## 第四章 程序衔接

**第十四条** 人民法院向公安机关移送涉嫌虚假诉讼犯罪案件,民事案件必须以相关刑事案件的审理结果为依据的,应当依照民事诉讼法第一百五十条第一款第五项的规定裁定中止诉讼。刑事案件的审理结果不影响民事诉讼程序正常进行的,民事案件应当继续审理。

**第十五条** 刑事案件裁判认定民事诉讼当事人的行为构成虚假诉讼犯罪,相关民事案件尚在审理或者执行过程中的,作出刑事裁判的人民法院应当及时函告审理或者执行该民事案件的人民法院。

人民法院对于与虚假诉讼刑事案件的裁判存在冲突的已经发生法律效力的民事判决、裁定、调解书,应当及时依法启动审判监督程序予以纠正。

**第十六条** 公安机关依法自行立案侦办虚假诉讼刑事案件的,应当在立案后三日内将立案决定书等法律文书和相关材料复印件抄送对相关民事案件正在审理、执行或者作出生效裁判文书的人民法院并说明立案理由,同时通报办理民事案件人民法院的同级人民检察院。对相关民事案件正在审理、执行或者作出生效裁判文书的人民法院应当依法审查,依照相关规定做出处理,并在收到材料之日起三十日内将处理意见书面通报公安机关。

公安机关在办理刑事案件过程中,发现犯罪嫌疑人还涉嫌实施虚假诉讼犯罪的,可以一并处理。需要逮捕犯罪嫌疑人的,由侦查该案件的公安机关提请同级人民检察院审查批准;需要提起公诉的,由侦查该案件的公安机关移送同级人民检察院审查决定。

**第十七条** 有管辖权的公安机关接受民事诉讼当事人、诉讼代理人和其他诉讼参与人、利害关系人、其他自然人、法人和非法人组织的报案、控告、举报或者在履行职责过程中发现存在虚假诉讼犯罪嫌疑的,可以开展调查核实工作。经县级以上公安机关负责人批准,公安机关可以依照有关规定拷贝电子卷或者查阅、复制、摘录人民法院的民事诉讼卷宗,人民法院予以配合。

公安机关在办理刑事案件过程中,发现犯罪嫌疑人还涉嫌实施虚假诉讼犯罪的,适用前款规定。

**第十八条** 人民检察院发现已经发生法律效力的判决、裁定、调解书系民事诉讼当事人通过虚假诉讼获得的,应当依照民事诉讼法第二百零八条第一款、第二款等法律和相关司法解释的规定,向人民法院提出再审检察建议或者抗诉。

**第十九条** 人民法院对人民检察院依照本意见第十八条的规定提出再审

检察建议或者抗诉的民事案件，应当依照民事诉讼法等法律和相关司法解释的规定处理。按照审判监督程序决定再审、需要中止执行的，裁定中止原判决、裁定、调解书的执行。

**第二十条** 人民检察院办理民事诉讼监督案件过程中，发现存在虚假诉讼犯罪嫌疑的，可以向民事诉讼当事人或者案外人调查核实有关情况。有关单位和个人无正当理由拒不配合调查核实、妨害民事诉讼的，人民检察院可以建议有关人民法院依照民事诉讼法第一百一十一条第一款第五项等规定处理。

人民检察院针对存在虚假诉讼犯罪嫌疑的民事诉讼监督案件依照有关规定调阅人民法院的民事诉讼卷宗的，人民法院予以配合。通过拷贝电子卷、查阅、复制、摘录等方式能够满足办案需要的，可以不调阅诉讼卷宗。

人民检察院发现民事诉讼监督案件存在虚假诉讼犯罪嫌疑的，可以听取人民法院原承办人的意见。

**第二十一条** 对于存在虚假诉讼犯罪嫌疑的民事案件，人民法院可以依职权调查收集证据。

当事人自认的事实与人民法院、人民检察院依职权调查并经审理查明的事实不符的，人民法院不予确认。

## 第五章 责任追究

**第二十二条** 对于故意制造、参与虚假诉讼犯罪活动的民事诉讼当事人和其他诉讼参与人，人民法院应当加大罚款、拘留等对妨害民事诉讼的强制措施的适用力度。

民事诉讼当事人、其他诉讼参与人实施虚假诉讼，人民法院向公安机关移送案件有关材料前，可以依照民事诉讼法的规定先行予以罚款、拘留。

对虚假诉讼刑事案件被告人判处罚金、有期徒刑或者拘役的，人民法院已经依照民事诉讼法的规定给予的罚款、拘留，应当依法折抵相应罚金或者刑期。

**第二十三条** 人民检察院可以建议人民法院依照民事诉讼法的规定，对故意制造、参与虚假诉讼的民事诉讼当事人和其他诉讼参与人采取罚款、拘留等强制措施。

**第二十四条** 司法工作人员利用职权参与虚假诉讼的，应当依照法律法规从严处理；构成犯罪的，依法从严追究刑事责任。

**第二十五条** 司法行政机关、相关行业协会应当加强对律师、基层法律服务工作者、司法鉴定人、公证员、仲裁员的教育和管理,发现上述人员利用职务之便参与虚假诉讼的,应当依照规定进行行政处罚或者行业惩戒;构成犯罪的,依法移送司法机关处理。律师、基层法律服务工作者、司法鉴定人、公证员、仲裁员利用职务之便参与虚假诉讼的,依照有关规定从严追究法律责任。

人民法院、人民检察院、公安机关在办理案件过程中,发现律师、基层法律服务工作者、司法鉴定人、公证员、仲裁员利用职务之便参与虚假诉讼,尚未构成犯罪的,可以向司法行政机关、相关行业协会或者上述人员所在单位发出书面建议。司法行政机关、相关行业协会或者上述人员所在单位应当在收到书面建议之日起三个月内作出处理决定,并书面回复作出书面建议的人民法院、人民检察院或者公安机关。

## 第六章 协作机制

**第二十六条** 人民法院、人民检察院、公安机关、司法行政机关探索建立民事判决、裁定、调解书等裁判文书信息共享机制和信息互通数据平台,综合运用信息化手段发掘虚假诉讼违法犯罪线索,逐步实现虚假诉讼违法犯罪案件信息、数据共享。

**第二十七条** 人民法院、人民检察院、公安机关、司法行政机关落实"谁执法谁普法"的普法责任制要求,通过定期开展法治宣传、向社会公开发布虚假诉讼典型案例、开展警示教育等形式,增强全社会对虚假诉讼违法犯罪的防范意识,震慑虚假诉讼违法犯罪。

## 第七章 附则

**第二十八条** 各省、自治区、直辖市高级人民法院、人民检察院、公安机关、司法行政机关可以根据本地区实际情况,制定实施细则。

**第二十九条** 本意见自2021年3月10日起施行。

# 最高人民法院关于北京金融法院案件管辖的规定

（2021年3月1日最高人民法院审判委员会第1833次会议通过 2021年3月16日最高人民法院公告公布 自2021年3月16日起施行 法释〔2021〕7号）

为服务和保障国家金融管理中心建设，进一步明确北京金融法院案件管辖的具体范围，根据《中华人民共和国民事诉讼法》《中华人民共和国行政诉讼法》《全国人民代表大会常务委员会关于设立北京金融法院的决定》等规定，制定本规定。

**第一条** 北京金融法院管辖北京市辖区内应由中级人民法院受理的下列第一审金融民商事案件：

（一）证券、期货交易、营业信托、保险、票据、信用证、独立保函、保理、金融借款合同、银行卡、融资租赁合同、委托理财合同、储蓄存款合同、典当、银行结算合同等金融民商事纠纷；

（二）资产管理业务、资产支持证券业务、私募基金业务、外汇业务、金融产品销售和适当性管理、征信业务、支付业务及经有权机关批准的其他金融业务引发的金融民商事纠纷；

（三）涉金融机构的与公司有关的纠纷；

（四）以金融机构为债务人的破产纠纷；

（五）金融民商事纠纷的仲裁司法审查案件；

（六）申请认可和执行香港特别行政区、澳门特别行政区、台湾地区法院金融民商事纠纷的判决、裁定案件，以及申请承认和执行外国法院金融民商事纠纷的判决、裁定案件。

**第二条** 下列金融纠纷案件，由北京金融法院管辖：

（一）境内投资者以发生在中华人民共和国境外的证券发行、交易活动或者期货交易活动损害其合法权益为由向北京金融法院提起的诉讼；

（二）境内个人或者机构以中华人民共和国境外金融机构销售的金融产品或者提供的金融服务损害其合法权益为由向北京金融法院提起的诉讼。

**第三条** 在全国中小企业股份转让系统向不特定合格投资者公开发行股票并在精选层挂牌的公司的证券发行纠纷、证券承销合同纠纷、证券交易合同纠纷、证券欺诈责任纠纷以及证券推荐保荐和持续督导合同、证券挂牌合同引起的纠纷等第一审民商事案件，由北京金融法院管辖。

**第四条** 以全国中小企业股份转让系统有限责任公司为被告或者第三人的与证券交易场所监管职能相关的第一审金融民商事和涉金融行政案件，由北京金融法院管辖。

**第五条** 以住所地在北京市并依法设立的金融基础设施机构为被告或者第三人的与其履行职责相关的第一审金融民商事案件，由北京金融法院管辖。

**第六条** 北京市辖区内应由中级人民法院受理的对中国人民银行、中国银行保险监督管理委员会、中国证券监督管理委员会、国家外汇管理局等国家金融管理部门以及其他国务院组成部门和法律、法规、规章授权的组织因履行金融监管职责作出的行政行为不服提起诉讼的第一审涉金融行政案件，由北京金融法院管辖。

**第七条** 当事人对北京市基层人民法院作出的涉及本规定第一条第一至三项的第一审金融民商事案件和涉金融行政案件判决、裁定提起的上诉案件和申请再审案件，由北京金融法院审理。

**第八条** 北京市辖区内应由中级人民法院受理的金融民商事案件、涉金融行政案件的再审案件，由北京金融法院审理。

**第九条** 北京金融法院作出的第一审民商事案件和涉金融行政案件生效裁判，以及北京市辖区内应由中级人民法院执行的涉金融民商事纠纷的仲裁裁决，由北京金融法院执行。

北京金融法院执行过程中发生的执行异议案件、执行异议之诉案件，以及北京市基层人民法院涉金融案件执行过程中发生的执行复议案件、执行异议之诉上诉案件，由北京金融法院审理。

**第十条** 中国人民银行、中国银行保险监督管理委员会、中国证券监督管理委员会、国家外汇管理局等国家金融管理部门，以及其他国务院组成部门因履行金融监管职责作为申请人的非诉行政执行案件，由北京金融法院审查和执行。

**第十一条** 当事人对北京金融法院作出的第一审判决、裁定提起的上诉案件，由北京市高级人民法院审理。

**第十二条** 北京市各中级人民法院在北京金融法院成立前已经受理但尚未审结的金融民商事案件和涉金融行政案件，由该中级人民法院继续审理。

**第十三条** 本规定自 2021 年 3 月 16 日起施行。

# 最高人民法院关于人民法院为北京市国家服务业扩大开放综合示范区、中国(北京)自由贸易试验区建设提供司法服务和保障的意见

(2021 年 3 月 22 日　法发〔2021〕11 号)

为深入学习贯彻习近平新时代中国特色社会主义思想，全面贯彻落实习近平总书记在中国国际服务贸易交易会全球服务贸易峰会上的重要讲话精神，充分发挥审判职能作用，为北京市国家服务业扩大开放综合示范区和中国(北京)自由贸易试验区建设(以下简称北京“两区”建设)提供有力司法服务和保障，根据国务院《关于深化北京市新一轮服务业扩大开放综合试点建设国家服务业扩大开放综合示范区工作方案的批复》《中国(北京)自由贸易试验区总体方案》，结合人民法院工作实际，制定如下意见。

**一、总体要求**

1. 深刻认识司法服务保障北京“两区”建设的重大意义。北京“两区”建设，是党中央、国务院着眼于构建以国内大循环为主体、国内国际双循环相互促进的新发展格局作出的重大决策，是新时代推进改革开放的重要战略举措。人民法院要从政治和全局高度，深刻领会北京“两区”建设在建设更高水平开放型经济新体制中的重大意义。要准确把握国内国际形势，以习近平新时代中国特色社会主义思想为指导，学习贯彻习近平法治思想，落实习近平总书记关于北京工作的系列讲话精神，充分发挥审判职能，推动审判体系和审判能力现代化建设，为建设新时代改革开放新高地提供有力司法服务和保障。

2. 准确把握司法服务保障北京“两区”建设的结合点和着力点。人民法院要精准把握北京“两区”建设的司法需求，主动服务和保障国家重大战略实施，深化司法体制改革，提升改革整体效能，构建“全覆盖”法治保障，营造国际一流法治化营商环境，推动北京在科技创新、服务业开放、数字经济发展等领域形成可复制可推广的经验，助力北京建设既有中国特色，又符合首善之都定位，具有全球影响力的高水平自由贸易试验区，推动实现到 2025 年初步建立以贸易便利、投资便利为重点的服务业开放政策制度体系，到 2030 年基本建成与国际高标准经贸规则相衔接的服务业开放体系。北京法院要坚持最高

标准、最严要求、最好效果，以高质量的审判工作服务和保障首都高质量发展，在司法体制改革、审判机制创新和审判能力建设等方面发挥示范引领作用。

**二、服务保障科技创新，推动北京建设国际科技创新中心**

3. 鼓励支持科技创新发展。注重保护涉及国家重大战略需求、重大科研项目和工程、关键核心技术以及优势产业等领域的发明创造，为营造良好创新创业生态、提高科技成果转化效能提供司法服务和保障。加强对量子信息、人工智能、高端芯片、区块链、生物医药、新材料等新科技革命和产业变革前沿领域的司法保护力度，依法保护对经济增长具有突破和带动作用的各类科技成果，总结提炼科技创新司法保护新规则。妥善处理因科技成果权属认定、权利转让、价值确定和利益分配产生的纠纷，支持北京深化科技成果使用权、处置权、收益权改革，开展赋予科研人员职务科技成果所有权或长期使用权试点工作。

4. 强化知识产权审判职能。充分发挥知识产权审判对科技创新的激励和保障作用，加强对发明专利、技术秘密、集成电路布图设计、植物新品种、计算机软件等案件的审理，促进技术和产业不断升级。强化司法反垄断和反不正当竞争，加强商业秘密司法保护，依法制止垄断和不正当竞争行为，维护公平有序的市场环境。积极稳妥推动知识产权质押、保险、证券化等改革试点工作。

5. 加强知识产权审判机制创新。充分发挥北京知识产权法院的示范引领作用，加强知识产权审判庭建设，积极探索符合知识产权案件审判规律的审理规则、裁判方式，提升知识产权审判工作质效。探索在重点园区设立知识产权巡回审判点。探索开展北京部分基层人民法院管辖计算机软件合同纠纷一审案件的试点工作。完善技术调查官、技术咨询专家、技术鉴定人员、专家辅助人参与诉讼活动的技术事实查明机制，提高技术事实查明的中立性、客观性、科学性。积极推动商标授权确权一审行政案件繁简分流，提高司法审查效率。依法审理专利、商标授权确权行政案件，推动行政审查标准与司法审查标准统一，促进我国知识产权审查质量和效率提升。积极应对知识产权国际平行诉讼，保护我国相关权益人海外知识产权，打造当事人信赖的国际知识产权保护和纠纷解决优选地。

6. 加大对侵害知识产权的惩治力度。加大对知识产权侵权违法行为的惩治力度，贯彻落实知识产权惩罚性赔偿制度，切实提高侵权成本。依法通过证据保全等方式及时固定侵权证据，依法妥善运用诉前行为保全有效保护创新主体合法权益。加大刑事打击力度，有效发挥刑罚惩治和震慑知识产权犯罪的功能。准确认定科技创新的权利边界以及民事纠纷与刑事犯罪的区别，防止利用刑事手段干预经济纠纷，积极营造有利于科技创新的法治环境。

三、助力服务业开放，保障服务业扩大开放综合示范区建设

7. 依法支持重点园区建设。支持行政机关依法规划审批等行政行为，稳妥审理涉园区规划建设的各类民商事案件，保障相关工程顺利进展。正确处理"民宅商用""一址多照"问题，妥善解决园区建设中涉及的同一地块多种用途问题。在涉及园区土地执行拍卖案件中，充分考虑土地性质和土地规划目的，依法保障园区整体规划建设。

8. 提高金融审判专业化水平。高标准高起点建设北京金融法院，结合区域功能定位和特点，对金融案件实行集中管辖，推进金融审判体制机制改革，专门管辖北京市应由中级人民法院管辖的金融民商事案件和涉金融行政案件，服务保障国家金融管理中心建设。加大金融纠纷多元化解机制建设，推动金融纠纷繁简分流、快慢分道，深化金融案件"分调裁审"机制改革，建立健全要素式审判、代表人诉讼、示范判决机制，推动金融纠纷高效化解。建立健全专家咨询、专家证人、专家陪审机制，提高金融审判的专业性和公信力。建立与金融监管机构的常态化沟通协调机制，加强金融风险行政处置与司法审判的衔接，形成金融风险防控合力，切实维护国家金融安全。

9. 支持金融服务领域改革创新。积极回应金融服务领域改革创新的司法需求，加大对中外各类金融机构合规经营活动的司法保护力度。依法支持金融服务领域"证照分离"、合格境外有限合伙人试点，逐步放开公开市场投资范围限制，保障和促进金融领域扩大开放。妥善化解融资租赁、保险、支付清算、登记托管、信用证、独立保函等金融纠纷，严格落实金融机构适当性义务，尊重金融监管规定和交易规则，重视交易惯例，支持自律组织的自律措施，营造良好金融法治环境。加强金融案件大数据资源库建设，跟踪研究本外币一体化试点、科创企业跨境融资、私募平行基金、境外投资者投资境内证券、非标准仓单交易等金融领域前沿问题及相关案例，完善金融司法研究机制。

10. 加强消费者合法权益司法保护。妥善审理服务业开放中涉及的产品质量、食品安全、交通、旅游、教育培训、通讯服务等消费者权益保护纠纷案件，加强相关法律适用问题研究，依照民法典、消费者权益保护法、食品安全法、旅游法等相关法律的规定保护消费者合法权益，促进服务业依法有序开放。准确适用惩罚性赔偿制度，遏制恶意侵害消费者权益的经营行为。通过保护消费者合法权益，提升消费者获得感，促进服务业高质量发展。

11. 依法平等保护外商投资合法权益。严格依照民法典等相关法律审理涉及外商的产权纠纷案件，妥善处理涉及外商的公司、买卖、合伙等商事纠纷，引导相关主体完善公司治理、规范经营行为、防范法律风险；合理判断涉及外商投资、商业活动的各类交易模式、交易结构创新的合同效力，营造讲诚信讲

法治的营商环境；加强对外商投资企业尤其是中小企业的保护，依法保护投资人的合法权益。

12. 依法审理各类服务合同纠纷。依法审理涉及数字贸易、文化贸易、商务会展、医疗健康、国际寄递物流、跨境金融等产业的服务合同纠纷，助力优化资金、数据、人才、土地等服务业开放发展的要素供给。充分尊重当事人意思自治，准确把握放宽服务业市场准入对合同效力的影响，从严把握合同无效情形，最大限度维护合同效力。依法审理合同违约纠纷，准确适用违约责任规则，引导各类市场主体增强契约意识。正确认定以应收账款、生产设备、原材料、半成品、产品、仓单、商铺租赁权、项目收益权等财产或者财产性权利作为融资担保的新型担保合同的效力，依法妥善审理涉及动产买卖价款抵押权的案件，促进新型交易模式健康发展，增强服务业企业融资能力。

13. 支持行政机关推进服务业开放发展。依法支持行政机关通过无偿资助、业务奖励和补助等方式推进众创空间、创业基地发展，支持行政机关对相关企业的优惠政策试点。依法支持行政机关为保护产权、支持服务业创新发展实施的行政执法行为。依法审理各类行政纠纷案件，畅通服务业市场主体受到违法行政行为侵害时的救济途径，依法纠正侵犯市场主体合法权益的行政行为。

**四、支持数字经济发展，推动打造数字经济试验区**

14. 加强数据权利司法保护。依法保护权利人对数据控制、处理、受益等合法权益，依法保护数据要素市场主体以合法收集和自身生成数据为基础开发的数据产品的财产性权益。依法审理因数据确权、数据交易、数据服务、数据市场不正当竞争、数据隐私保护等产生的各类案件，加大数字安全和个人隐私保护力度，严惩侵犯个人信息的犯罪行为，为数字经济发展营造竞争中立、开放包容的环境。妥善处理国家安全、国家数据主权、企业数据产权和个人信息保护的关系，以及意思自治与行政监管的关系，为形成数据资源汇集共享、数据流动安全有序、数据价值市场化配置的数据要素良性发展格局提供司法服务和保障。

15. 服务数字经济新业态新模式发展。妥善审理线上教育、在线医疗、远程办公、云上会展等新业态领域的案件，密切关注大数据与交通运输、文化旅游、餐饮服务、现代制造业等领域融合发展引发的新类型案件，促进产业升级，保护消费者合法权益，推动数字经济与实体经济深度融合。加强对 5G、大数据平台、车联网等新型数字化基础设施建设、传统基础设施数字化赋能改造和数字经济示范应用场景建设的司法保护，推动北京打造具有国际竞争力的数字产业集群，建设全球数字经济标杆城市。健全完善北京互联网法院审判体制机制，充分发挥互联网司法审判优势，积极推进大数据、人工智能、区块链等新兴科技与司法工作全方位深度融合，完善依法治网裁判规则，服务首都数字经济发展，为国家创新体系建设和新兴产业发展提供司法保障。

16. 支持数字监管创新。依法支持开展数字经济、数字贸易相关管理制度创新。针对数字服务贸易领域商业存在、跨境交付、境外消费、自然人移动等贸易形态设计的跨境数据流动、数据保护能力认证等内容，依法支持管理政策机制创新，营造安全开放的发展新环境。积极参与北京市数据跨境流动安全管理试点工程相关政策的论证，促进数字贸易监管依法合规，推动北京市数字经济治理能力提升，在全国发挥先导和示范作用。

17. 推动健全数字领域政策法规体系。积极参与制定信息技术安全、数据隐私保护、跨境数据流动等重点领域规则，推动完善数据共享规则和标准体系，促进数据资源高效有序流动和深度开发利用。加强对数据确权、数据交易、数据安全和数字金融等新类型案件的前沿法律问题研究，加快完善数据权利司法保护规则。加强跨境数据保护国际司法合作，积极参与全球数字经济和数字贸易规则制定。

**五、加强涉外审判体系和审判能力建设，营造国际一流法治化营商环境**

18. 深入实施涉外商事审判精品战略。完善涉外商事案件归口集中办理机制，结合北京“两区”建设需求，优化调整涉外商事案件集中管辖范围，提升涉外商事审判专业化水平。完善域外法查明规则，健全域外法律及案例资源库，准确查明和适用国际条约、国际惯例和准据法。准确适用外商投资法律法规，全面实施外商投资准入前国民待遇加负面清单管理制度，服务保障贸易投资自由化便利化和资金、人才等生产要素自由便利流动。进一步完善涉外商事审判机制，探索符合条件的港澳台居民担任人民陪审员参与案件审理，鼓励外籍调解员和港澳台调解员参与纠纷化解。探索根据当事人申请作出简易裁判文书的机制，稳妥推进简化域外证据的公证认证要求，提升涉外司法效能。

19. 加强国际商事纠纷解决机制建设。加强北京法院国际商事纠纷一站式多元解纷中心建设。探索引入国内外知名国际商事仲裁机构、国际商事调解组织，学习借鉴国际一流纠纷解决规则和纠纷解决机构管理经验，打造一流国际商事纠纷解决中心。支持境外知名仲裁及争议解决机构在自由贸易试验区内设立业务机构，就国际商事、投资等领域民商事争议开展仲裁业务。依法支持和保障中外当事人在仲裁前和仲裁中的财产保全、证据保全、行为保全的申请和执行。支持在自由贸易试验区内注册的企业之间约定在特定地点、按照特定仲裁规则、由特定人员对相关争议进行仲裁。恪守国际公约义务，依照

《承认及执行外国仲裁裁决公约》承认和执行外国仲裁裁决。支持国际商事争端预防与解决组织落地运营。

20. 加强国际法研究和运用。充分发挥北京国际法学术研究资源集中的优势和涉外民商事案件类型丰富的特点,加强国际法理论和实务研究,推动国内法治与涉外法治的衔接。加强我国法域外适用法律体系建设相关问题研究,形成一批具有推动法治进程作用、对全国法院有示范效应的标杆性案例。

21. 加强涉外法治人才培养。支持北京法院与相关高校、研究机构积极合作,健全涉外法治人才培养机制。坚持理论与实践相结合,建立挂职学者、法律研修学者和法律实习生制度,探索涉外法治人才培养新路径。建立健全与北京"两区"建设特别是自由贸易试验区建设相适应的国际司法人才培养、引进和交流机制,加大贸易、投资、金融、税务、信息数据等领域高层次审判人才培养力度。加强涉外法治理论和司法实务培训,搭建涉外法治人才的国际交流与实践平台,加快培养一批政治素质过硬、具有全球意识和国际思维、通晓国际法律规则、熟悉相关国家法律法规、善于处理涉外事务的复合型国际化司法人才。

22. 深化国际司法交流合作。加强对"一带一路"国际合作高峰论坛、中国国际服务贸易交易会、高层级科技创新交流合作平台、高水平金融街论坛等在京举行的国家重大外交活动的服务保障工作,推进北京国际交往中心功能建设。加强国际司法交流与合作,积极参与国际司法论坛等活动,增进国际社会对中国司法的了解和认同。加强中国司法制度、司法文化、司法改革、智慧法院建设的对外宣传,讲好中国法治故事,传播中国法治声音。

**六、积极参与社会治理,推动区域协同开放**

23. 推进审判工作信息化智能化。深化智慧法院建设,积极推进互联网、人工智能、大数据、云计算、区块链、5G 等现代科技在司法领域的深度应用,提升智慧审判、智慧执行、智慧服务、智慧管理水平。依托中国移动微法院、北京云法庭等平台,引导当事人网上立案、开庭、调解,跨区域远程办理诉讼事项,为跨境诉讼当事人提供网上立案等服务,使中外当事人诉讼更高效、便捷、安全。深入落实市场主体送达地址承诺确认制度,大力推广电子送达,继续推进民事案件繁简分流机制改革,不断提高审判效率,及时化解矛盾纠纷。

24. 加强诉源治理。支持北京"两区"建设地方性立法工作,积极参与立法研究。北京法院要深化"多元调解 + 速裁"工作机制,完善司法调解与人民调解、行政调解联动工作体系,强化诉讼与仲裁、调解、公证、行政复议、行政裁决等非诉讼方式有机衔接。依托北京法院 12368 诉讼服务热线,对接北京市党建引领"街乡吹哨、部门报到"基层治理工作机制,对各街乡党委政府等组织涉及北京“两区”建设的司法服务需求实行“一号受理”“接诉即办”。加强与重点园区基层党委政府、自治组织和调解组织的协调联动,支持重点园区街乡社区群众自治组织依法自治。深入开展“订单式”精准普法,定期发布典型案例,促进规则意识和法治意识提升,营造良好法治氛围。加强风险研判和预警预防,把矛盾纠纷化解在源头、化解在园区。

25.服务保障京津冀协同发展。妥善处理涉非首都功能疏解的各类纠纷,依法高效办理涉北京城市副中心、河北雄安、滨海——中关村科技园、“轨道上的京津冀”、北京大兴国际机场临空经济区等重点建设的各类案件,加大对环境污染类案件的审理力度,推动完善京津冀区域大气、水和固体废物污染联防联控联治机制,积极参与区域创新链、产业链、供应链布局与政策衔接中的法律论证。加强区域司法协同,进一步健全工作联络机制,不断完善执行联动协作,探索特定类型案件集中管辖或专门管辖,建立健全京津冀法院共同调研协调机制,加强人员培训和法官任职交流工作,为京津冀协同开放提供司法服务和保障。

26.健全风险防控体系。牢固树立总体国家安全观,坚持底线思维和风险意识,积极参与风险防控体系建设。严厉打击黑恶势力犯罪、毒品犯罪等妨害社会管理秩序犯罪,营造安全稳定的社会环境。依法惩治走私、洗钱、逃税、非法集资等涉及北京“两区”建设重点领域的经济犯罪,维护市场经济秩序。妥善审理贸易、知识产权、投资、金融、网络和数据、公共卫生和生态等领域重大案件,进一步完善以案件甄别、防控、化解、处置等为重点的重大敏感案件风险防控和处置机制,切实守住风险防控底线。完善对失信被执行人联合信用惩戒体系,建立健全失信行为信用修复机制。加强与行政机关、监管部门协同配合,完善司法协作机制和联防联控机制,对北京“两区”建设中纠纷多发类型、易发特征、风险环节等及时分析研判,实行实时监测、动态跟踪和及时预警,就纠纷动向和风险防范向相关部门单位提出司法建议,协同防范化解重大风险。

# 最高人民法院关于审理国家赔偿案件确定精神损害赔偿责任适用法律若干问题的解释

（2021年2月7日最高人民法院审判委员会第1831次会议通过　2021年3月24日最高人民法院公告公布　自2021年4月1日起施行　法释〔2021〕3号）

为正确适用《中华人民共和国国家赔偿法》有关规定，合理确定精神损害赔偿责任，结合国家赔偿审判实际，制定本解释。

**第一条**　公民以人身权受到侵犯为由提出国家赔偿申请，依照国家赔偿法第三十五条的规定请求精神损害赔偿的，适用本解释。

法人或者非法人组织请求精神损害赔偿的，人民法院不予受理。

**第二条**　公民以人身权受到侵犯为由提出国家赔偿申请，未请求精神损害赔偿，或者未同时请求消除影响、恢复名誉、赔礼道歉以及精神损害抚慰金的，人民法院应当向其释明。经释明后不变更请求，案件审结后又基于同一侵权事实另行提出申请的，人民法院不予受理。

**第三条**　赔偿义务机关有国家赔偿法第三条、第十七条规定情形之一，依法应当承担国家赔偿责任的，可以同时认定该侵权行为致人精神损害。但是赔偿义务机关有证据证明该公民不存在精神损害，或者认定精神损害违背公序良俗的除外。

**第四条**　侵权行为致人精神损害，应当为受害人消除影响、恢复名誉或者赔礼道歉；侵权行为致人精神损害并造成严重后果，应当在支付精神损害抚慰金的同时，视案件具体情形，为受害人消除影响、恢复名誉或者赔礼道歉。

消除影响、恢复名誉与赔礼道歉，可以单独适用，也可以合并适用，并应当与侵权行为的具体方式和造成的影响范围相当。

**第五条**　人民法院可以根据案件具体情况，组织赔偿请求人与赔偿义务机关就消除影响、恢复名誉或者赔礼道歉的具体方式进行协商。

协商不成作出决定的，应当采用下列方式：

（一）在受害人住所地或者所在单位发布相关信息；

（二）在侵权行为直接影响范围内的媒体上予以报道；

（三）赔偿义务机关有关负责人向赔偿请求人赔礼道歉。

**第六条** 决定为受害人消除影响、恢复名誉或者赔礼道歉的，应当载入决定主文。

赔偿义务机关在决定作出前已为受害人消除影响、恢复名誉或者赔礼道歉，或者原侵权案件的纠正被媒体广泛报道，客观上已经起到消除影响、恢复名誉作用，且符合本解释规定的，可以在决定书中予以说明。

**第七条** 有下列情形之一的，可以认定为国家赔偿法第三十五条规定的"造成严重后果"：

（一）无罪或者终止追究刑事责任的人被羁押六个月以上；

（二）受害人经鉴定为轻伤以上或者残疾；

（三）受害人经诊断、鉴定为精神障碍或者精神残疾，且与侵权行为存在关联；

（四）受害人名誉、荣誉、家庭、职业、教育等方面遭受严重损害，且与侵权行为存在关联。

受害人无罪被羁押十年以上；受害人死亡；受害人经鉴定为重伤或者残疾一至四级，且生活不能自理；受害人经诊断、鉴定为严重精神障碍或者精神残疾一至二级，生活不能自理，且与侵权行为存在关联的，可以认定为后果特别严重。

**第八条** 致人精神损害，造成严重后果的，精神损害抚慰金一般应当在国家赔偿法第三十三条、第三十四条规定的人身自由赔偿金、生命健康赔偿金总额的百分之五十以下（包括本数）酌定；后果特别严重，或者虽然不具有本解释第七条第二款规定情形，但是确有证据证明前述标准不足以抚慰的，可以在百分之五十以上酌定。

**第九条** 精神损害抚慰金的具体数额，应当在兼顾社会发展整体水平的同时，参考下列因素合理确定：

（一）精神受到损害以及造成严重后果的情况；

（二）侵权行为的目的、手段、方式等具体情节；

（三）侵权机关及其工作人员的违法、过错程度、原因力比例；

（四）原错判罪名、刑罚轻重、羁押时间；

（五）受害人的职业、影响范围；

（六）纠错的事由以及过程；

（七）其他应当考虑的因素。

**第十条** 精神损害抚慰金的数额一般不少于一千元；数额在一千元以上的，以千为计数单位。

赔偿请求人请求的精神损害抚慰金少于一千元,且其请求事由符合本解释规定的造成严重后果情形,经释明不予变更的,按照其请求数额支付。

**第十一条** 受害人对损害事实和后果的发生或者扩大有过错的,可以根据其过错程度减少或者不予支付精神损害抚慰金。

**第十二条** 决定中载明的支付精神损害抚慰金及其他责任承担方式,赔偿义务机关应当履行。

**第十三条** 人民法院审理国家赔偿法第三十八条所涉侵犯公民人身权的国家赔偿案件,以及作为赔偿义务机关审查处理国家赔偿案件,涉及精神损害赔偿的,参照本解释规定。

**第十四条** 本解释自2021年4月1日起施行。本解释施行前的其他有关规定与本解释不一致的,以本解释为准。

# 最高人民法院关于正确确定县级以上地方人民政府行政诉讼被告资格若干问题的规定

(2021年2月22日最高人民法院审判委员会第1832次会议通过 2021年3月25日最高人民法院公告公布 自2021年4月1日起施行 法释〔2021〕5号)

为准确适用《中华人民共和国行政诉讼法》,依法正确确定县级以上地方人民政府的行政诉讼被告资格,结合人民法院行政审判工作实际,制定本解释。

**第一条** 法律、法规、规章规定属于县级以上地方人民政府职能部门的行政职权,县级以上地方人民政府通过听取报告、召开会议、组织研究、下发文件等方式进行指导,公民、法人或者其他组织不服县级以上地方人民政府的指导行为提起诉讼的,人民法院应当释明,告知其以具体实施行政行为的职能部门为被告。

**第二条** 县级以上地方人民政府根据城乡规划法的规定,责成有关职能部门对违法建筑实施强制拆除,公民、法人或者其他组织不服强制拆除行为提起诉讼,人民法院应当根据行政诉讼法第二十六条第一款的规定,以作出强制拆除决定的行政机关为被告;没有强制拆除决定书的,以具体实施强制拆除行为的职能部门为被告。

**第三条** 公民、法人或者其他组织对集体土地征收中强制拆除房屋等行为不服提起诉讼的，除有证据证明系县级以上地方人民政府具体实施外，人民法院应当根据行政诉讼法第二十六条第一款的规定，以作出强制拆除决定的行政机关为被告；没有强制拆除决定书的，以具体实施强制拆除等行为的行政机关为被告。

县级以上地方人民政府已经作出国有土地上房屋征收与补偿决定，公民、法人或者其他组织不服具体实施房屋征收与补偿工作中的强制拆除房屋等行为提起诉讼的，人民法院应当根据行政诉讼法第二十六条第一款的规定，以作出强制拆除决定的行政机关为被告；没有强制拆除决定书的，以县级以上地方人民政府确定的房屋征收部门为被告。

**第四条** 公民、法人或者其他组织向县级以上地方人民政府申请履行法定职责或者给付义务，法律、法规、规章规定该职责或者义务属于下级人民政府或者相应职能部门的行政职权，县级以上地方人民政府已经转送下级人民政府或者相应职能部门处理并告知申请人，申请人起诉要求履行法定职责或者给付义务的，以下级人民政府或者相应职能部门为被告。

**第五条** 县级以上地方人民政府确定的不动产登记机构或者其他实际履行该职责的职能部门按照《不动产登记暂行条例》的规定办理不动产登记，公民、法人或者其他组织不服提起诉讼的，以不动产登记机构或者实际履行该职责的职能部门为被告。

公民、法人或者其他组织对《不动产登记暂行条例》实施之前由县级以上地方人民政府作出的不动产登记行为不服提起诉讼的，以继续行使其职权的不动产登记机构或者实际履行该职责的职能部门为被告。

**第六条** 县级以上地方人民政府根据《中华人民共和国政府信息公开条例》的规定，指定具体机构负责政府信息公开日常工作，公民、法人或者其他组织对该指定机构以自己名义所作的政府信息公开行为不服提起诉讼的，以该指定机构为被告。

**第七条** 被诉行政行为不是县级以上地方人民政府作出，公民、法人或者其他组织以县级以上地方人民政府作为被告的，人民法院应当予以指导和释明，告知其向有管辖权的人民法院起诉；公民、法人或者其他组织经人民法院释明仍不变更的，人民法院可以裁定不予立案，也可以将案件移送有管辖权的人民法院。

**第八条** 本解释自 2021 年 4 月 1 日起施行。本解释施行后，最高人民法院此前作出的相关司法解释与本解释相抵触的，以本解释为准。

# 最高人民法院关于办理行政申请再审案件若干问题的规定

（2021 年 3 月 1 日最高人民法院审判委员会第 1833 次会议通过　2021 年 3 月 25 日最高人民法院公告公布　自 2021 年 4 月 1 日起施行　法释〔2021〕6 号）

为切实保障当事人申请再审的权利，切实有效解决行政争议，结合人民法院行政审判工作实践，根据《中华人民共和国行政诉讼法》的规定，制定本解释。

**第一条**　当事人不服高级人民法院已经发生法律效力的判决、裁定，依照行政诉讼法第九十条的规定向最高人民法院申请再审的，最高人民法院应当依法审查，分别情况予以处理。

**第二条**　下列行政申请再审案件中，原判决、裁定适用法律、法规确有错误的，最高人民法院应当裁定再审：

（一）在全国具有普遍法律适用指导意义的案件；

（二）在全国范围内或者省、自治区、直辖市有重大影响的案件；

（三）跨省、自治区、直辖市的案件；

（四）重大涉外或者涉及香港特别行政区、澳门特别行政区、台湾地区的案件；

（五）涉及重大国家利益、社会公共利益的案件；

（六）经高级人民法院审判委员会讨论决定的案件；

（七）最高人民法院认为应当再审的其他案件。

**第三条**　行政申请再审案件有下列情形之一的，最高人民法院可以决定由作出生效判决、裁定的高级人民法院审查：

（一）案件基本事实不清、诉讼程序违法、遗漏诉讼请求的；

（二）再审申请人或者第三人人数众多的；

（三）由高级人民法院审查更适宜实质性化解行政争议的；

（四）最高人民法院认为可以由高级人民法院审查的其他情形。

**第四条**　已经发生法律效力的判决、裁定认定事实清楚，适用法律、法规正确，当事人主张的再审事由不成立的，最高人民法院可以迳行裁定驳回再审申请。

**第五条** 当事人不服人民法院再审判决、裁定的,可以依法向人民检察院申请抗诉或者检察建议。

**第六条** 本解释自2021年4月1日起施行。本解释施行后,最高人民法院此前作出的相关司法解释与本解释相抵触的,以本解释为准。

**附件:**1. 中华人民共和国最高人民法院决定书(最高人民法院决定由高级人民法院审查用)

2. 中华人民共和国最高人民法院通知书(最高人民法院决定由高级人民法院审查时通知再审申请人用)

3. 中华人民共和国最高人民法院行政裁定书(最高人民法院迳行驳回再审申请用)

**附件1**

## 中华人民共和国最高人民法院
## 决定书

(××××)最高法行决×号

××××高级人民法院:

根据《中华人民共和国行政诉讼法》第九十条、《最高人民法院关于办理行政申请再审案件若干问题的规定》第三条的规定,现将再审申请人×××诉×××(机关名称)一案,交由你院审查。请你院依照《中华人民共和国行政诉讼法》及其司法解释的相关规定进行审查处理。

××××年××月××日

(院印)

附件2

# 中华人民共和国最高人民法院
# 通知书

（××××）最高法行通×号

×××（再审申请人）：

根据《中华人民共和国行政诉讼法》第九十条、《最高人民法院关于办理行政申请再审案件若干问题的规定》第三条的规定，本院将再审申请人×××诉×××（机关名称）一案，交由××××高级人民法院审查。请等待审查结果。对高级人民法院审查后作出的判决、裁定仍然不服的，可以依照《最高人民法院关于适用〈中华人民共和国行政诉讼法〉的解释》第一百一十七条的规定向人民检察院申请抗诉或者检察建议。

特此通知。

××××年××月××日

（院印）

附件 3

# 中华人民共和国最高人民法院
# 行政裁定书

（××××）最高法行申×号

再审申请人（一、二审诉讼地位）：×××，……。

被申请人（一、二审诉讼地位）：×××，……。

（以上写明当事人和其他诉讼参与人的姓名或者名称等基本信息）

再审申请人×××因诉×××（机关名称）一案，不服××××高级人民法院×××号行政判决（裁定），向本院申请再审。本院依法对本案进行了审查，现已审查终结。

×××向本院申请再审，请求……（简要列明请求和理由）。

本院认为，×××的再审申请不符合《中华人民共和国行政诉讼法》第九十一条规定的情形。依照《最高人民法院关于适用〈中华人民共和国行政诉讼法〉的解释》第一百一十六条第二款、《最高人民法院关于办理行政申请再审案件若干问题的规定》第四条之规定，裁定如下：

驳回×××的再审申请。

审判长×××

审判员×××

审判员×××

××××年××月××日

（院印）

法官助理×××

书记员×××

附：

# 2021年3月份报国务院备案并予以登记的地方性法规、自治条例、单行条例和地方政府规章目录

## 地方性法规

| 法规名称 | 公布日期 | 备案登记编号 |
|---|---|---|
| 山西省人民代表大会常务委员会关于修改《山西省公民献血条例》等六部地方性法规的决定 | 2020年9月30日 | 国司备字［2021003922］ |
| 山西省城乡居民补充养老保险条例 | 2020年11月27日 | 国司备字［2021003923］ |
| 山西省保障和促进县域医疗卫生一体化办法 | 2020年11月27日 | 国司备字［2021003924］ |
| 山西省政务数据管理与应用办法 | 2020年11月27日 | 国司备字［2021003925］ |
| 山西省人民代表大会常务委员会关于修改《山西省实施〈中华人民共和国土地管理法〉办法》《山西省机关运行保障条例》《山西省各级人民代表大会选举实施细则》的决定 | 2020年11月27日 | 国司备字［2021003926］ |
| 山西省人民代表大会常务委员会关于废止《山西省农村初级卫生保健条例》的决定 | 2020年11月27日 | 国司备字［2021003927］ |
| 太原市医疗急救服务条例 | 2020年12月1日 | 国司备字［2021003944］ |
| 太原市人民代表大会常务委员会关于修改《太原市城市供水管理办法》等五件地方性法规的决定 | 2020年12月1日 | 国司备字［2021003945］ |

续表

| 法规名称 | 公布日期 | 备案登记编号 |
| --- | --- | --- |
| 大同市水污染防治条例 | 2021 年 1 月 18 日 | 国司备字［2021003978］ |
| 大同市城市市容和环境卫生管理办法 | 2021 年 1 月 18 日 | 国司备字［2021003979］ |
| 运城市盐湖保护条例 | 2020 年 12 月 10 日 | 国司备字［2021003965］ |
| 运城市文明行为促进条例 | 2020 年 12 月 10 日 | 国司备字［2021003966］ |
| 晋城市生活垃圾分类管理条例 | 2020 年 12 月 3 日 | 国司备字［2021003946］ |
| 晋城市养老服务条例 | 2020 年 12 月 3 日 | 国司备字［2021003952］ |
| 吕梁市电动自行车管理条例 | 2020 年 12 月 1 日 | 国司备字［2021003947］ |
| 吕梁市城市道路挖掘管理条例 | 2020 年 12 月 1 日 | 国司备字［2021003948］ |
| 晋中市静升古镇保护条例 | 2020 年 12 月 7 日 | 国司备字［2021003953］ |
| 晋中市太谷传统医药国家级非物质文化遗产保护条例 | 2020 年 12 月 7 日 | 国司备字［2021003954］ |
| 长治市生活垃圾分类管理条例 | 2020 年 12 月 15 日 | 国司备字［2021003955］ |
| 临汾市农村自建房屋质量管理办法 | 2020 年 12 月 12 日 | 国司备字［2021003956］ |
| 临汾市文明行为促进条例 | 2020 年 12 月 11 日 | 国司备字［2021003959］ |
| 临汾市体育设施建设和管理办法 | 2020 年 12 月 12 日 | 国司备字［2021003967］ |
| 阳泉市黑热病防治规定 | 2020 年 12 月 15 日 | 国司备字［2021003957］ |

续表

| 法规名称 | 公布日期 | 备案登记编号 |
|---|---|---|
| 阳泉市人民代表大会常务委员会关于修改《阳泉市道路交通安全管理条例》等六部地方性法规的决定 | 2020 年 12 月 15 日 | 国司备字［2021003999］ |
| 朔州市电动自行车管理条例 | 2021 年 1 月 22 日 | 国司备字［2021004000］ |
| 内蒙古自治区地方金融监督管理条例 | 2020 年 9 月 23 日 | 国司备字［2021003980］ |
| 内蒙古自治区文明行为促进条例 | 2020 年 9 月 23 日 | 国司备字［2021003981］ |
| 内蒙古自治区人民代表大会常务委员会关于修改《内蒙古自治区城市房地产开发经营管理条例》等 4 件地方性法规的决定 | 2020 年 9 月 23 日 | 国司备字［2021003982］ |
| 内蒙古自治区土壤污染防治条例 | 2020 年 11 月 26 日 | 国司备字［2021003983］ |
| 内蒙古自治区农村牧区公路条例 | 2020 年 11 月 26 日 | 国司备字［2021003984］ |
| 内蒙古自治区精神卫生条例 | 2020 年 11 月 26 日 | 国司备字［2021003985］ |
| 内蒙古自治区人民代表大会常务委员会关于修改《内蒙古自治区耕地保养条例》等 4 件地方性法规的决定 | 2020 年 11 月 26 日 | 国司备字［2021003986］ |
| 呼和浩特市人民代表大会常务委员会关于修改《呼和浩特市市容环境卫生管理条例》的决定 | 2020 年 10 月 22 日 | 国司备字［2021003988］ |
| 呼和浩特市人民代表大会常务委员会关于修改《呼和浩特市节约用水管理条例》的决定 | 2020 年 10 月 22 日 | 国司备字［2021003989］ |
| 呼和浩特市文明行为促进条例 | 2020 年 12 月 9 日 | 国司备字［2021003990］ |
| 呼伦贝尔市文明行为促进条例 | 2020 年 12 月 14 日 | 国司备字［2021003991］ |

续表

| 法规名称 | 公布日期 | 备案登记编号 |
| --- | --- | --- |
| 通辽市蒙医正骨保护条例 | 2020 年 12 月 1 日 | 国司备字［2021003992］ |
| 赤峰市农村牧区人居环境治理条例 | 2020 年 12 月 15 日 | 国司备字［2021003993］ |
| 乌兰察布市农用地膜污染防治条例 | 2020 年 10 月 20 日 | 国司备字［2021003994］ |
| 鄂尔多斯市养老服务条例 | 2020 年 10 月 20 日 | 国司备字［2021003995］ |
| 鄂尔多斯市中小学校幼儿园规划建设条例 | 2020 年 12 月 23 日 | 国司备字［2021003996］ |
| 巴彦淖尔市农药污染防治条例 | 2020 年 10 月 20 日 | 国司备字［2021003997］ |
| 巴彦淖尔市城市客运交通管理条例 | 2020 年 12 月 14 日 | 国司备字［2021003998］ |
| 辽源市文明行为促进条例 | 2020 年 12 月 7 日 | 国司备字［2021003919］ |
| 延边朝鲜族自治州第十五届人民代表大会第五次会议关于修改和废止《延边朝鲜族自治州企业和企业经营者权益保护条例》等 11 部单行条例的决定 | 2020 年 6 月 19 日 | 国司备字［2021004001］ |
| 伊通满族自治县城乡道路管理条例 | 2020 年 12 月 4 日 | 国司备字［2021003920］ |
| 伊通满族自治县第七届人民代表大会第五次会议关于废止《伊通满族自治县玉米种子管理条例》的决定 | 2020 年 12 月 4 日 | 国司备字［2021003921］ |
| 伊通满族自治县城镇管理条例 | 2020 年 12 月 4 日 | 国司备字［2021004002］ |
| 浙江省人民代表大会议事规则 | 2021 年 1 月 30 日 | 国司备字［2021003918］ |
| 山东省规范海洋渔业船舶捕捞规定 | 2021 年 1 月 28 日 | 国司备字［2021003907］ |

续表

| 法规名称 | 公布日期 | 备案登记编号 |
| --- | --- | --- |
| 青岛市优化营商环境条例 | 2021 年 1 月 28 日 | 国司备字［2021003908］ |
| 青岛市物业管理条例 | 2021 年 1 月 28 日 | 国司备字［2021003909］ |
| 淄博市禁止燃放烟花爆竹规定 | 2021 年 1 月 29 日 | 国司备字［2021003910］ |
| 潍坊市供热条例 | 2021 年 1 月 28 日 | 国司备字［2021003911］ |
| 济宁市水环境保护条例 | 2021 年 1 月 29 日 | 国司备字［2021003912］ |
| 临沂市城镇容貌和环境卫生管理条例 | 2021 年 1 月 28 日 | 国司备字［2021003913］ |
| 菏泽市人民代表大会常务委员会关于修改《菏泽市城镇容貌和环境卫生管理条例》的决定 | 2021 年 2 月 1 日 | 国司备字［2021003914］ |
| 日照市公园条例 | 2021 年 1 月 28 日 | 国司备字［2021003915］ |
| 德州市文明行为促进条例 | 2021 年 1 月 29 日 | 国司备字［2021003916］ |
| 聊城市物业管理条例 | 2021 年 1 月 29 日 | 国司备字［2021003917］ |
| 新乡市户外广告设置管理条例 | 2021 年 2 月 19 日 | 国司备字［2021003968］ |
| 珠海市文明行为条例 | 2021 年 2 月 5 日 | 国司备字［2021003961］ |
| 珠海市人民代表大会常务委员会关于修改《珠海市供水用水管理条例》的决定 | 2021 年 2 月 7 日 | 国司备字［2021003962］ |
| 珠海市人民代表大会常务委员会关于废止《珠海市排水条例》的决定 | 2021 年 2 月 7 日 | 国司备字［2021003963］ |
| 汕头市防御雷电灾害条例 | 2021 年 2 月 1 日 | 国司备字［2021003950］ |

续表

| 法规名称 | 公布日期 | 备案登记编号 |
| --- | --- | --- |
| 佛山市住宅物业管理条例 | 2021 年 2 月 19 日 | 国司备字［2021003964］ |
| 汕尾市电力设施保护和供用电秩序维护条例 | 2021 年 1 月 21 日 | 国司备字［2021003960］ |
| 云浮市石材生产加工污染防治条例 | 2020 年 12 月 24 日 | 国司备字［2021003951］ |

# 地方政府规章

| 规章名称 | 公布日期 | 备案登记编号 |
| --- | --- | --- |
| 秦皇岛市人民政府关于修改和废止部分市政府规章的决定 | 2021 年 2 月 7 日 | 国司备字［2021004005］ |
| 山西省长城保护办法 | 2021 年 2 月 9 日 | 国司备字［2021003949］ |
| 山西省城乡燃气使用安全管理规定 | 2021 年 2 月 9 日 | 国司备字［2021003958］ |
| 大同市人民政府关于修改和废止部分市政府规章的决定 | 2021 年 1 月 15 日 | 国司备字［2021004006］ |
| 辽宁省人民政府关于废止部分省政府规章的决定 | 2021 年 2 月 26 日 | 国司备字［2021004007］ |
| 大连市人民政府关于废止 4 件市政府规章的决定 | 2021 年 2 月 21 日 | 国司备字［2021004016］ |
| 本溪市住宅专项维修资金管理办法 | 2021 年 2 月 4 日 | 国司备字［2021003971］ |
| 铁岭市人民政府关于修改《铁岭市人民政府拟定地方性法规草案和制定规章程序规定》的决定 | 2020 年 12 月 31 日 | 国司备字［2021004036］ |
| 葫芦岛市政府规章制定办法 | 2021 年 2 月 22 日 | 国司备字［2021004015］ |

续表

| 规章名称 | 公布日期 | 备案登记编号 |
|---|---|---|
| 黑龙江省政府立法工作规定 | 2021 年 3 月 1 日 | 国司备字［2021003972］ |
| 齐齐哈尔市人民政府关于调整一批行政权力事项的决定 | 2021 年 2 月 5 日 | 国司备字［2021004022］ |
| 齐齐哈尔市人民政府关于废止部分规章的决定 | 2021 年 3 月 15 日 | 国司备字［2021004043］ |
| 上海市人民政府关于修改《上海市实有人口服务和管理若干规定》的决定 | 2021 年 2 月 15 日 | 国司备字［2021004018］ |
| 上海市水域治安管理办法 | 2021 年 2 月 15 日 | 国司备字［2021004020］ |
| 苏州市人民政府关于废止《苏州市合同格式条款管理办法》等 3 件规章的决定 | 2021 年 3 月 12 日 | 国司备字［2021004030］ |
| 连云港市人民防空工程建设和使用管理办法 | 2021 年 2 月 25 日 | 国司备字［2021004027］ |
| 宿迁市古黄河运河风光带风景名胜区管理办法 | 2021 年 2 月 25 日 | 国司备字［2021004039］ |
| 浙江省人民政府关于废止《浙江省农村公路养护与管理办法》等 2 件规章的决定 | 2021 年 2 月 10 日 | 国司备字［2021004003］ |
| 浙江省人民政府关于修改《浙江省价格监测预警办法》等 9 件规章的决定 | 2021 年 2 月 10 日 | 国司备字［2021004004］ |
| 宁波市外商投资企业投诉处理办法 | 2021 年 2 月 18 日 | 国司备字［2021003973］ |
| 宁波市人民政府关于修改和废止部分政府规章的决定 | 2021 年 2 月 18 日 | 国司备字［2021003974］ |
| 安徽省政务数据资源管理办法 | 2020 年 12 月 30 日 | 国司备字［2021003977］ |
| 蚌埠市禁止、限制一次性不可降解塑料制品规定 | 2021 年 1 月 28 日 | 国司备字［2021003939］ |
| 蚌埠市住宅物业管理办法 | 2021 年 2 月 9 日 | 国司备字［2021003940］ |

续表

| 规章名称 | 公布日期 | 备案登记编号 |
| --- | --- | --- |
| 漳州市农贸市场管理办法 | 2021 年 1 月 13 日 | 国司备字［2021004044］ |
| 三明市停车场管理办法 | 2021 年 2 月 9 日 | 国司备字［2021004017］ |
| 宜春市人民政府关于修改《宜春市人民政府拟订地方性法规草案和制定规章程序规定》的决定 | 2021 年 2 月 22 日 | 国司备字［2021004055］ |
| 山东省企业职工生育保险规定 | 2021 年 1 月 30 日 | 国司备字［2021004041］ |
| 济南市人民政府关于废止《济南市国有土地收购储备办法》的决定 | 2021 年 3 月 17 日 | 国司备字［2021004040］ |
| 淄博市人民政府关于废止《淄博市城市污水处理费征收使用管理办法》等 2 件市政府规章和修改《淄博市国有土地储备办法》的决定 | 2021 年 2 月 24 日 | 国司备字［2021004037］ |
| 郑州市人民政府关于修改部分政府规章的决定 | 2020 年 1 月 17 日 | 国司备字［2021004034］ |
| 信阳市人民政府拟定地方性法规草案和制定政府规章程序规定 | 2020 年 12 月 30 日 | 国司备字［2021004012］ |
| 湖北省人民政府关于修改《湖北省地方储备粮管理办法》《湖北省自然灾害救助办法》的决定 | 2021 年 1 月 25 日 | 国司备字［2021003976］ |
| 宜昌城区城市桥梁隧道安全管理办法 | 2021 年 2 月 24 日 | 国司备字［2021004011］ |
| 岳阳市人民政府关于修改《岳阳市城市二次供水管理办法》的决定 | 2021 年 2 月 7 日 | 国司备字［2021004014］ |
| 广东省旧城镇旧厂房旧村庄改造管理办法 | 2021 年 1 月 17 日 | 国司备字［2021003928］ |
| 广东省消防工作若干规定 | 2021 年 2 月 9 日 | 国司备字［2021004009］ |

续表

| 规章名称 | 公布日期 | 备案登记编号 |
|---|---|---|
| 广东省人民政府关于将一批省级行政职权事项调整由广州、深圳市实施的决定 | 2021 年 2 月 1 日 | 国司备字［2021004029］ |
| 广东省人民政府关于将第三批省级管理权限调整由中国（广东）自由贸易试验区各片区管委会实施的决定 | 2021 年 2 月 18 日 | 国司备字［2021004038］ |
| 广州市人民政府关于废止《广州市保守工作秘密规定》的决定 | 2021 年 1 月 29 日 | 国司备字［2021003933］ |
| 广州市人民政府关于下放、委托和收回一批市级行政权力事项的决定 | 2021 年 1 月 31 日 | 国司备字［2021003934］ |
| 广州市老年人优待办法 | 2021 年 1 月 29 日 | 国司备字［2021003936］ |
| 广州市井盖设施管理办法 | 2021 年 1 月 29 日 | 国司备字［2021003935］ |
| 广州市献血管理规定 | 2021 年 2 月 9 日 | 国司备字［2021004023］ |
| 广州市电梯安全管理办法 | 2021 年 2 月 3 日 | 国司备字［2021004024］ |
| 佛山市公共图书馆管理办法 | 2021 年 2 月 18 日 | 国司备字［2021004031］ |
| 湛江市地下水管理办法 | 2021 年 2 月 1 日 | 国司备字［2021003932］ |
| 潮州市城区机动车道路临时停放管理办法 | 2021 年 1 月 29 日 | 国司备字［2021003930］ |
| 肇庆市大型群众性活动安全管理规定 | 2021 年 3 月 1 日 | 国司备字［2021004019］ |
| 广西壮族自治区人民政府关于废止和修改部分政府规章的决定 | 2021 年 3 月 12 日 | 国司备字［2021004049］ |
| 柳州市城市建筑垃圾管理规定 | 2021 年 2 月 26 日 | 国司备字［2021004032］ |
| 三亚市优化营商环境若干规定 | 2021 年 2 月 8 日 | 国司备字［2021004046］ |

续表

| 规章名称 | 公布日期 | 备案登记编号 |
|---|---|---|
| 重庆市人民政府关于废止和修改部分政府规章的决定 | 2021 年 2 月 9 日 | 国司备字［2021004021］ |
| 成都市人民政府拟定地方性法规草案和制定规章程序规定 | 2021 年 2 月 8 日 | 国司备字［2021003938］ |
| 雅安市爱国卫生管理办法 | 2021 年 2 月 25 日 | 国司备字［2021004048］ |
| 六盘水市生活垃圾分类管理办法 | 2021 年 1 月 19 日 | 国司备字［2021003942］ |
| 毕节市公园管理办法(试行) | 2021 年 1 月 2 日 | 国司备字［2021004013］ |
| 云南省农村供水管理办法 | 2021 年 2 月 27 日 | 国司备字［2021004052］ |
| 昆明市烟花爆竹经营和燃放安全管理办法 | 2021 年 2 月 5 日 | 国司备字［2021003975］ |
| 丽江市漾弓江流域水环境保护办法 | 2021 年 1 月 29 日 | 国司备字［2021003937］ |
| 贵州省人民政府关于调整行政许可事项的决定 | 2020 年 12 月 30 日 | 国司备字［2021004010］ |
| 西藏自治区食品生产加工小作坊小餐饮店小食杂店和食品摊贩管理办法 | 2021 年 2 月 5 日 | 国司备字［2021004008］ |
| 武威市建筑工地扬尘污染防治管理办法 | 2021 年 3 月 3 日 | 国司备字［2021004047］ |
| 海南藏族自治州草原管理办法 | 2021 年 2 月 22 日 | 国司备字［2021004025］ |
| 白银市文明行为促进办法 | 2021 年 1 月 31 日 | 国司备字［2021003931］ |
| 吴忠市人民政府规章制定程序规定 | 2021 年 2 月 19 日 | 国司备字［2021004054］ |
| 新疆维吾尔自治区促进 5G 网络建设发展规定 | 2021 年 1 月 14 日 | 国司备字［2021003969］ |

**图书在版编目(CIP)数据**

中华人民共和国新法规汇编.2021年.第4辑:总第290辑/司法部编.—北京:中国法制出版社,2021.6

ISBN 978-7-5216-1954-6

Ⅰ.①中… Ⅱ.①司… Ⅲ.①法规-汇编-中国-2021 Ⅳ.①D920.9

中国版本图书馆CIP数据核字(2021)第108683号

**中华人民共和国新法规汇编**

ZHONGHUA RENMIN GONGHEGUO XIN FAGUI HUIBIAN

(2021年第4辑)

编者/司法部

经销/新华书店

印刷/三河市紫恒印装有限公司

开本/850毫米×1168毫米 32开　　印张/6.875 字数/188千

版次/2021年6月第1版　　2021年6月第1次印刷

---

中国法制出版社出版

书号 ISBN 978-7-5216-1954-6　　定价:18.00元

北京市西城区西便门西里甲16号西便门办公区

邮政编码 100053　　传真:010-63141852

**网址:http://www.zgfzs.com**　　**编辑部电话:010-63141663**

**市场营销部电话:010-63141612**　　**印务部电话:010-63141606**

(如有印装质量问题,请与本社印务部联系。)